华建集团 2018年度上海市重点图书

主题乐园总控管理
EXECUTIVE DESIGN MANAGEMENT OF THEME PARKS

周静瑜 等 著

同济大学出版社
Tongji University Press

图书在版编目(CIP)数据

主题乐园总控管理/周静瑜等著.——上海:同济大学出版社,2018.5
 ISBN 978-7-5608-7803-4

Ⅰ.①主… Ⅱ.①周… Ⅲ.①游乐场-项目管理-研究-中国 Ⅳ.①F719.5

中国版本图书馆 CIP 数据核字(2018)第 071281 号

华建集团科创成果系列丛书

主题乐园总控管理

周静瑜 等 著

出 品 人：华春荣
策划编辑：吕　炜
责任编辑：马继兰　吕　炜
责任校对：徐逢乔
装帧设计：完　颖

出版发行：同济大学出版社　www.tongjipress.com.cn
　　　　　(上海市四平路 1239 号　邮编:200092　电话:021-65985622)
经　　销：全国各地新华书店、建筑书店、网络书店
排版制作：南京新翰博图文制作有限公司
印　　刷：上海盛通时代印刷有限公司
开　　本：889mm×1194mm　1/16
印　　张：14　　插页　8
字　　数：480 000
版　　次：2018 年 5 月第 1 版　2018 年 5 月第 1 次印刷
书　　号：ISBN 978-7-5608-7803-4
定　　价：158.00 元

版权所有　侵权必究　印装问题　负责调换

内容提要

本书聚焦主题乐园项目的总控管理,系统地阐述了主题乐园从策划、可行性研究、设计、土建施工,到游乐设备安装,以及开园运营的全过程总控管理。作者基于大量的工程实践,从三个维度的协同对主题乐园的设计总控管理进行解读,即全生命周期协同、数字化协同和跨界协同。

全生命周期协同从最终用户的角度,在设计阶段综合创意、设计、采购、报批、施工、运营等各项需求,通过价值工程加以评估并在设计过程中输出可以指导后续实施的图纸、数据、模型、SPEC、规范和应用导则等体系化文件,实现项目群的质量、进度、成本、风险等标准化、规范化的控制。

数字化协同是基于主题乐园复杂度、集成度和全生命周期的考量,提高协同效率,减少误差,运用全数字化协同,将主题乐园设计过程中形成的海量信息进行系统化、可视化、智慧化的管理,不仅服务于建设和运营,同时对于持续改进主题乐园的营建标准,满足用户不断提升的体验需求,提升投资方的资产价值都具有重要的意义。

跨界协同则通过将游艺设备、视听特效、餐饮娱乐等跨界元素集成到工程设计的协同过程中,实现了主题乐园浸入式体验和可感知场景的特点。

新技术,新理念,希望给读者带来一个可借鉴的独特视角。

编委会

学术顾问
孙　钧　郑时龄　江欢成　魏敦山

主　任
沈　迪

副主任
高承勇　汪孝安　沈立东　王卫东

编　委(按姓氏笔画排列)
马伟骏　王平山　王传顺　王前程　李亚明　陈众励　陈国亮　季永兴　夏　冰
徐　扬　奚耕读　高文艳　疏正宏

本书编委会
周静瑜　袁　晓　杨勇康　苏　骏　周婷婷　邢瑛博　赵　惠　张玉翔　姜　荻

作者简介

周静瑜 华东建筑集团股份有限公司副总裁,教授级高级工程师,英国皇家特许建造师、英国皇家特许测量师、商务部援外项目特聘专家,兼华东建筑集团(国际)有限公司董事长,美国威尔逊室内设计有限公司董事,上海艺卡迪投资发展有限公司董事总经理,上海市三八红旗手、上海市重大工程立功竞赛杰出人物、2015年度上海市五一劳动奖章获得者。

作者拥有二十多年的工程实践和重大项目经验,主持完成了上海迪士尼乐园、上海海昌极地海洋公园、郑州银基国际旅游度假区佳宝乐园等国际知名大型主题乐园的设计与建设管理,以及上海市委党校、商务部办公楼、上海大剧院等五十多个国家级、市级重大项目,主持越南胡志明市 Alpha3 办公楼、Golden River 等二十多个海外项目,获得了"中国勘察设计协会创新杯 BIM 应用特等奖""全国优秀工程勘察设计行业奖建设工程一等奖""上海市优秀工程设计""詹天佑大奖"等十多个重要奖项。

结合丰富的工程实践,作者长期致力于建筑行业科技研究,主持完成了二十多项国家级、市级科研课题和技术研究,撰写发表了二十多篇专业论文,其中主题乐园领域完成了《大型主题乐园集成化设计与管理关键技术研究》《上海迪士尼设计导则、防火设计》《上海迪士尼度假区项目建筑节能与绿色技术体系研究》《上海迪士尼主题乐园项目建筑设计标准实施研究》等系列课题,编制了《上海迪士尼主题乐园项目建筑设计导则》成为主题乐园工程设计和政府报批的依据,填补了行业空白,产生了良好的经济和社会效益,极大地推动了主题乐园建设行业的发展。

总 序

文/秦云

伴随着中国的城市化进程，勘察设计行业经历了高速发展时期，行业技术水平在长期的大量工程实践中得到了长足发展。高难度、大体量、技术复杂的建筑设计和建造能力显著提高；以建筑业 10 项新技术为代表的先进技术得以推广运用，装配式混凝土结构技术、建筑防灾减灾、建筑信息化等相关技术持续更新和发展，建筑品质和建造效率不断提高；建筑节能法律法规体系初步形成，节能标准进一步完善，绿色建筑在政府投资公益性建筑、大型公共建筑等项目建设中得到积极推进。如今，尽管我国经济发展进入新常态，但建筑业发展总体上仍处于重要战略机遇期，也面临着市场风险增多、发展速度受限的挑战。准确把握市场供需结构的变化，增强改革意识、创新意识，加强科技创新和新技术推广，才能适应市场需求，才能促进整个建筑业的转型发展。

华东建筑集团股份有限公司（以下简称华建集团）作为一家以先瞻科技为依托的高新技术上市企业，引领着行业的发展，集团定位为以工程设计咨询为核心，为城镇建设提供高品质综合解决方案的集成服务供应商。旗下拥有华东建筑设计研究总院、上海建筑设计研究院、华东都市建筑设计研究总院等 10 余家分子公司和专业机构。集团业务领域覆盖工程建设项目全过程，作品遍及全国各省市及 60 多个国家和地区，累计完成 3 万余项工程设计及咨询工作，建成大量地标性项目，工程专业技术始终引领并推动着行业发展和不断攀升新高度。

华建集团完成的项目中有近 2 000 项工程设计、科研项目和标准设计，获得过包括国家科技进步一等奖，国家级优秀工程勘察设计金、银奖，土木工程詹天佑奖在内的国家、省（部）级优秀设计和科技进步奖，体现了集团卓越的行业技术创新能力。累累硕果来自数十年如一日的坚持和积累，来自企业在科技创新和人才培养方面的不懈努力。集团以"4+e"科技创新体系为依托，以市场化、产业化为导向，创新科技研发机制，构建多层级、多元化的技术研发平台，逐渐形成了以创新、创意为核心的企业文化。在专项业务领域，开展了超高层、交通、医疗、养老、体育、演艺、工业化住宅、教育、水利等专项产品研发，建立了有效的专项业务产品系列核心技术和专项技术数据库，解决了工程设计中共性和关键性的技术难点，提升了设计品质；在专业技术方面，拥有以超高层结构分析与设计技术、软土地区建筑深基础设计关键技术、大跨空间结构分析与设计技术、建筑声学技术、BIM数字化技术、建筑机电技术、绿色建筑技术、围填海工程技术等为代表的核心专业技术，在提升和保持集团在行业中的领先地位方面，起到了强有力的技术支撑作用。同时，集团聚焦中高端领军人才培养，实施"213"人才队伍建设工程，不断提升和强化集团在行业内的人才比较优势和核心竞争力；集团人才队伍不断成长壮大，一批批优秀设计师成为企业和行业内的领军人才。

为了更好地实现专业知识与经验的集成和共享，推动行业发展，承担国有企业社会责任，我们将华建集团各专业、各领域领军人才多年的研究成果编撰成系列丛书，以记录、总结他们及团队在长期实践与研究过程中积累的大量宝贵经验和所取得的成就。

丛书聚焦工程建设中的重点和难点问题，所涉及项目难度高、规模大、技术精，具有普通小型工程无法比拟的复杂性，希望能为广大设计工作者提供参考，为提升我国建筑工程设计水平尽一点微薄之力。

序一

文/魏敦山

主题乐园经济,无疑已经成为当下中国投资经济领域的一大热点。随着2016年6月16日上海迪士尼乐园开园迎客,环球和乐高两大主题乐园又宣布中国项目的进展,国内掀起了主题乐园的建设热潮,上海海昌极地海洋世界、长隆乐园以及近10个万达文化旅游城,在内地多个城市纷纷开工、开业。有关数据显示,预计到2020年,中国市场将有59个主题公园、5个水上乐园陆续建成运营,总投资额达238亿美元。国内外众多主流媒体惊人一致地预测,中国有望超越美国成为世界上最大的主题乐园产业市场。

中国主题乐园的爆发式增长,吸引了许多从事工程设计与建设的专业机构的深切关注。众多"洋品牌"的主题乐园进入国内,其在创意策划和主题演绎机制上的独到之处与我们的传统认识发生碰撞;与此同时,大批国产品牌主题乐园的扎堆上马,也对设计与建设行业的技术能力乃至相关行业规范的更新与接轨提出了更高的要求。

本书作者周静瑜女士,在上海迪士尼乐园的建设过程中,作为主要参与方(华建集团)的迪士尼项目总监,主持参与了上海迪士尼乐园88个合同的实施,包括前期创意、总图、工程设计、主题包装、装饰与景观设计、总控管理与施工管理等,与美方团队全方位开展紧密合作。她带领团队还相继参与设计了上海海昌极地海洋公园、万达主题乐园等20余个主题乐园项目,完成了10余个主题乐园的科研课题,进行了深入地思考探索,积累了丰富的技术成果。

本书聚焦主题乐园项目的建设与管理，系统完整地阐述了主题乐园从策划、可行性研究、设计、土建施工、游乐设备安装以及开园运营的全过程设计管理，并在项目管理过程中领先地运用了全生命周期协同、数字化协同、跨界协同等技术与理念。书中大量的创新管理技术的分享，凝聚了作者多年来投入主题乐园实践研究的心血，体现了中国设计咨询行业在主题乐园领域的国际化与本土化的融合，在当今全球主题乐园的国际化建设管理模式下，探索出了一套更具落地性和实施性的管理体系。

　　相信本书的出版，能够在一定程度上弥补目前国内主题乐园设计类专业学术研究的匮乏，为国内主题乐园的建设者和设计同行提供更多的技术参考和交流路径。

2017 年 11 月

序二

文/邢同和

当《主题乐园总控管理》一书映入我的眼帘时,我感到扑面而来的惊喜。作者捕捉到了当前城市在全球化飞速发展下,与新颖商业、文化旅游和生活潮流并行出现的各种主题乐园方兴未艾,且这些主题乐园以多样、多元的创意为都市、城乡与旅游景区服务,在城市空间与大地山水中独领风骚。

本书作者周静瑜通过多年来的努力,接触到无数最新、最前卫的主题乐园,而且深入其中探索研究。在实践工作中,始终保持着敏锐和理性思维,在设计和管理的全过程中参与、主持项目实践,积累资料和心得,并在挖掘活资料、解决新问题中催生本书,这份职业素养和责任意识弥足珍贵。作者心里有底,全身心投入,以不寻常的毅力蕴蓄迸发,义无反顾地坚持作为一种技术服务、一种事业责任写出此书,并提出了前瞻性的思考和体验性的成果,且由此而上升到一定高度的理论境界,值得肯定。

该书读来充溢着一种特别的感情,非常接地气,结合实际,既显现了主题乐园的由来、现状、发展过程,又描绘了未来与展望。其熠熠闪光的点睛之笔在于,从主题乐园领域中总结出了以策划、总体规划、单体设计、室内外装饰、景观到主题包装设计,以及从方案到施工图全过程设计所相关的管理需求。尤其针对主题乐园的复杂性,在此专业领域第一次提出了对主题乐园总控管理的创新举措。作者归纳、补充、总结了适合中国主题乐园规划与建设中的重要设计问题,形成了"建(构)筑物的分类法""主题乐园人流量设计计算方法""大型主题乐园消防设计"以及主题乐园生态、环保、建筑节能等专项的一系列的研究成果,尤其在咨询、策划、管理、建设过程中遇到的普遍性、特殊性的挑战和难题,都在本书和《主题乐园规划与设计》中提出了普适性的解决方案,寻找到的对策、措施、辅以关注性的引领，都达到了前瞻性的超越。本书对于提高国内主题乐园理解和建设水准有着积极的推动作用，全文融入了一种让人油然而生的文化自信和时代精神，突出彰显了主题乐园人性化关怀的出发点，以普世性、人性为主线，传达主题乐园的生命活力的真谛。

  本书恰逢其时，跟进新时代，很有意义。虽然围绕着主题乐园方方面面的技术要点，却都响应全国新一轮城市规划、城市发展建设上的新任务，提出的问题都有一定的共同取向性和应时性，也是对统筹"规划、建设、管理"三大环节的思考与落地，充分落实了国家要求，以创新管理、用先进标准引领中国质量的提升，以此来规划、设计、建设管理好中国主题乐园。

  作者周静瑜曾亲力亲为主持、参与了很多华建集团的海外项目，并自始至终指导开发全过程，包括上海迪士尼乐园等项目的跟踪实践，所以能瞄准需求方向，找到发力重点，做出了难能可贵的贡献。

  本书文中铺满了主题乐园的大美、大爱，揉入了丰富的内涵，资料详尽，文笔精彩，技术含量与科技进步充实，所以牢牢占据了读者心灵，激起对主题乐园所思、所虑、所盼，回味无尽。本书与《主题乐园规划与设计》是作者足足花了整整五年时间才写成的有关中国主题乐园的好书，是一份对主题乐园追梦的收获。在该书面世之际，愿与读者分享！希望读者喜欢！

2018年1月14日

目　录

总序
序一
序二

第1章　主题乐园概述

003	1.1	主题乐园的分类
005	1.2	我国主题乐园的发展过程
010	1.3	我国主题乐园的发展阶段
010	1.3.1	主题乐园发展的第一阶段：主题乐园单一发展阶段
011	1.3.2	主题乐园发展的第二阶段：以主题乐园为"引擎"，带动片区（旅游度假区）的发展
014	1.4	我国主题乐园的发展趋势
016	1.5	我国主题乐园的瓶颈与问题

第2章　主题乐园建设引入设计总控模式的必要性

019	2.1	主题乐园建设流程
019	2.1.1	主题乐园建设的特点
022	2.1.2	主题乐园建设引入设计总控模式的必要性分析
024	2.2	主题乐园建设的综合性
024	2.2.1	迪士尼乐园——综合性设计理念的起源
024	2.2.2	主题选择——综合性设计的中心环节
025	2.2.3	综合性所带来的挑战
027	2.3	主题乐园建设的非标性
027	2.3.1	主题选择的非标性
029	2.3.2	审批控制环节相关规范空白

030	2.3.3	新技术的创新应用
032	**2.4**	**主题乐园建设可持续性特点概述**
032	2.4.1	主题乐园可持续发展对其可持续性的要求
037	2.4.2	大型主题乐园项目可持续发展带来的问题

第 3 章 ｜ 主题乐园设计总控管理模式的定义及理论模型

043	**3.1**	**设计总控管理的概念**
043	3.1.1	设计总控模式的提出
044	3.1.2	设计总控的概念和定位
044	3.1.3	设计总控的总体任务
048	**3.2**	**主题乐园设计总控管理模式的理论模型**
048	3.2.1	设计总控范围管理
049	3.2.2	设计总控进度管理
051	3.2.3	设计总控质量管理
051	3.2.4	设计总控信息管理
052	3.2.5	设计总控风险管理
054	**3.3**	**主题乐园项目设计总控的工作内容和总体目标**
054	3.3.1	设计总控的策划
055	3.3.2	设计总控的控制
057	**3.4**	**设计总控模式应用需注意的问题**

第 4 章 ｜ 主题乐园设计总控管理实施要点和管理工具

061	**4.1**	**设计总控范围管理**
061	4.1.1	设计总控的职能范围
067	4.1.2	设计总控在各设计阶段的职能
070	4.1.3	总控中的设计及审批流程管理
077	4.1.4	总控中的专项设计管理
081	4.1.5	设计总控中 BIM 专项设计管理
084	**4.2**	**设计总控进度管理**
084	4.2.1	主题乐园项目进度计划体系
085	4.2.2	项目总进度目标与计划纲要
087	4.2.3	设计进度管理的内容和方法
099	**4.3**	**设计总控质量管理**
099	4.3.1	主题乐园项目设计技术协调标准

| 099 | 4.3.2 主题乐园项目设计技术质量控制 |
| 104 | 4.3.3 BIM 技术在设计质量管理和工程质量管理中的应用 |

106 4.4 设计总控信息管理

106	4.4.1 主题乐园设计信息管理综述
107	4.4.2 主题乐园设计总控信息分类和编码管理
112	4.4.3 主题乐园设计总控信息管理工具

117 4.5 设计总控风险管理

117	4.5.1 风险识别及分析
118	4.5.2 风险分析
118	4.5.3 风险对工程造价和进度的潜在影响
118	4.5.4 风险应对策划
120	4.5.5 项目设计风险管控

121 4.6 IPD 模式在设计总控管理中的应用前景

121	4.6.1 IPD 的定义
124	4.6.2 IPD 在主题乐园设计总控管理中的应用
125	4.6.3 IPD 的障碍和局限

第 5 章 | 建筑技术规格书管理

131 5.1 主题乐园项目的技术规格书需求特点

131	5.1.1 主题乐园设计理念的国际化
132	5.1.2 主题乐园设计文件的完整性
132	5.1.3 主题乐园工程采购的专业化
133	5.1.4 主题乐园建筑产品的特殊性

134 5.2 技术规格书概述

134	5.2.1 技术规格书内容
135	5.2.2 技术规格书的体系分析
138	5.2.3 主题乐园项目技术规格书的内容与编制

144 5.3 技术规格书在主题乐园项目中的应用

| 144 | 5.3.1 主题乐园项目技术规格书内容的管理 |
| 156 | 5.3.2 主题乐园项目技术规格书工作的管理 |

| 165 | 5.4 技术规格书在建设工程信息化管理中的应用 |

第 6 章 | BIM 集成化管理模式

171 6.1 主题乐园 BIM 实施模式的研究与分析

| 172 | 6.1.1 业主采购第三方 BIM 咨询顾问服务的模式在主题乐园中应用对策 |

174	6.1.2	业主自主实施BIM模式在主题乐园中应用对策
176	6.1.3	工程各主体实施的BIM模式在主题乐园中应用对策
178	6.1.4	各种BIM实施模式的综合评估
179	**6.2**	**主题乐园业主方驱动，设计牵头，各工程主体协同工作的BIM实施模式**
179	6.2.1	模式特征
181	6.2.2	主题乐园BIM实施体系
182	6.2.3	主题乐园项目BIM执行计划
188	6.2.4	应用详述
194	6.2.5	小结

第7章 主题乐园的未来与展望

199	7.1	从主题乐园到主题度假区
201	7.2	主题乐园的集群化发展
202	7.3	主题乐园的文化品牌支撑
203	7.4	主题乐园的全感官体验升级
204	7.4.1	主题乐园6.0时代模式一——主题乐园集群化
204	7.4.2	主题乐园6.0时代模式二——主题乐园品牌化
204	7.4.3	主题乐园6.0时代模式三——主题场景化

206	参考文献
209	作者致谢

第 1 章　　主题乐园概述

摄影师　邵峰

1.1 主题乐园的分类

1.2 我国主题乐园的发展过程

1.3 我国主题乐园的发展阶段

1.4 我国主题乐园的发展趋势

1.5 我国主题乐园的瓶颈与问题

主题乐园是游乐性主题公园，是主题公园的一种专门类型。

主题公园是根据某个特定的主题，以主题情节贯穿整个公园，采用科学技术和多种活动设施，集专题知识或文化故事、功能活动、休闲要素和服务接待功能于一体的公共休闲公园。

1.1 主题乐园的分类

作为公园的专门类型，主题公园可分为专业性主题公园和游乐性主题公园，游乐性主题公园又称主题乐园。

按主题乐园的游客游乐方式和身心感受程度，可以分为四大类：观光型主题乐园、体验型主题乐园、参与型主题乐园和全域型主题乐园。

1. 观光型主题乐园

观光型主题乐园是以游客旅游观光游览为主要游乐方式的主题乐园。游客以看为主，体力和脑力活动较轻。

观光型主题乐园在形式上包括缩微公园和场景游览公园等，均通过营建大量人工场景吸引游客。国际上著名的观光型主题乐园有荷兰马德罗丹微缩城、德国鲁斯特欧洲主题公园、印尼雅加达缩影公园等。中国深圳"世界之窗"就是中国早期典型的观光型主题乐园，其他还有深圳"民俗文化村"、开封"清明上河园"、上海淀山湖"大观园"、北京丰台"世界公园"和台湾桃园"小人国"等。

2. 体验型主题乐园

体验型主题乐园是游客通过乘坐游乐设施设备进行体验为主要游乐方式的主题乐园。此类乐园强调游乐设施的惊险和刺激，对游客有较多体能要求，因此，体验型主题乐园有各种快速滑行、上仰下跌、旋转翻身的游乐设备，并通过最新的体验来吸引游客，往往追求最高、最快、最刺激。世界上，"六旗乐园"（Six Flags）是最大的连锁型和体验型主题乐园。中国现存最早的主题乐园——上海"锦江乐园"也是体验型主题乐园，"欢乐谷"是中国最大的体验型和连锁型主题乐园。

我们常常把体验型主题乐园称为游乐园。

大多数"湿身型"水乐园，是让人们利用各种水设施与水直接接触玩乐，从中获得游乐体验，也属于体验型主题乐园。全球最受欢迎的水乐园有西班牙特内里费岛"暹罗公园"（Siam Park, Adeje, Spain）、阿联酋迪拜"水上历险乐园"（Aquaventure Waterpark, Dubai, United Arab Emirates）、美国奥兰多迪士尼"台风湖水乐园"（Disney's Typhoon Lagoon Water Park, Orlando, Florida, USA）、天堂岛亚特兰蒂斯水上乐园（Aquaventure Water Park at Atlantis Paradise Island, Nassau, New Providence Island）等。

3. 参与型主题乐园

参与型主题乐园是以游客主动沉浸在主题环境氛围中，享受故事角色情节为主要方式的主题乐园。"参与型主题乐园"对体力体能要求不高，因通过刻画故事情节而具有深刻的主题故事感染力，能赋予游客深度的角色参与感。演艺类主题乐园、影视类主题乐园和游戏类主题乐园是参与型主题乐园的三大基本类型。

演艺类主题乐园主要以演剧为主，影视类主题乐园以影视场景的情节再现为主，游戏类主题乐园则还原游戏场景，变虚拟游戏为实体游戏，化个人游戏为集体游戏。在中国，"宋城"和"大唐芙蓉园"是演艺类参与型主题乐园，大量的影视基地和影视城可归入影视类参与型主题乐园，而常州"嬉戏谷"则是成功的游戏类参与型主题乐园。

如果影视城中，只有场景的参观游览，没有影视故事的情节再现，游客就不能作为其中角色"沉浸"在主题故事中，充其量只能算是观光型主题乐园，而不能归为参与型主题乐园。

4. 全域型主题乐园

全域型主题乐园将各种类型的主题游乐和游客体验方式有机地结合于一体，是让人们在泛文化、多领域、全方位、系统化形成文化旅游产业链中参与体验的主题乐园。"迪士尼乐园"和"环球影城"就是全域型主题乐园的全球典范。

以迪士尼乐园为例，主题乐园与影视、戏剧、动漫、音乐、文学、传媒出版、旅行度假、教育培训、商业零售等多个领域相互呼应，围绕迪士尼品牌拥有的大量文化资产，全面系统地整合为一个强大的产业圈，为人们"创造快乐"，娱乐大众。

1.2　我国主题乐园的发展过程

我国的主题公园起步并不晚，但游乐性主题公园（即主题乐园）的建设始于20世纪80年代。在此之前，中国的主题公园多为专业性主题公园，较早建设的一系列公园，如纪念公园、植物园、动物园、海洋公园、森林公园等，后来又有了体育公园、雕塑公园、湿地公园、生态公园、地质公园等。这些主题公园以知识性、功能性和纪念性主题为特点，与我国20世纪80年代以游乐为目的的主题公园有很大区别。以游乐为目的的主题公园在早期俗称为游乐园。几十年来，随着我国"游乐园"建设的起起落落，中国的主题乐园逐渐细分，并发展成型。

我国建设主题乐园的设想始于1982年，当时上海文联、上海戏剧学会、上海生活美学协会与上海民用建筑设计院（现上海建筑设计研究院有限公司的前身）联合，召集了一批上海剧作家、电影编剧、舞美设计师、建筑师和艺术家共同探讨在当时的上海郊区规划一个主题乐园。该主题乐园试图学习迪士尼乐园的模式，以中央景观湖为中心，规划了"快乐广场""欢乐大街""探险世界""科技世界""水下乐园""舞美城堡""玩具王国"等七大片区，占地约50公顷，初步定名为"上海乐园"。该项目后因土地和资金问题搁浅，但其设想经演变、简化、缩小，并配上游艺设施，形成了后来中国的第一个主题乐园——"锦江乐园"。

上海锦江乐园于1984年建成并全面开园，运营至今已超过30年。乐园历经兴衰和发展，目前占地11.3公顷，有游乐项目约40个，是典型的体验型主题乐园。乐园虽小，但设施齐全，成为我国著名的主题乐园。

从那时起，全国各地纷纷建设主题乐园，从各方面探索主题乐园的规划、设计和建设，大批主题乐园在全国各地不断涌现，并越建越大。然而，国内的主题乐园由于经验不足，加上盲目建设、主题重复、内容单一、个性缺乏等问题，导致大多数主题乐园在游客经历一段新鲜期后，经营萧条，沦为"鸡肋"，更有许多主题乐园关、倒闭和破产。

在这一时期,我国建成的著名主题乐园除"锦江乐园"外,还有深圳"锦绣中华"(1991)和"世界之窗"(1994),"苏州乐园"(1997)、深圳"欢乐谷"(1998)、常州"中华恐龙园"(2000)、芜湖"方特欢乐世界"(2008),等等。

深圳"锦绣中华"和"世界之窗"成为当时主题乐园的佼佼者,吸引了大量游客。"锦绣中华"占地约30公顷,规划为景点区和综合服务区,总计达130个缩微景点。"世界之窗"占地约48公顷,规划为8个景区,也有约130个缩微景点。"锦绣中华"和"世界之窗"不但成为深圳的著名旅游景点,还出现在国内很多地方,出现在长沙等地,成为其投资建设单位华侨城集团(简称"华侨城")的系列乐园。

20世纪90年代末,华侨城在此基础上,发展出了以游艺设备为游乐主体的深圳"欢乐谷"主题乐园(1998年开园,占地35公顷,九大片区)。随着华侨城集团的建设项目走向全国,"欢乐谷"主题乐园系列在北京(2006)、成都(2009)、上海(2009)、武汉(2012)、天津(2013)、重庆(2017)、福州等地陆续建成落户,形成中国第一个连锁主题乐园品牌。

2008年,深圳华强集团投资建设了芜湖方特欢乐世界,并以此为基础发展出了"方特"系列主题乐园,遍布国内10多个二、三线城市。方特欢乐世界依托华强集团的电子技术基础,自主开发了大量的游艺游乐设施和设备,在主题乐园领域专门做游乐园,自成体系,独树一帜。

2005年,世界第五个迪士尼乐园在香港开园,燃起了国内大众对引进世界著名主题乐园的殷切期盼,尤其对两大著名品牌"迪士尼乐园"(Disneyland)和"环球影城"(Universal Studio)更是盼望已久。但投资各方因担心中国的消费能力而长时期踌躇不前,直到2008年北京奥运会和2010年上海世博会的成功举办,才使华特迪士尼集团下定决心进入中国内地。终于在2010年,原汁原味的迪士尼乐园正式签约确定落户上海,2013年完成设计,并于2016年开园。

与此同时,上海迪士尼乐园项目的建成引领了我国新一轮主题乐园的设计和建设热潮。各地主题乐园如雨后春笋般蓬勃涌现。

2015年,另一国际大品牌"环球影城"宣布定址北京,规划预计2019年开园迎客。

深圳华强、广州长隆、大连海昌等老牌主题乐园发展商积极布局,扩建现有乐园,开发新乐园。

深圳华强集团从2008年建成第一个主题乐园——芜湖"方特欢乐世界"起,目前已在郑州、青岛、泰安、株洲、沈阳、厦门、汕头、天津、重庆、南通等地拥有十几个主题乐园。方特在扩建现有乐园的同时开发新乐园,下属的主题公园品牌除"方特欢乐世界"外,还有"方特梦幻王国"和"方特影视乐园"等。方特影视乐园正在规划中,第一个项目选择落户青岛。华强还积极筹备推出"美丽中国"三部曲的发展计划,建设由"华夏历史文明传承创新示范园""复兴之路爱国主义教育基地"和"明日中国主题乐园"构成的文化科技体验主题乐园。

广州长隆集团深耕广东,在打造广州番禺"长隆欢乐世界"(2006)后,不断推出新乐园"长隆水上乐园"(2007)等多个主题乐园,一再以创新吉尼斯世界纪录的方式,追求最大、最高、最惊险和最刺激,并与其他长隆主题公园形成丰富多彩的广州长隆旅游度假区。同时,长隆开拓珠海长隆国际海洋度假区,率先建成"长隆海洋王国"(2014),中国珠海长隆海洋王国摘取了2014年国际游乐园和景点博览会"主题公园杰出成就奖",成为首个获得这一奖项的中国主题乐园。

大连海昌集团继大连"发现王国"(2006)后,发挥其动物(尤其是极地和海洋动物)的研究成果和专长,重点发展极地海洋主题公园,先后建设了大连老虎滩极地馆、青岛极地海洋世界、成都极地海洋世界、重庆加勒比海水世界、武汉极地海洋世界和天津极地海洋世界等一大批极地海洋主题公园。2014年,海昌在香港成功上市,筹得资金,加快了"上海海昌极地海洋公园"和"三亚海昌梦幻不夜城"的建设步伐,并积极在全国进行建设布局。

除老牌主题乐园发展商和运营商外,其他房地产集团也以空前的热情投入主题乐园的建设中。前不久,房地产巨人大连万达集团作为后来居上者,也积极踏足主题乐园建设,配合其集万达广场与主题公园为一体的第四代万达商业综合体"万达文化旅游城"建设,计划在未来五年内,推出第一轮湖北武汉、江西南昌、黑龙江哈尔滨、云南西双版纳、安徽合肥、江苏无锡、广东广州和广西桂林等地8~10个主题乐园的建设布局。世茂集团从南京、武汉、福建石狮等地起步,开始规划打造10个主题乐园。复星集团的三亚亚特兰蒂斯海洋主题乐园预计2018年开园。复华置地则投入建设"复华未来世界"室内主题乐园。恒大、宝能、银基、永嘉、中弘等大批房地产开发商和投资商也积极筹划,纷纷试水主题乐园。

我国的主题公园,特别是主题乐园的发展轨迹是完全与大众经济水平和旅游休闲需求发展同步的。20世纪80年代前,我国人民生活水平低,主题公园都是由政府投资建设,体现出知识性和政治性为特征的主导诉求,专业性主题公园遍布全国各地。直到我国改革开放后,游乐性主题乐园才于1984年出现。30多年来,我国主题乐园发展起起落落,有成功,也有失败,初步积累了经验和教训,风格类型也逐渐丰富、分化和成型,观光型、体验型和参与型主题乐园均有建成开园。

我国主题乐园的初期多以观光型主题乐园和体验型主题乐园为主。

在我国主题乐园建设的初期15年间,因当时大众旅游不普及,旅游消费能力低,旅游经济刚刚起步,主题乐园设计和建设多以移植各地地标建筑和文化名胜景观为主要特色,以缩微乐园或集锦乐园为主要形式,以满足人们对"足不出户"看世界的初期旅游要求。此类乐园策划和设计时间短,建设投资较低,能够快速建成并开园。当时,此类观光型主题乐园深受游客欢迎,首先成为主流乐园并获成功。

观光型主题乐园的特点是引入著名建筑、景观和文化,既可以是以外来主题来满足本地游客观赏和猎奇，如深圳"锦绣中华"（1989）、深圳"民俗文化村"（1991）、深圳"世界之窗"（1994）和长沙"世界之窗"（1997）等；也可以为吸引外来游客，从而选择本地主题，更可以发掘历史主题，如杭州"宋城"（1996）、开封"清明上河园"（1998）、云南西双版纳"傣族园"（1999）、西安"大唐芙蓉园"（2005）等。

20世纪末，随着生活水平的提高，充满活力的游乐游艺项目深受年轻人喜爱，吸引力越来越强。由此，以游乐器械为主的体验型主题乐园逐渐流行，成为居民休闲娱乐的重要部分。较为著名的体验型主题乐园有"锦江乐园"（1984）、"苏州乐园"（1997）、深圳"欢乐谷"（1998）、大连"发现王国"（2006）、芜湖"方特欢乐世界"（2008）等。

此类主题乐园以游艺设施为主体，要求游客有一定的体能，可以吸引大量年轻的游客。但是，也正因客户群的局限性，无法吸引游客在一生中多次入园，反复体验，更无法让全家参与其中。体验型主题乐园以游乐器械和游艺设施为主要项目，随着时间的推移，新鲜感会越来越弱，激发不起游客再次游玩的兴趣，久而久之，游客量越来越少，难免衰败。而且，在城市旅游方面，此类主题乐园还无法成为外来游客的主要旅游目的地，一旦体验型主题乐园无法保持新鲜活力，关、倒闭或许成为其必然的趋势。在美国，拥有游乐园数量最多的"六旗乐园"（Six Flags）公司就于2009年申请破产保护，正说明了体验型主题乐园发展的局限性。

我国近年来大量建设的主题乐园大都与地产开发相结合，绝大部分是典型的体验型主题乐园。为吸引人气，促销房产，以快为先，这些主题乐园设计粗糙，无暇深入发掘主题，发展故事。由于没有好好"讲故事"，缺乏实质内容情节，许多体验型主题乐园往往沦为"标题"乐园。这类主题乐园的未来命运可想而知。

与此同时，中国主题乐园界在探索各种主题乐园的时候，努力发掘中国历史和传统文化，以演艺的方式讲好中国故事。"讲故事""演历史"的参与型主题乐园开始在中国出现，如体现南宋文化的杭州"宋城"及以此发展而来的"宋城系列"参与型主题乐园，结合中国茶文化并推出"茶禅"文化剧的深圳东部华侨城，遍布全国各地张艺谋主持的"印象"主题系列演艺剧目，推出"汉秀""傣秀"等不同秀场的万达乐园等。不管成败与否，这些都是参与型主题乐园的有益尝试。

2000年，我国居民家庭人均现金消费支出达到人民币4 998元（约合600美元[①]），标志着观光旅游时代的到来。2007年，我国居民家庭人均现金消费支出翻了一番，达到人民币9 997元（约合1 300美元[①]），我国进入休闲旅游时代。2011年更突破人民币15 000元（约合2 300美元[①]），最新的数据显示我国2013年超过

[①] 按当年平均汇率折算：USD 1 = CHN 8.274 8（2000）、USD 1 = CHN 7.604（2007）、USD 1 = CHN 6.458 8（2011）、USD 1 = CHN 6.195 6（2013）。

18 000元（约合2 900美元），一个度假旅游时代开始了。旅游消费逐渐出现全域化现象，智慧产权（IP）越来越受重视和青睐。因此，主题乐园中最有发展潜力的全域型主题乐园呼之而出。

全域型主题乐园采用各种技术和媒体手段，结合主题，塑造故事，借用或形成一定文化影响力的智慧产权，并在主题乐园内外、在不同的媒介媒体穿越，跨界互动。全域型主题乐园至少包含三种类型以上的跨界领域。

我国此类主题乐园极其罕见，常州环球动漫嬉戏谷（2011）有很多尝试和探索，乐园游乐项目主题与动漫、游戏主题互相联系和借鉴，并与"China Joy"中国动漫大展、国际电子竞技比赛和动漫粉丝Cosplay表演秀形成全面互动，取得了巨大的成功。

上海迪士尼乐园于2016年6月16日在上海隆重开幕，成为中国全域型主题乐园的经典，具有里程碑意义。它一年1 100万的游客人数在中国创造的震撼是史无前例的，也证明了文化智慧产权和以文化智慧产权为核心的全域型主题乐园的强大生命力。

就像迪士尼乐园一直强调的"讲故事"（Story Teller），从主题、氛围、情节一直到细小的道具细节，都一丝不苟，重视一景一物贯穿主题，一点一滴反映主题，达到游客身临其境的完整体验，而在乐园外，全域型主题乐园中的主题还与电影、电视、戏剧、动画、动漫、游戏的情节互相联系，交相呼应，使游客可以反复地体验和全方位地参与。

在国外，迪士尼乐园和环球影城是全域型主题乐园的典范。二者把电影、电视、动画和游戏主题全面引入主题乐园，又在主题乐园中设下未来故事走向的伏笔。这种主题乐园与其他媒体媒介的跨界互动，让主题乐园具有乐园内外故事相得益彰、故事持续发展的强大生命力，吸引着全家老少游客一次又一次地主动在主题乐园和其他媒体媒介场合不断参与体验。参与型主题乐园这种可持续发展的特性，注定了它的久盛不衰。

1.3 我国主题乐园的发展阶段

综上对于主题乐园发展历程的回顾，可以将主题乐园的发展归纳为2个阶段，5个时代。

1.3.1 主题乐园发展的第一阶段：主题乐园单一发展阶段

主题乐园发展的第一阶段称为单一发展阶段，按照其发展历程又可细分为4个时代。

1. 主题乐园1.0时代——模拟景园

第一代主题乐园是以文学名著或者某一历史片段为主题来建设模拟景园，以传统园林、古建筑等静态景物为主，以知识性、功能性或纪念性为主要特征，相应的设备技术较为简单。这一代主题乐园较为典型的代表有：参照《清明上河图》设计的香港"宋城"（1979）、以《红楼梦》为模本兴建的"上海大观园"（1986）和以影视为基础建造的"无锡影视城"（1987）等。

2. 主题乐园2.0时代——微缩景观

第二代主题乐园是20世纪90年代发展起来的微缩景观，以世界各国风景名胜为主题，进行微缩复制，以人造静景为观赏主体，典型代表有"锦绣中华"（1989）、"中华民俗村"（1991）、"世界之窗"（1994）等。但观赏式的微缩景观乐园参与性较弱，难以满足游客对娱乐性、互动性的需求，维系自身发展较为困难。

3. 主题乐园3.0时代——游乐场

第三代主题乐园是20世纪90年代后期兴盛起来的游乐场，它们集中了室内外动感游乐设施，给游客带来惊险的刺激与感受，被形象地称为"尖叫乐园"。其在功能上集游戏、娱乐于一体，技术设备较为先进。这一代主题乐园较为典型的代表有苏州的"苏州乐园"（1997）和上海的"锦江乐园"（1998）。这些游乐设施在开始时期都拥有短暂的辉煌，然而它们中的大多数缺乏鲜明的特色，主题线索不清、文化背景缺乏，容易形成同质化竞争，故而好景不长。

4. 主题乐园4.0时代——主题乐园

第四代主题乐园是在游乐场的基础上，将娱乐和文化紧密结合。通过故事的植入，将娱乐设施打造为特定的场景，从而凸显出一定的主题文化，这样就促成了我国真正意义上的现代主题乐园。其中，较为成功的代表有深圳"欢乐谷"（1998）、常州"中华恐龙园"（2000）和芜湖"方特欢乐世界"（2008）等。它们的成功也带动了我国主题乐园建设的第一波高潮，众多主题乐园遍地开花。但由于盲目、过速的建设，且对主题缺乏细节的思考，同时又由于设备技术更新迅速、同质化竞争严重等原因影响了经营的持续性。这个时代的主题乐园普遍呈现出"一年兴、二年盛、三年衰、四年败"的短生命周期特征。

1.3.2 主题乐园发展的第二阶段：以主题乐园为"引擎"，带动片区（旅游度假区）的发展

在第四代主题乐园建设高潮后，又恰逢国民经济水平快速发展时期——旅游休闲产业蓬勃发展、城镇化建设快速推进，这也促成了我国主题乐园产业的独特模式——主题乐园片区模式，即以主题乐园为引擎，带动片区发展的模式。至此，我国的主题乐园进入了发展的第二阶段，即主题乐园的5.0时代，并迎来了第二次建设高潮。从类型上，这一阶段又可以细分为3个模式。

1. 主题乐园5.0时代模式一——主题社区

主题乐园5.0时代首先采用的是主题社区的发展模式，即以主题乐园为核心引擎，带动周边的居住建设，并配套以商业、餐饮、办公、文化娱乐与学校等设施，形成一个综合大社区。这一代主题乐园的典型代表是深圳华侨城。自1989年的"锦绣中华"建成以来，华侨城集团先后建设了"中华民俗村"（1991）、"世界之窗"（1994）和"欢乐谷"（1998），在打造4个主题乐园的同时，在周边也形成了一个集居住、商业、办公和文化娱乐于一体的面积达4.8 km²的综合社区——深圳华侨城，促进了区域的城镇化发展（图1-1）。

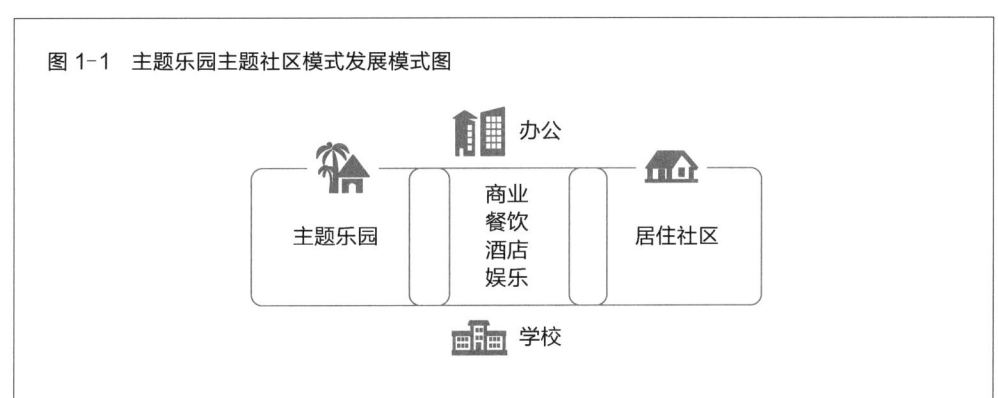

图1-1 主题乐园主题社区模式发展模式图

2. 主题乐园5.0时代模式二——主题度假区

进入2000年后，随着国民收入的迅速提高，国民的旅游需求也经历了"观光—休闲—度假"的连续三轮升级。第五代主题乐园也借此契机进入新发展模式，这一代主题乐园采用的是主题度假区模式。主题度假区具有较高的功能混合性，通

常是以主题乐园为核心，配套以酒店、商业与运动等多方位、多层次的度假休闲娱乐设施。其中，最典型的例子就是深圳的"东部华侨城"，它占地近9 km²，于2007年开园，以"让都市人回归自然"为口号，集观光游乐、休闲度假、户外运动、科普教育与生态探险等于一体，在三大功能片区内配套有3个特色旅游小镇、9个度假酒店和相应的度假居住区等大面积服务设施，片区之间还有娱乐化的交通设施相连（图1-2）。

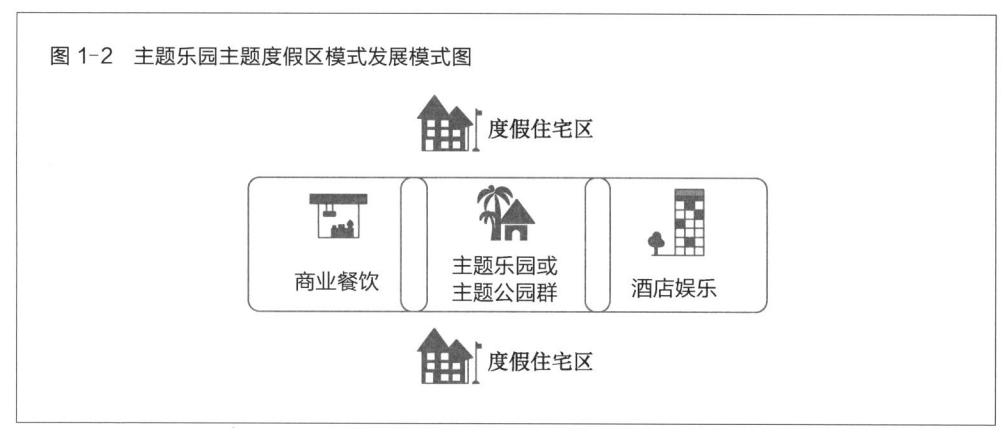

图1-2 主题乐园主题度假区模式发展模式图

3. 主题乐园5.0时代模式三——主题文旅城

随着2011年上海迪士尼乐园的破土动工，我国主题乐园市场进入了第三个小高潮。商业地产巨头——万达集团也积极踏足主题乐园建设、深耕"文化旅游"领域。在"万达广场"这一城市商业综合体的基础上，融入主题乐园主题社区和主题度假区，形成集室内外主题乐园、度假酒店群、大型秀场、商业娱乐综合体和居住区等于一体的"万达文化旅游城"，并计划到2020年在全国范围内建设10个"万达文化旅游城"（图1-3）。

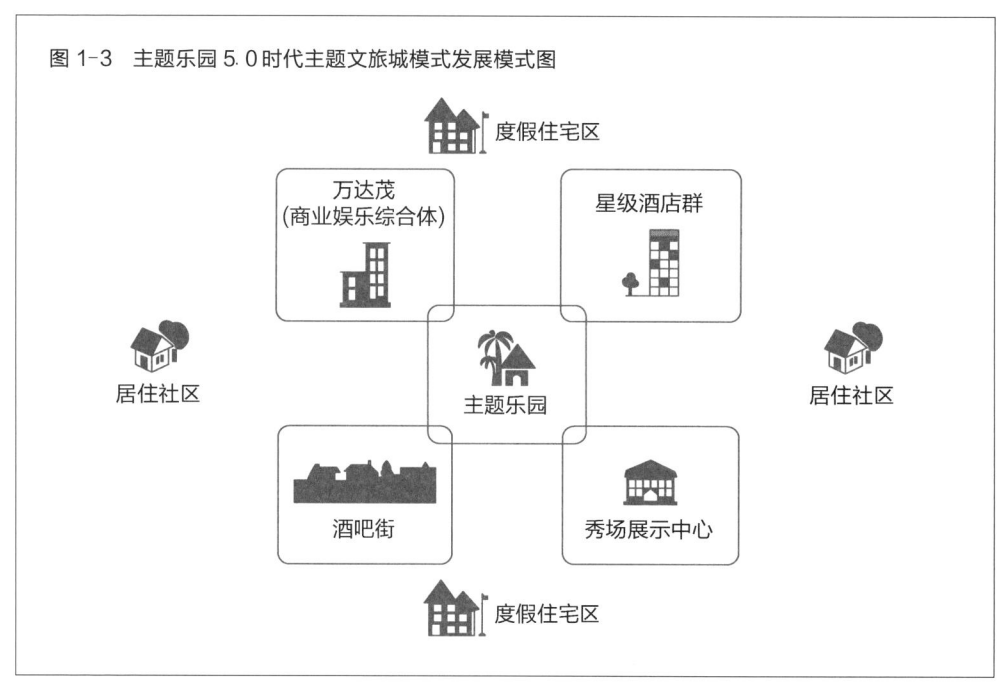

图1-3 主题乐园5.0时代主题文旅城模式发展模式图

目前，大量的房地产开发结合主题乐园建设，促进了主题乐园的发展，这固然可喜可庆，但是，专注于主题乐园自身的规划、设计、建设、营运和发展，并结合跨界的延伸，则更为重要。未来在中国，迪士尼乐园和环球影城这类全域型主题乐园非常值得我国主题乐园去借鉴和学习。

1.4 我国主题乐园的发展趋势

在中国主题乐园建设蓬勃发展的今天,我们已经看到了主题乐园,甚至主题乐园建设过程中出现的大量新追求和新趋势。

1. 主题乐园游乐化

专业性主题公园与游乐性主题公园呈现相互融合的趋势,专业性主题公园游乐化,同时,游乐性主题公园也在游乐中普及专业的文化、科学和知识,寓教于乐。海昌的"极地海洋世界"系列、长隆的动物园、鳄鱼园和海洋公园等都在专业动物和海洋公园的基础上,大量引进游乐设备设施,丰富了专业性主题公园的游乐性。

2. 主题乐园集群化

美国佛罗里达奥兰多,许多主题乐园在同一地区或相邻地域会抱团扎堆,寻求集聚效应,形成旅游度假区。而我国主题乐园建设也出现了集群化趋势。

江苏浙江围绕太湖地区,聚集了"中华恐龙园"(2000)、"淹城春秋乐园"(2010)、"环球动漫嬉戏谷"(2011)、无锡"万达乐园"(2017)和"航天乐园"(筹建中)等。

长隆集团的"香江野生动物世界"(1999)、"国际大马戏"(2000)、"广州鳄鱼公园"(2004)、"欢乐世界"(2006)、"水上乐园"(2007)、"珠海长隆野生动物园"等则集中在广州番禺和珠海一带,形成了一定规模的长隆旅游度假区。同时,长隆也带动了大量主题乐园进驻同一地区,如规划中的"尼克乐园"(Nickelodeon Park)。

此外,武汉、天津、郑州也正在引进和建设多个主题乐园,形成乐园较为集中的度假区域。

上海浦东结合上海迪士尼乐园一期的建成开园,与落地浦东临港的多个文化旅游游乐设施和项目遥相呼应,跟进各种旅游配套建设,形成一个完整的上海国际旅游度假区。利用上海迪士尼乐园巨大的吸引力和溢出效应,一批主题乐园也在上海及周边的江苏和浙江大量涌现,如淀山湖旁的"乐高乐园",浙江海盐的"山水六旗乐园""六旗水乐园"和南通"航母世界"军事主题乐园等。

3. 主题乐园全域化

主题乐园以各种文化形式和大众媒体结合,围绕文化智慧产权,打造全域型主题乐园。常州"环球动漫嬉戏谷"(2011)将"动漫艺术""游戏文化"和"电子竞技"结合,采用实景与网络的"虚实互动"体验模式,成为"角色扮演者"(Costume Player,Cosplayer)和电子竞技运动者的圣地。一年一度的动漫游戏节"世界Cos日"更吸引了大量的动漫游戏迷。

2014年春节开始,深圳华强集团在拍摄了《十二生肖快乐街》《小虫虫有大智慧》《猴王传》《十二生肖总动员》和《海螺湾》后,借《熊出没》电视剧动画,连续推出贺岁大电影,"光头强""熊大"和"熊二"等文化智慧产权入驻方特乐园,园内外交相呼应。

2014年,长隆欢乐世界与风靡一时的电视节目《爸爸去哪儿》及其电影的合作,使长隆欢乐世界享誉全国。此外,结合知名日本动画和卡通人物引进建设的"凯蒂猫家园"主题乐园(2014),深度发掘文学名著的"西游记"主题乐园,利用航母的军事主题乐园等,都展现了我国主题乐园强烈的跨界欲望和探索趋势,积极塑造和积累文化智慧产权及其影响力,向全域型主题乐园发展。

当然,全域型主题乐园需要强大的文化智慧产权,而文化智慧产权需要时间的积累。迪士尼的文化智慧产权累积超过了60年,环球影城也有近60年的建设实践。中国的全域型主题乐园还需要时间的磨炼和文化智慧产权的积累。

1.5 我国主题乐园的瓶颈与问题

我国主题乐园的发展已经历了3次建设高潮、2个发展阶段和5个时代，近年来正值产业蓬勃发展之时。然而，在这些蒸蒸日上的表象背后，我国主题乐园的发展总体上还是面临着许多发展困境与瓶颈，总结起来主要表现在以下4个方面。

1. 盈利模式单一

目前，国内大部分主题乐园都将门票收入作为主要的收入来源，而世界范围内成功的主题乐园主要盈利来源是餐饮、住宿等其他服务设施。由于主题乐园需要不断更新升级才能保持长期的吸引力、延长生命周期，仅靠门票收入难以收回巨大的资金投入，盈利模式的升级、重构是当前中国许多主题乐园亟须解决的瓶颈问题。

2. 无规划性盲目开发

目前，行业内部管理较为混乱，缺乏统一规划和配置，选址未能充分发挥产业的集聚效应。主题乐园的规划选址是其能否成功的关键因素。在城市的选择上，经济落后、人口流动少的城市没有充足的客源保障，不适宜修建大型主题乐园；在城市内部的选址上，有些投资者为了节约成本，选择了地价较为便宜的偏远地区，但由于基础设施和服务设施的滞后，相关配套产业没有跟上，陷入游客稀少的困境。

3. 主题文化价值欠缺

蕴含在乐园主题上的文化内涵具有巨大的消费价值，是主题乐园的核心竞争力。但由于发展初期品牌意识淡薄，我国很多主题乐园的核心主题内涵不健全，对于主题的设计过于浮躁，大多停留在简单的相互模仿上，缺乏文化内涵，无法形成品牌进行扩展和传播，很难持续地创造经济价值。

4. 游园体验模式的困境

当下中国主题乐园的体验模式是在游乐场的设备游乐体验中融入某些故事主题。但由于开发商对故事诠释的理解程度不尽相同，大部分的设备与故事主题的融合并不自然充分，存在游乐设备与乐园主题脱节的问题，弱化了主题乐园的场景感。相当多的设备是临时增加或园区更新的产物，在诠释故事主题上缺乏统一衔接和延续，导致主题乐园终究难以达到场景、游乐和故事完美融合的目标。

第 2 章　主题乐园建设引入设计总控模式的必要性

摄影师　邵峰

2.1 主题乐园建设流程

2.2 主题乐园建设的综合性

2.3 主题乐园建设的非标性

2.4 主题乐园建设可持续性特点概述

新一代大型国际主题乐园产品，既具有其沉浸式体验所带来的建设开发的特殊性，又具有大型主题乐园建设的一般性特征。以上海某大型国际主题乐园为例，其作为国内首个以国际最高标准规划、建设和运营的主题乐园及其配套设施项目，其一期规划建设范围已经等同于一个小型城镇，因此在建设管理过程中凸显出许多复杂性特征。这些复杂性特征具体体现在：国际化合作环境下突出的语言和管理文化冲突，设计本地化过程中的设计规范差异和空缺，外方对国内建设专项设计、规划设计报批程序理解的差异，片区设计与总体设计、总体设计与控制性规划的一致性需求，设计与施工、设计与运营交叉，设计、顾问和咨询单位众多，工作界面复杂，等等。相对于传统意义上的建设项目，呈现出"多专业综合""缺标准可依""市场多变"等特点。

2.1 主题乐园建设流程

大型主题乐园的建设开发阶段流程如图2-1所示，开发流程图详见插页。

2.1.1 主题乐园建设的特点

1. 独创性和多元化

创新是大型主题乐园生命力的源泉，它包括原创和不断地完善和更新。大型主题乐园一般不像名胜古迹那样有特定市场的垄断性，它多是人工景观。这就要求大型主题乐园的每个景点都要经过繁复的创意设计，使其具有独特的主题和灵魂，不易被竞争者取代。而且，大型主题乐园要满足多样性休闲娱乐需求，成功的主题乐园不应当仅以某种游客的喜好为落脚点，而是要符合大众的审美要求。因此，大型主题乐园的开发、建设要多元化，具体表现在主题的多元化、项目内容的多元化、活动形式的多元化及管理、营销、服务的多元化等方面。

2. 深化文化内涵

大型主题乐园是人类智慧和创造能力的产物，无论是模拟、缩微、集中某些自然景观还是人文景观，它都属于标有精神记号的文化旅游产品，其开发经营必须遵循文化规律，如果置接待地固有文化环境特色、旅游者消费审美文化特征和资源（原材料）文化内涵于不顾，随心所欲，粗制滥造，就不可能实现预期的目的。而且，当今的旅游大多为文化的旅游，大型主题乐园缺少了文化内涵，是不可能在旅游大潮中站稳脚跟的。

图 2-1 建设开发阶段流程示意图

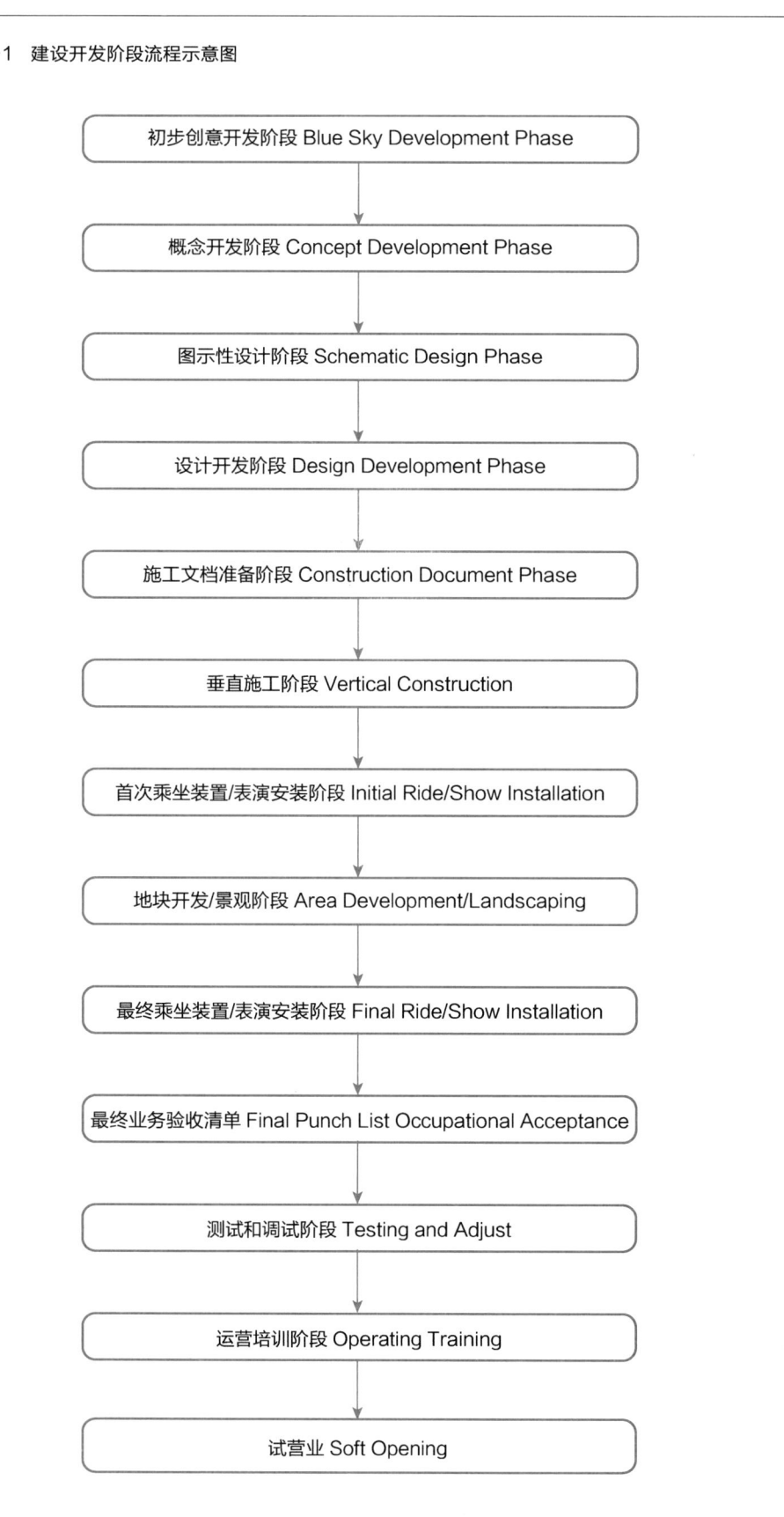

3. 不断地更新

大型主题乐园因不具有其他旅游资源所具备的垄断性，所以要想长期满足游客日益变化的旅游需求，就必须不断追加投资，通过与时代接轨的独特 IP 资源和不断更新的展示技术求新求变，更新项目及乐园内游乐设施等要素，避免因产品单一或缺乏新意等原因致使其生命力不强或生命周期较短。

4. 较强的独立性

大型主题乐园占地规模较大，详细游玩整个主题乐园可能会花费两天或者更长的时间。因此，大型主题乐园在满足游客游玩的同时还要具备完善的服务设施，如餐饮、娱乐、住宿、医疗等，使游客在大型主题乐园内部就能解决可能发生的一般事件。为了保证乐园的完整性，又要尽量避免园外城市环境对园内景观的干扰。大型主题乐园的这两种特性构成了其较强的独立性，这种独立性使大型主题乐园宛如一座小城市。凯文·林奇在《城市意向》（*The Image of City*）中提到城市环境认知的五个要素：路径、边界、区域、节点和标志，我们同样可以在大型主题乐园中找到相对应的要素，即：道路、园界和景区及景区之间的界限、主题区和园内的大型标志物。

5. 投资大，风险高

大型主题乐园一般投资较高，规模较大。大型主题乐园必须拥有一定的规模和丰富的内容，要有一定水平的容人量和容时量，否则难以在市场上长盛不衰。而且在大型主题乐园建设过程中还要不断追加大量的资金，用以开发新的项目、改造原有的项目或者维修乐园其他的服务设施，因此，大型主题乐园的投资数额一般都比较大。大型主题乐园作为一种特殊的旅游产品形式，其巨额投资，是一种企业的商业行为，有投入，就有回报，但是同时也具有风险。如果大型主题乐园在各方面都能符合游客的要求，那么，大型主题乐园就会长盛不衰，利润也会滚滚而来；但是，倘若主题乐园在策划、建设开发及发展运营过程中，没有经过科学的研究论证就匆匆实施，那么，就很可能成为不被市场认可的旅游产品。没有市场，主题乐园就没有生命力，就没有利润回报的可能，投入的巨额资金就会付诸东流。所以，投资大型主题乐园，既是可能带来高效益的投资，也是一次很大的冒险。

6. 生命周期理论

如上文的分析所述，大型主题乐园是人造景观，不具备垄断性，极易被替代，因此，大型主题乐园与一般的旅游资源相比，若不追加后期投资进行后续运营发展，就不可能满足游客因时代发展而对于旅游产品的提升要求，其生命周期将是很有限的，一般为由弱到强、由盛转衰的过程，通常要经历介绍期、增长期、成熟期和衰退期四个阶段。这种没有继续发展的大型主题乐园从开始建设到衰退的过程，可称为单一生命周期。但是，如果在大型主题乐园还未进入衰退期之前，追加一部分投资进行新项目的建设和旧项目的改造，使其在游客的心里时刻保持着新鲜感，那么大型主题乐园就能长久处于成熟期，不会被市场淘汰。我们可将这种追加投资而持续保持生命力的过程称为复合生命周期，与单一生命周期相比，复合生命周期就有持续的生命力，一般经历的阶段为：介绍期→增长期→成熟期→衰退期（或继续建设和改造期）→成熟期→衰退期（或继续建设和改造期）……依此循环下去，长盛不衰。

2.1.2 主题乐园建设引入设计总控模式的必要性分析

（1）主题乐园建设涉及的设计、顾问和咨询单位众多，工作界面复杂，对参与的组织和管理者都提出了更高的技术要求和管理要求。随着项目深入，各顾问和设计之间协调工作量将越来越大，如何做好指令路线、沟通渠道设计和控制将是提高管理工作效率的重中之重，亟须一支团队站在业主方的角度，既能承担设计工作的组织、管理、分析、引导、采购、协调等一系列的技术管理工作，又能承担设计总控和协调工作。

（2）项目设计阶段是项目全生命周期中实现策划、建设和运营衔接的关键性环节，所有的施工、采购、预期品质、投资都在很大程度上取决于设计质量。设计顾问（设计师）的选择及其对项目的参与度、与业主之间的协调配合关系，是决定项目最终建设质量的重要因素之一。如何处理主题创意、施工、游艺设备、运营在设计阶段持续输入的设计条件和要求，是项目最终成功与否的关键。

（3）由于中外方项目在建设相关规范、标准的规定差异较大，外方政府对相关审批流程和要求在理解上会有偏差，需要一支专业的管控团队，在协调项目建设报批环节给予专业顾问建议。

（4）作为跨文化的传播者，主题乐园的建设管理应充分认识到文化因素的重要性，并且意识到跨文化经营需要了解本土的文化，尊重当地人的生活和工作习惯。在全局性、策略性层面，应更多地考虑中外文化差异的因素，包括地域差异、人文环境差异、历史背景差异等，各个方面应该适应所在地人群的消费需求和文化特点等多方面要求。这就需要一支具有专业管理素养、对所在地文化有着深入的理解，兼具中外项目管理经验，可以将文化语言与技术语言有效转换，保证有效沟通的团队介入，协助业主实现项目建设并成功开展管理工作。

（5）业主方领导层的工作涉及面广、事务繁杂，配置的人员数量严重不足，各职能部门主要从事多方面的协调工作，决策支持的力量相当薄弱，迫切需要一个具有丰富项目设计管理经验、专门针对项目实施情况进行深入研究分析和思考的"参谋部"。

（6）业主方或代建及监理单位，往往都被缠身于繁杂的事务性、实施性工作中，因而缺乏项目实施的整体规划，无暇顾及某些项目建设重大问题的思考；缺乏对项目进展过程中战略性、宏观性和总体性问题的思考。

(7) 项目的决策层需要及时、准确掌握在项目建设过程中产生的大量信息。在常规的管理模式下，项目各实施单位之间信息的传递严重不畅，给业主方及时、准确决策造成了很大困难。由于参与单位众多，产生的信息量大，项目决策者不能及时得到所需的信息，所以亟须有一个"信息处理中心"收集信息并加以分析，提供决策建议。

2.2　主题乐园建设的综合性

2.2.1　迪士尼乐园——综合性设计理念的起源

在过去几十年中，娱乐可供选择的方式出现了爆炸式增长，为人类提供了许许多多的新的体验，而这种体验的源头，要从一个传奇人物和他成立的公司说起——华特·迪士尼。随着迪士尼在动画领域不断提升体验水平（他开创了声音同步、彩色动画、三维背景、立体声和音频动物机器人等技术应用），在 1955 年终于建成了象征其职业生涯巅峰的加州迪士尼乐园——一个活生生的、身临其境式的动画世界。和其他游乐园不同，迪士尼乐园是全球第一个主题乐园，它不仅为来宾提供各种娱乐活动，还让他们有机会亲自参与园内举办的主题游戏。对每一位来宾，游乐园的演员都会献上一场综合了光影、声音、味道、气息和故事情节的完整产品，为他们留下与众不同的独特体验。

华特·迪士尼成立迪士尼乐园的念头源自他对当时游乐场的不满——各式的探险、游戏和休息区杂乱无章地混在一起。他曾对传记记者鲍勃·托马斯介绍当时的情形："那时候我的女儿们还很小，周末我带她们去游乐场玩，我坐在一个长凳上，一边吃花生一边观察四周的景象。我对自己说，这地方太糟糕了，为什么不建一个让大人小孩都能开心游玩的公园呢？"从那之后，华特·迪士尼就开始构思迪士尼乐园了，用他自己的话说是一个"能让游客沉浸其中的动画世界"。这个动画世界开发了一整套"主题游"活动，例如亚瑟王旋转木马、匹诺曹飞行记和马克·吐温的脚踏船，每种活动都是"游客在其他游乐场从未体验过的"。这些游乐活动都是在主题区域内展开的，构成了世界上第一个主题乐园。这个迪士尼乐园体验的最高宗旨是什么呢？1953 年，华特·迪士尼在写给潜在投资人的建议书中提道："迪士尼乐园的想法很简单，它是一个可以让人们找到快乐和知识的地方；是一个能让父母和孩子相互陪伴、分享快乐时光的地方；是一个能让老师和学生发现快乐教育的地方。在这里，老年人可以回忆甜蜜的往事，年轻人可以体验挑战未来的感受"。迪士尼乐园的综合性设计理念就是从这里开始的。

2.2.2　主题选择——综合性设计的中心环节

每一种体验都应当有一个主题，寻找一个合适的主题可以说是综合性设计的中心环节。寻找主题的关键在于，必须能够确定哪些是能够经得起证明的、富有吸引力的主题。在开发这样的主题时有五个重要原则：

（1）吸引人的主题必须能够改变游客的现实感。每一个主题都能改变人类体验的维度，无论体验者当时的年龄、地理位置、环境条件、社会关系或自我形象有何不同。建立不同于日常活动的供人投入、学习、娱乐和感受的场景和设施，是所有成功主题乐园的基础，也是建立地方感的核心要求。

（2）通过对空间、物质和时间体验的影响，感受最丰富的地点往往拥有可以改变人们现实感的主题。在代表未来世界的区域，孩子们对时间的感觉会发生变化；在构思吸引人的主题时，对物质物理方面的考虑也丝毫不能忽视，不同的主题会暗示事物不同的尺寸、形状和质地等。

（3）吸引人的主题应当结合空间、物质和时间，制造出综合性的现实体验。讲故事和其他叙述方式对于构思主题具有非常重要的影响力。一本好书或一部好电影之所以能够吸引人，关键在于他们创造了全新的现实，改变了阅读者和观影者体验中的每一个细节。

（4）在一个场所内营建多种地点感可以强化主体。例如在主题乐园中的一栋建筑物中，通过开发多个空间，一个店面就可以为孩子们营造出多种不同的体验：首先有游乐设施可以骑乘，其次有多台大屏幕，播放相关的动画视频，接着是店里的相关主题餐厅和纪念品商店，同时还有照相馆，孩子们可以与卡通形象拍照留影。

（5）主题选择还必须符合体验营造企业的特征。有效的主题必须是简洁而生动的，太强调细节会破坏其作为营造体验整体原则的效果。主题必须以一个统一的故事来推动所有设计元素和体验营造活动，用这故事来吸引游客的投入。故事才是主题的核心，其他要素都只能是发挥辅助作用。

2.2.3 综合性所带来的挑战

美国国家娱乐公园历史协会（National Amusement Park History Association）认为，主题乐园是指："骑乘设施（ride）、吸引物（attraction）、表演（show）和建筑围绕一个或一组主题而建的娱乐公园（amusement park）。"在欧美国家对主题乐园的定义中，大致包括以下内容：为游客的消遣、娱乐而设计和经营的场所；具有多种吸引物；围绕一个或多个主题；包括餐饮、购物等多种服务项目，开展多种主题活动；实行商业经营，等等。

主题乐园项目由原本的运营屈就于建筑本体，反向变身为建筑设计服务于主题和运营。一方面是主题设计对建筑设计传统的建筑、结构、机电、设备等各专业提出更高层面的整合性、一体化要求；另一方面是运营方提前介入，带入了游乐设施、装饰造景、表演场地、流线布局等更高层次的要求。

例如一个城堡单体的本身，可简单分为硬件和软件两部分。硬件包括城堡的土建结构、机电安装、装饰装修、前场面对游客的设施以及后场非游乐设施。硬件设计与建设过程中，各专业穿插，表现的是主题内涵的实体外壳，其设计与施工对内涵的显现、休闲娱乐的质量有极大影响。软件指的是由运营服务团队对建筑设计提出的要求。例如迪士尼城堡中每位"公主"有不同的接待房间，分成不同区域，需要考虑每个房间或每个区域之间如何合理分配人流预留面积，如何引导人流，如何划分消防分区，如何考虑当紧急情况发生时的快速疏散。也可能是因为故事情节的需要，需要从城堡开出一艘小船，载上游客在城堡湖上荡漾。由小船随之带来的水下电缆、水下导轨等设备设施如何设置，都是突破了传统设计范围，而又必须要被整合到同一个单体项目中去的。

2.3 主题乐园建设的非标性

主题乐园是根据人们休闲娱乐的需求而建造的一种现代旅游目的地形态，是旅游活动的重要组成部分。从产生到现在的短短几十年，主题乐园可谓是旅游业一支突飞猛进的新生力量，迅速在世界范围内蔓延开来，如美国洛杉矶的"迪士尼乐园"，澳大利亚的"华纳电影城"，日本福冈的"豪斯登堡"，韩国首尔的"乐天世界"。1990 年，全世界 225 个主题乐园吸引着 3 亿多的游客，创造了 70 亿美元的收入，而仅到 2000 年，所有数据都翻了一番。这些资料充分显示了成功主题乐园的巨大魅力。20 世纪 80 年代至今，中国已累计开发主题乐园式旅游点 2 500 多个，投入资金达 3 000 多亿元。随着我国的经济快速发展，国内大型主题乐园的建设呈现出又一轮建设高潮。据统计，2015 年在建或者即将开园项目达 41 个，其中上海建设了关注度最高的大型国际主题乐园。

作为世界级大型主题乐园项目的代表，上海某主题乐园正式投入运营后，每年为上海吸引上千万人次的游客。这样规模的客源将为上海相关行业带来新的发展机遇。不仅增加了上海都市旅游的新景点，而且还能带动酒店、零售、餐饮、会展、娱乐、交通运输、金融保险、建筑等行业的发展，提高上海的国际知名度和综合竞争力，为经济转型提供新的动力。正因为主题乐园具有如此大的影响力，因此每个主题乐园在策划定位时，其主题选择都会具有明显的非标性，使其在设计和建造等实施过程中普遍呈现出非标特点，以满足创意、演出和新技术应用的要求，而这些非标性也恰恰构成了每个主题乐园独特的吸引力。

2.3.1 主题选择的非标性

主题是一个乐园的灵魂，是吸引游客最本质的内容。主题独特鲜明，与众不同，才会对游客产生强大的吸引力。迪士尼乐园之所以在全球如此成功，是基于其主题的独特性。美国迪士尼乐园诞生于 20 世纪五六十年代这个特殊时期，美国人生活在朝鲜战争、越南战争、核威胁和东西冷战的阴影之下，各阶层的人们对现实生活感到疲惫、紧张和恐惧。而迪士尼构思的梦幻世界唤起了美国人生活的乐趣和热情，从而博得全社会的喜爱。此后，迪士尼又作为现代美国文化的"形象大使"，向全世界传播，从而把娱乐这个人类共同的生活需求变成了一个形象生动、内容丰富的活力载体，获取了全世界的认同和赞誉，因此不仅开业即引起轰动，而且一直风靡至今。在迪士尼世界里可以看到说着不同语言、身着不同民族服装、不同肤色的、来自世界各国的游客；游客从步履蹒跚的婴孩到挂着氧气瓶、坐着轮椅的老人，覆盖了所有年龄层次。这种奇特的现象，可以说在全球绝无仅有。迪士尼的客源如潮涌不息，源源不断，全方位的客源使迪士尼乐园完全规避了经营风险。

先后投资3 700万元，红极一时的"东方好莱坞"——唐城，建成几年后，游客量就开始大幅度减少。究其原因，中视股份唐城的于剑平指出："短暂的繁荣根本无力使缺乏灵魂的主题乐园起死回生。"好莱坞保留并开放实景拍摄现场、展现特技效果制作技巧，日本影城演示电影拍摄过程，而"中视影视基地"却没有一个深刻且具有说服力的主题，有的只是缺乏生机的建筑道具和几场由历史故事改编的简陋的、一成不变的演出。由此可见，一个缺乏"主题"的主题乐园是没有生命力的。

主题乐园成功的要素很多，但最为关键的是要选择好主题。张广瑞指出："主题是主题乐园的灵魂，因为主题乐园对旅游者的吸引力和震撼力很大一部分来自有创意的、高品位的主题思想。主题选对了，开发时就易形成自己独特个性，而且也能提升旅游者的审美品位。"一个主题乐园的主题一定要有独创性，做到独具匠心；一定要有深层次文化内涵，具有一定的品味；有欢乐、健康、向上、有时代感，不同于现代文明生活和生活情趣；一定要对目标群体有强烈的针对性，能最大限度地满足他们的需要；一定能顺应旅游发展的趋势，有发展空间。随着造园技术的日益进步和表现手段的日益丰富，主题的选择日益多元化，"一个主题多个次主题""一园多个主题"成为主要发展趋势。

主题的选择应由市场来决定，而非由资源决定，更非由专家的想象力决定。主题的选择应以区域文化特色为基准。主题乐园实质上是一种文化创造，即通过适当的方式，将资源（创作素材）所蕴含的无形的文化内涵用具体的物化产品（在文案上）表现出来。我们可以把主题乐园的设计技能高度抽象地理解为将资源文化内涵外化的技能。在由内涵向外部转换的外化过程中，设计者首先面对的是文化内涵的选择。

主题的文化内涵选择不仅要深入，而且要有独特型，要保持与其他主题乐园的差异，这样才能保持主题乐园鲜明的特性。泰国佛教主题乐园将本国深厚、严谨的佛教文化与大众休闲娱乐巧妙地结合在一起，创造出特色鲜明且不易被他人模仿的主题游乐场所；墨西哥"偷渡美国"主题乐园是根据南美的"偷渡"这一特色历史文化为主题建造的，逼真地模拟了偷渡者进入美国时需要穿越的恶劣、艰辛的环境：沙漠、丘陵、繁密的灌木丛、湍急的河流等，用游戏化的语言向人们传递非法移民通往美国之路是多么的艰苦。主题乐园要针对市场空白点进行主题创意，避免与区域内其他主题乐园的主题相重复，结合本地文化特色，并有一定程度的超前意识。每个城市都具有其特殊的文化氛围，主题乐园要提供的正是城市娱乐休闲生活中欠缺的、但又深受游客欢迎的，且体现本地特性的旅游产品。

主题乐园的主题要具有区域的唯一性。大多数主题乐园的有效客源市场半径为200～500公里，在这范围之内，应避免主题的雷同，注意不去选取已用过的主题，减少市场风险。如20世纪90年代初，日本兴起了建"外国村"，但他们不是将"外国村"集中建在一地，而是将其分散建设，如在长崎建"荷兰村"、在广岛建

"法国村"、在佑贺县建"瑞士村"等。这种分散的做法既丰富了各地的旅游项目，又不会造成相同类型旅游产品的竞争，因此收到了良好的经济效益。但是，主题乐园的主题选择不能与主题乐园所在地区的文化有明显差异，否则将不会受到当地游客的欢迎。在深圳锦绣中华获得成功后，中旅投资1亿美元复制了一个锦绣中华，建造在主题乐园最集中的美国佛罗里达州的奥兰多。但是美国人没有兴趣去参观静态的中式园林，都涌到对面世界最大的迪士尼乐园里疯玩上几天几夜，两个主题乐园的业绩反差鲜明。终于，中旅集团负担不起巨额的债务，决定撤出，并把园区交与当地的慈善机构管理。美国锦绣中华的败走麦城同样是源于对两国间巨大文化生活差异的认知失误。

主题乐园主题的成功离不开主题的明确定位。主题定位明确，专属性强，才会奠定大量的目标市场以作为乐园发展的坚实基础，降低同类产品竞争的危险。

2.3.2　审批控制环节相关规范空白

大型主题乐园建设的非标性特点，还表现在执行主题乐园项目设计过程中，会遇到缺少相关游艺类建设规范、中外设计规范规定不同等问题，使项目在设计及报审过程中面临困境。以国际合作项目为例，方案由境外创意团队原创设计，中方设计公司参与实现施工图设计，直接导致项目在设计和审批中涉及多种不同建筑设计标准规范的应用，以及政府部门审批中缺少相关标准依据等问题。

1. 建筑、结构专业问题

在相关设计规范缺失方面，以主题乐园中常见的荷载反复扰动对桩周以及承台周边软土影响事宜为例，乐园中部分游艺设施会对基础产生动力效应，尤其是过山车。过山车在运行过程中会对桩周以及承台周边的软土产生水平方向的反复扰动，设计中需要考虑这部分因素。但是，对于软土或水泥土在动力荷载下的软化特性以及塑性特性，规范均未给出。另外，设计中也缺乏动力荷载作用下软土中桩的水平变形的计算公式和相关设计依据。

2. 电气专业问题

当确认发生火灾后，以游艺设备断电的问题为例，参照国内规范条款《火灾自动报警系统设计规范》（GB 50116—98）6.3.1.8条规定，消防控制室在确认火灾后，应能切断有关部位的非消防电源。考虑到主题乐园与其他民用建筑性质不同，如按照本条国内规范执行，在运营中就不能保证一些特殊游乐设施中游客的安全。

3. 暖通及给排水专业问题

以室内外温度波动对乘客舒适度影响的问题为例，当过山车穿梭于大开口建筑的室内与室外区域时，由于室外还有部分轨道，车在室外运行时，就存在冬季是否需要在顶部设置局部采暖，改善室外人员舒适感的问题。而关于室内舒适度标准，国内民用建筑室内热湿环境的相关标准基本是援引国外数据，这些数据来自国外的研究或相关标准，主要参考美国 ASHRAE 系列标准和国际 ISO 7730 系列标准。目前国内关于室内舒适度评级标准主要有《民用建筑室内热环境评价标准》（GB/T 50785—2012）和《中等热环境 PMV 和 PPD 指数的测定及热舒适条件的规定》（GB/T 18049—2000）等。考虑到目前关于人体舒适度标准主要针对室内进行评价，由于游艺车穿梭于室内外，因此没有相应的标准评价用于室内外温度波动对人员舒适度的影响。

再如景观补充水水源选择方面，在主题乐园中有较多的景观水体，根据与人体接触程度的差异可分为与人体直接接触、偶然接触和不接触三种，水体水量大小也各有差别。按照国内规范，景观水体不得采用市政自来水或地下水，因此只能采取雨水等非传统水源进行补水，同时水体水质应该满足相应的卫生标准。由于主题乐园中有较多的水体与人体接触程度大，若使用雨水等非传统水源补水，卫生难以得到保证。另有一些游乐设施用水需求较大，单独使用雨水等非传统水源会很难满足水量的需求。

4. 建筑消防问题

国内目前专门针对主题乐园、游乐设施等方面的防火技术规范、标准尚属空白。比如，特技表演场是主题乐园内的演艺类建筑，表演舞台不设台口、幕布，每 20 分钟一场演出。由于真人秀表演方式的特殊性，演员的表演并非局限在舞台上，有时会飞越观众厅上空，再加上舞台的各种特技效果，使得该建筑的防火设计在国内无规范依循。排队区域的人员密度和疏散距离如何确定也无规范可循。此外，还有类似于大型游船类游艺项目，当需要很大的室内空间时，因游船的连续性要求，就会面临不能划分防火分区等大量建筑消防问题。

2.3.3 新技术的创新应用

大型主题乐园项目要注重提高游客的"体验"价值，要发挥体验经济优势，挖掘深层价值源泉。体验经济是从服务中分离出来的经济提取物。美国学者 B. 约瑟夫·派恩这样描述体验经济与服务经济："当顾客要购买一种服务时，他购买的是一组按自己的要求实施非物质形态的活动。但是当游客购买一种体验时，他在花费时间享受某一企业所提供的一系列值得记忆的事件——就像在戏剧演出中那样——使他身临其境。"换句话说，消费者不仅要求产品或服务给他们带来功能上的满足，更重视购买和消费产品或服务的过程中所获得的、符合自己心理需要和情趣偏好的特定感受，即体验。而旅游者的体验需求表现得尤为突出，特别是主题乐园的旅游者，他们追求在园内获得一种新奇的、能投入其中的深度体验或是生活方式。

进入 21 世纪以来，人类已经进入了体验经济时代，现代社会已经从商品经济逐渐向服务经济过渡，而体验经济则更是超前性的服务经济（也有人称其是人性经济），是一种新的价值源泉。项目本身可运用高科技等手段，通过剧情化的主题体系，采用精巧的故事情节，融合原始的机械式游乐项目，营造场景化的氛围。场景的造型、颜色、尺寸、材料、性能等方面将更加具有创意性和刺激性，呈现出造型视觉化、色彩多样化、材料逼真化、性能精致化、故事文本化（神话故事、童话故事、传奇故事、历史故事等有文献依据的故事）等特点。

对主题乐园来讲，主题乐园吸引力的产生在很大程度上依赖于产品技术，一旦把高科技技术引入主题乐园产品中，就能够在主题乐园市场中创造巨大的吸引力。以长隆集团的世界最大水陆空特效剧场——国际特技剧场为例，该剧场由全球顶尖特技导演全程监制，结合爆破、枪战、烟火、声光、机动设备、滑水、高空特技等多种尖端特效，受到诸多游客的好评。而米高梅乐园中的四维电影，除三维立体视觉外，连香味、喷水雾、座椅波动都仿真模拟，在穿越文化时空隧道时，两边展示各个时期的人物造型，人像的动态做得栩栩如生，连拉小提琴人像的手指，按动琴弦都与播放音乐的节奏完全一致，以假乱真到如此地步，令人叹为观止。主题乐园要得到持续发展，必须依靠高新科技。运用高科技手段来制作节目、构筑情境、营造气氛和设计场面，这正是中国主题乐园发展的主要挑战。

主题乐园的环境因为大多是人工建造的，在建造异质性景观时，单凭常规的物质元素往往无法逼真体现，需借助高科技手段，产生声、光、电、雾等环境效果，对主题的表达起辅助作用。常州中华恐龙园内的时空隧道，运用了高超的灯光手段，营造出变幻莫测的光影效果，让人感觉仿佛身临其境。由此可见，成功的项目绝不是人工布景、装饰和造型的简单堆砌，每个项目都要经过精心的、繁复的创意设计，才能使其具有特定的主题和灵魂。

2.4 主题乐园建设可持续性特点概述

2.4.1 主题乐园可持续发展对其可持续性的要求

1. 荷兰艾芙特琳主题乐园

荷兰艾芙特琳主题乐园（De Efteling）于1952年建成开放，是全球最古老的主题乐园之一，也是荷兰最大的主题乐园。乐园距荷兰首都阿姆斯特丹约1小时车程，距鹿特丹不足1小时，由于荷兰国土面积有限，距荷兰周边国家的距离也不算太远。根据AECOM的数据统计，2014年，乐园游客量达440万人次（荷兰全国人口不足1 700万人），位列欧洲主题乐园的第四名，且游客量处于持续上升趋势，如图2-2所示。

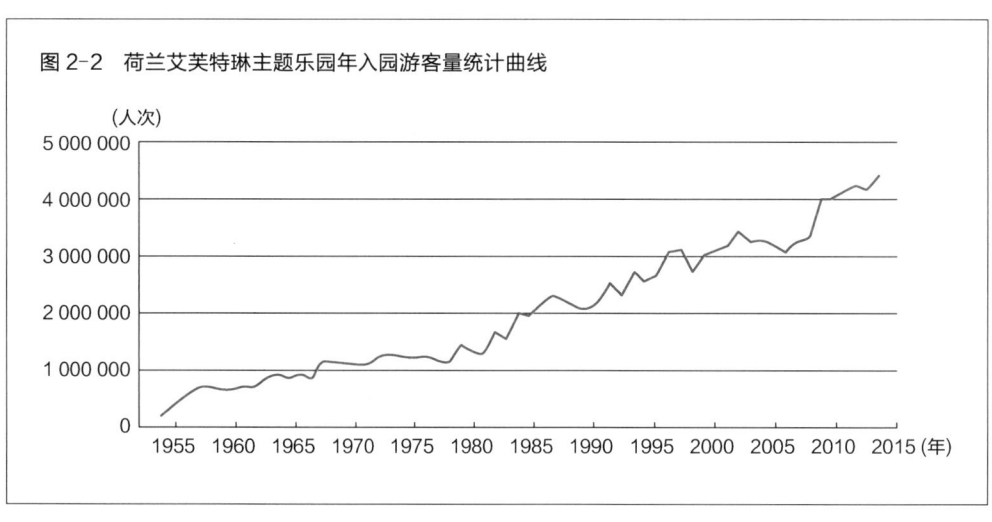

图2-2 荷兰艾芙特琳主题乐园年入园游客量统计曲线

一个运营如此长时间的主题乐园能够保持其魅力不减，主要是因为以下方面：

1) 分区

艾芙特琳共有四个主题区。最初，乐园将这四个主题分区分别称北方、西方、东方和南方。20世纪90年代末改为精灵王国、梦幻王国、冒险王国和旅行王国。各区的主题包装从直观感受上，差异并不大，但各个区的设备强度区别明显。刺激的设备集中在冒险王国，而精灵王国更加适合儿童，特别是其中的魔法森林部分，深受孩子和家长的喜爱。艾芙特琳由此取得了第一步成功。

2) 手机APP

不得不提的是艾芙特琳的手机APP非常好用。尤其在乐园中时，游客可以通过简单的操作，了解自己所在的位置，全园的游乐设施、餐厅、商店、洗手间的位置，以及游乐设施当前的排队时间，所有信息一目了然。这样不仅可以让游客合理分配时间，还能够在一定程度上起到人流疏导的作用。此外，作为这款 APP 的使用者，游客可以根据自己的实际等候时间上传数据，给其他人参考。

3) 停车场

艾芙特琳的停车场设在乐园大门口外，自驾前往艾芙特琳，无论停车时间长短，均需缴纳 10 欧元的停车费。在乐园门票售票处购买停车券，离开时将停车券插入停车管理设备，停车杆自动抬起。停车场仅在开园时有人工疏导，不需另设收费人员。这种停车收费的形式在欧洲各个乐园中普遍存在，只不过价格不一。

4) 入口

艾芙特琳虽然经过不断扩建，但其整体风格从开业之时延续至今。乐园采用了荷兰当地画家 Pieck 的插画风格，既有点残酷和黑暗，也有些浪漫和怀旧。乐园大门正是这种风格的展现，虽然造型简单，却令人难忘。

5) 门票与导览图

在入口的三顶尖帽子下面即是售票处。成人门票现场购买每位 36 欧元，官网提前购买每位 34 欧元。这个价位再结合富有的荷兰人的人均收入，算得上非常亲民了（即使换算成人民币，260 元的价格在国内也不算高，当然停车是贵了些）。此外还有两种组合票，第一种包含饮品、午餐，购物 8 折，提前入园半小时的优享政策，售价 44 欧元；第二种，在 44 欧元门票的基础上还有晚餐和免费停车，售价 64 欧元，游客可以自主选择。随着乐园游客量逐渐增多，门票价格也呈现出每年一小涨，五年一大涨的趋势（图 2-3）。

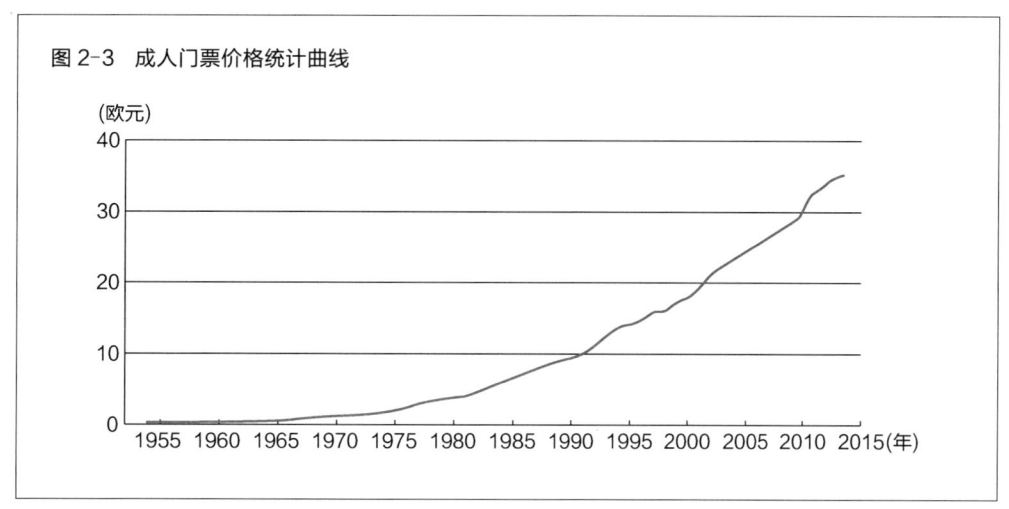

6) 游客

艾芙特琳的游乐设备可以算得上是全年龄层覆盖，刺激类的设备相对偏少。因此，来乐园游玩的人群大多是家庭客，且孩子年龄在 12 岁以下的为主。

7) 零售

（1）入口商店。检票入园后，正对面就是入口商店，当然出园时也会经过。与迪士尼乐园一样，瓶装水这类与吃喝相关的商品是不会在商店内出现的，而是放入餐厅或是自动售卖机内。虽然商品的丰富度无法与迪士尼相比，但没有自己的卡通动画的艾芙特琳，利用耳熟能详的童话故事制作出大灰狼帽子、小红帽玩偶等也有不小的吸引力。值得称赞的是商店主题包装的心思，让乐园的吉祥物，一个会魔法的小丑，高高地站在商店中央，手持魔法棒点亮天空，造型简单却十分抢眼。

也是适应了当地市场的需求，糖果店内的货品种类较国内丰富许多，除了五颜六色的Jelly Bean（软心豆粒糖），还有众多口味的橡皮糖棒，除了传统的彩虹棒棒糖，还有多种卡通形象的棉花糖。当这些甜品整体地摆满整墙整柜时，热爱糖果的欧洲人很难对其拒绝，总要带上一小包糖豆，边走边吃。

（2）WWF组合店。园内有一处设在岩洞中的WWF主题商店，并且与相同主题的餐饮和娱乐项目结合。WWF是全球知名的世界自然基金会，也是最大的独立性非政府环境保护组织之一，总部位于瑞士，成立至今已有50余年。该组合店内的项目均围绕着动物展开，狮子、熊猫、北极熊以及海龟均布置在各自的生存场景里，做着悠闲的动作，长颈鹿形象、大象形象以及斑马纹的装饰随处可见。加上攀爬和其他互动项目，整个组合店充满着新奇与乐趣，吸引了不少小孩子前来。

8) 餐饮

（1）移动售卖车。9月上旬的确已过了乐园运营的最旺季，许多移动售卖车仅停在原处，并未开张。

（2）售卖亭。艾芙特琳的小吃，除了水果类制品、烧烤类食品外，也汲取了欧洲各国面点的特点，造型各异的精致面包，不同口味的华夫饼，可选择的空间一点都不少。此外，园内还设有保温的自动售卖机，售卖烤肠、热狗等食品，节省了不少人工，不过这种设备也只在荷兰本地见过。值得一提的是，这些食品的价格其实比园外贵不了多少，仅高约20%而已。

（3）正餐厅。乐园内正餐厅的内部装修风格和购餐形式与迪士尼乐园相近，在餐品上少了些汉堡类的快餐，多了些其他套餐组合。餐品口味不差，价格不高，性价比较多，加上欧洲人早已形成的游玩习惯，即使在没有检查的情况下，也未见一人自行携带食品入园。因此，即使不是乐园的最旺季，午餐时间内餐厅里也会挤满人。

9) 不断更新

不管是想要吸引国外游客还是国内游客，主题乐园运营商都清醒地意识到，要想获得发展，必须孜孜不倦地开发。荷兰全国的主题乐园都在持续开发新设备和景点，可以说整个行业都是如此。

2. 好莱坞环球影城的成功之道

1) 并蓄的多元文化

环球影城是多元文化的综合，将不同种类、形式、层次的文化内容融合改造，以游戏、实景、动漫、舞台的形式表现出来，满足前来参观游览的游客需求。节目脱胎于影视大片，又不同于影视本身，多种文化的整合给游客心灵的震撼、冲击和思索。如游乐节目"水世界"表现了海洋文化，游乐节目"木乃伊"表现了古埃及文化。当代的影视内容也出现在游乐节目中，如影视片《我爱露西》中拍摄的别墅，《大火灾》中拍摄的化学工厂火灾场景。还有展示波音飞机失事的空难现场，大洪水暴发的现场，西部风情的喜剧片拍摄现场，牛仔驯马的林中空地等场景。

环球影城以文化为主线，从造型、动态等多角度重新设计、改造、编排游乐节目，使游乐活动更具立体感、时代感，赋予了乐园强大的生命力。游乐节目内容反映人与自然、人与人关系，唤起人们更深层次的思考。由此始终抓住游客的眼球和心灵，保持对环球影城的吸引力，成为环球影城长盛不衰的最大秘密。

2) 穿越时空的故事题材

游乐节目把时间和空间作大跨度的交错跳跃，内容情节匪夷所思又合情合理，浓缩演绎漫漫时间长河发生的故事情节，让它们在短时间内精彩释放，反映对人的过去、未来的探求，给游客带来无限惊奇和享受。

表现地球亿万年前生动形态的恐龙时代的"侏罗纪公园"，表现原始人单纯快乐故事的"远古时代"，表现外星人神奇、浪漫色彩的"ET外星人"……在这些故事中，游客体验奇妙的时空之旅，沉浸于虚拟世界的梦幻般的氛围里。

3) 推陈出新，不断挑战感官极限

环球影城不断推出新内容，合理淘汰旧节目，在内容情节与技术上始终保持新突破，才能克服游客的审美疲劳，不断吸引游客前来游玩。影视城从早期的静态摄影棚、简单的道具、场景，参观拍摄内容发展到大型互动、整合配套的节目，通过在光效、音效、LED视屏和大型机械装置等先进舞台景效等的大投入，结合电脑合成、精密控制技术、微型紧凑的电动和气动系统的综合运用，配合水、雾、气味，创造出引人入胜的场景。

游乐节目中形形色色的恐龙，如同基因技术复活的真恐龙一样，这些庞然大物的动作精细，令人叹为观止。制作的远古生物不仅是静态的，更被赋予了生命和情感。游客参与黑暗神秘的金字塔亲历探险过程，乘坐高速旋转、翻滚的探险过山车，经过一个个精巧的机关，速度快得令人眩晕、窒息。木乃伊、法老、埃及艳后、沙漠骑兵这些形象惟妙惟肖，极富质感。穿插的龙、牛魔王等古代神话形象，飞行腾挪，具有令人眼花缭乱的东方神秘色彩。令人喜爱的热带丛林里游船，从高空俯冲入水，带来自由落体的刺激。精心设置的洪水冲击、黑暗、汽油燃烧、空难等场景，配以音响技术、3D技术、动漫，有着巨大的视觉冲击力，使节目的时空背景、布景道具，更加精彩惊险。它们是新一代数字技术、高清技术、信息技术的大综合，不断在冲击挑战人类感官的极限。

4) 发挥品牌优势，延长产业链

"Universal"是环球影城的著名商标。作为一种成功的经营管理模式，环球公司把这一影视城品牌输出加以推广。在美国建有奥兰多环球影城，在日本、新加坡等地也建了大型影视城。印有环球影城标志以及明星头像的T恤衫、运动鞋、眼镜、帽子，多种多样的造型人物、卡通形象作为商品出售，它们成为深受游客欢迎的旅游纪念品，为影视城带来大量的收益。围绕着环球影城，在旅游、服务、交通等行业形成更长的产业链，其中包括广告、发行、印刷、信息、出版、网络传输、视频制作、影视制作等企业。通过优化整合这些资源，延长产业链，扩张经营范围规模，实现资本最大限度增值。

随着影视业、娱乐业的兴盛，好莱坞街道旁已建立了大大小小的电影院与精品商店，游客在此消费游玩，形成更大的消费市场。好莱坞电影处于世界电影的顶层，环球影城以娱乐游玩并重现大片的形式，潜移默化地推销了西方文化。

5）保持差异性，形成竞争互补格局

在洛杉矶有世界闻名娱乐场：好莱坞环球影城和迪士尼游乐城，二者都有舞台演艺、现场实景、影视、动漫的游乐节目。游艺内容虽有相似性，但也有很大的不同。迪士尼乐园适合儿童游乐，环球影城则更加适合成年人参与。环球影城以自己公司拍摄的影片、电视节目做题材，所有的场景动漫有自己的专利，避免了许多可能产生的纠纷和官司，二者形成竞争互补的格局。

竞争互补的格局还表现在整个好莱坞的城市范围中，环球影城周边有宇宙城购物街，不远处有中国大剧院、柯达大剧院，好莱坞遍布的酒店、电影院、餐饮服务业都在卖力吆喝，争夺客源。如果从更大范围观察，洛杉矶有NBA"湖人""快船"球队，还有多次赢得美国棒球联赛冠军的"道奇"棒球队，它们从体育竞技角度争夺客源。在不远处还有闻名的拉斯维加斯赌城，它也是旅游的一个热点。众多的文化娱乐设施扩大了游客的选择面，扩大了旅游市场，增加了游客在洛杉矶乃至加利福尼亚的停留时间，也推动发展了旅馆、商店、饮食产业。这种管理竞争又互补的格局，体现出城市和区域管理者的智慧。

6）精细管理，优质服务

优良的管理、优质的服务是每一个成功企业共有的管理风格，作为以文化旅游的影视主题乐园还有它的特殊性。环球影城无论是引导员、票务还是设备操作人员，都具有很高的专业素质，工作高标准，服务到位，没有店大欺客，尤为重要的是对游客都一视同仁，无论是对白人、黑人、黄种人，对穷人或富人。公园内环境干净清爽，各种器械的保养维护严格规范，细节完善。面对游客的提问、要求自然随和，表现出良好的专业素养、敬业精神和职业道德。

7）合适的区域地理位置

良好的人文经济条件区域地理位置对娱乐、游艺活动、市场消费行为会产生极大的影响。环球影城除了依托好莱坞以外，还有良好的地理、交通、科技、人文等条件：

（1）洛杉矶是美国西海岸加利福尼亚最大城市，这里地形地貌多样，有旖旎的自然风光、明媚的阳光和适宜的气候，西濒太平洋有漫长迷人的海滩，有壮美的高山，是拍摄电影的天然场所，非常适合旅游、休闲、娱乐。

(2) 有便利交通的条件：洛杉矶地区高速公路四通八达，拥有4个机场组成的繁忙的航空港，有美国西海岸最繁忙的港口。优良的设施、便捷的交通，便于旅客方便、自由进出，使旅游服务行业极为发达。

(3) 有宽松的政治环境：洛杉矶地处美国西部地区，远离纽约、华盛顿政治权力、意识形态中心，有"天使之城"之称，影视、游乐项目容易博采众长，发挥创造力、想象力。

(4) 有聚群效应：许多电影公司聚集在好莱坞，大量的影视、动漫、音乐专业人才聚居在此。好莱坞也是美国电影艺术与科学学院所在地，每年的奥斯卡奖即由美国电影艺术与科学学院评选颁发。

(5) 加州有许多世界排名前列的高校，如加州理工学院、加州大学伯克利分校、斯坦福大学等耳熟能详的大学。此外，还有众多IT、电气、机械企业，包括英特尔、惠普、柯达等世界级的企业、研究中心。大量的科研人员、企业使导演、制片人的奇妙构想得以实现，他们也给环球影城的节目设计制作带来更多的新理念、新思想。

(6) 加州不但是美国的科技文化中心，也是世界影视中心。它的航天、军工、电子业、农业也极为发达，加州是美国人口最多的州，为高收入地区。因此本地人群即有巨大的消费能力，可有效支撑文化娱乐市场。

观察研究好莱坞环球影城，它作为文化、旅游、经济、高科技的交集，以引人入胜的节目、良好的口碑吸引游客，达到艺术与票房的统一，是文化旅游产业的成功范例。由此可见，文化旅游市场必须以文化为内核，科技为支撑，依托商业、区域背景、市场运作等有利条件，才能产生良好的经济和社会效益，产生巨大的辐射效应。

文化创造价值，精彩带来效益，得天独厚的自然人文经济条件，精细的管理，规范的运作是好莱坞环球影城的成功之道。

2.4.2 大型主题乐园项目可持续发展带来的问题

已经运营了多年的主题乐园，由于形式亟须变更、产品自然老旧、游客体验形式改变等原因，都需结合正常运营逐渐开始进行改造升级，如对主题乐园进行主题包装，进行二三期建设等以扩大主题乐园规模，与其他旅游业态组团开发等，因此主题乐园设备、布景等的更新成为必然。从营销角度看，新设备、新形式的引进有利于实现营销创新，顺应游客求新求奇的心理，结合主题营销活动形成新的营销热点，有效地保持水上乐园的新鲜度和生命力，这也是大型主题乐园竞争力的重要来源，是取得游客高重游率的有力保证。

消费方式与体验要求的升级，使单一的游乐项目不再能满足游客需求。现阶段，游客更倾向于选择惊险刺激的、新奇潮流的乐园设备，这些设备一般运动方式奇特，高度更高，花样更多，乘坐人数也更多，由以往的单人变为两人、四人、六人等,更适合家庭或三五好友等游客,体验更刺激而新鲜。

主题乐园也会根据发展需要,进行动态调整,创造新的体验效果。但是所有的升级改造会对已有设计、施工、运营和审批产生一系列的影响,从而影响项目的审批、进度、投资、质量等,这就需要设计管理考虑其不断变化的特性。基于这些情况,本书提出设计总控管理、总图及总图控制管理、全生命周期管理、基于 BIM 的设计管理、技术规格书(SPEC)及 PMCS 项目管理控制系统应用等管理模式,最大程度解决由大型主题乐园建设的可持续性产生的问题,也为我国主题乐园的设计管理创新模式提供借鉴。

1. 增加审批难度

成功的主题乐园依靠模式的不断变动,强调的是永远建设的过程,存在扩大乐园场地、增加游艺单体和游艺设备、调整装饰布景等各种变化。这必然会导致局部或单体的某项或多项目相应的报批配套手续复审或重新审批,加大了项目的审批难度,并在多方面对项目产生影响。

报批配套工作本身比较复杂,不同地区、不同项目类型报批内容和流程又不同。主题乐园项目不但较一般项目复杂,而且极具可变性。其通常由多个片区组成,各片区的设计单位根据各自实际的进度进行设计和报批,过程中相互有搭接和穿插,规划设计指标在过程中不断得以分解,并在最后一个片区完成设计时予以平衡。新增设施、项目或片区,都有可能打乱原有片区间的综合协调和平衡,很可能导致协调关系复杂,直接或间接影响报批工作的进展,增加项目报批工作的难度。

2. 影响项目进度

建筑工程是特殊的产品,各个阶段有机地联系在一起,无论在工作时间上还是空间上都存在着紧密的关联,如果某一程序发生了变更,必然会影响到相邻工作的施工计划。如果某一关键阶段发生了变化,必然将打乱项目进度计划安排的连贯性,导致项目处于不能连续作业或暂停的状态,影响项目总体进度计划的完成。

大型主题乐园项目区别于一般项目,往往以创意总监为主导,最终成果要同创意总监最初方案相吻合。如果实际成果与概念成果有差异,就需要不断变更(增加、变更游艺单体和游艺设备、调整装饰布景等),由此会对项目进度产生较大影响。

3. 影响总体投资

主题乐园项目具体内容的不断变化(更换设备、调整布景等),必然产生额外工程量,导致投资增加;场地的增减,也直接导致投资的变化。项目调整、变更都对项目的工期与质量有不同程度的影响,当然任何一种工程变更、项目变化最终都会反映到项目的投资变化上。

场地、片区的变更，对项目总投资产生直接影响。游艺设备、材料等的变化，极有可能需要重新设计施工措施，替换的设备、材料还需要重新定价，但此时的定价的方法大多不会再采用招标、投标等竞价方式，只能通过市场询价、双方协商来处理，这样非常不利于整体投资的把控。有些有经验的施工单位，经常会利用变更来获取超额的利润，使设计管理的难度增加很多。

主题乐园项目建设的可变性，会导致一些重复或浪费的设计工作，造成投资成本增加。本应在各阶段进行的设计合理优化，也会随着项目的要求变化，造成设计效果、品质、成本的变化。

主题乐园需要有一定的长期规划，加强建设的前期调查，对乐园建设精确定位，减少不确定因素，以免影响到投资成本的回收。

4. 影响工程质量

大型主题乐园项目是以创意为主导的，质量服务于创意。主题乐园的核心竞争力是体验。一个完整的体验设计包括五大要素：主题、氛围、互动、服务和纪念品。主题是主题乐园旅游体验的基础和灵魂，是体验要素之间的联系纽带；氛围是体验的增色剂；互动是体验的核心；服务是体验的关键；纪念品是体验的提醒物（图2-4）。

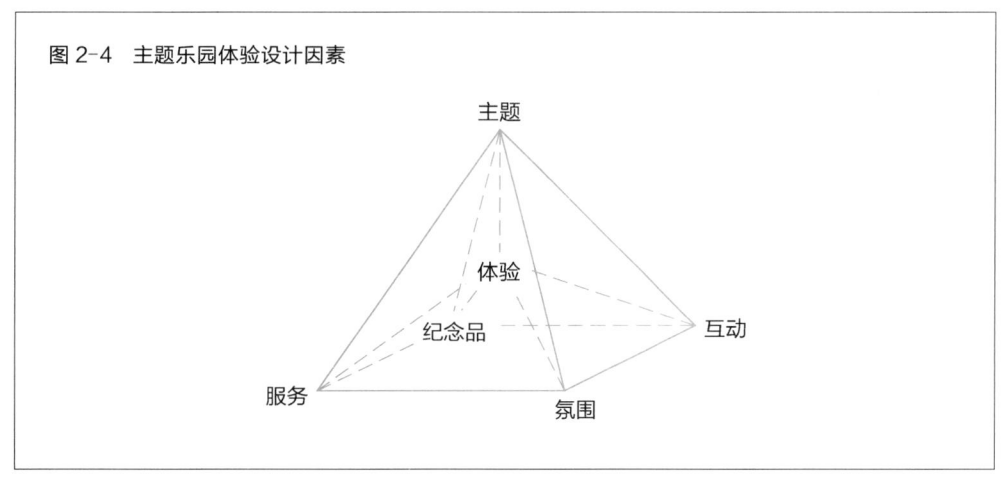

图2-4 主题乐园体验设计因素

大型主题乐园的不断变化、变更，很容易破坏工程原有的连续性，使工程在形成过程中出现质量问题的概率变大，增加质量控制的难度。

5. 改变项目风险

扩大乐园场地、增加游艺单体和游艺设备、调整装饰布景等项目的变化，往往关联到多个参与方，项目内容的变化导致合同内容的变化。引发合同纠纷的项目变化或变更一旦发生，便会影响到整个工程的施工进度、工程投资和工程质量等，相关利益方为了自身利益，很难达成统一的意见，从而引起索赔，严重者会进而升级为仲裁、诉讼等，增加项目风险，非常不利于项目施工的顺利进行。

对大型主题乐园项目推进中的主要设计风险需进行识别，例如规划指标、大跨度结构、消防、疏散、卫生、节能等，并对识别出的风险进行评估并编制处理策略。主题乐园需要有一定的长期规划，在主题乐园选址及设计建造定位等方面如未考虑成熟，将增大投资风险。对于边施工边运营的情况，要考虑工作界面的交接会带来的安全、管理等各方面的风险。

第 3 章　主题乐园设计总控管理模式的定义及理论模型

3.1 设计总控管理的概念

3.2 主题乐园设计总控管理模式的理论模型

3.3 主题乐园项目设计总控的工作内容和总体目标

3.4 设计总控模式应用需注意的问题

3.1 设计总控管理的概念

3.1.1 设计总控模式的提出

Project Controlling 模式可直译为"项目控制",但这一翻译无法与 Project Control 的中文相区别。Project Controlling 是一个全新的概念,有其特定的含义。有鉴于此,我国有学者将 Project Controlling 模式译为"项目总控",从而避免了与 Project Control 的中文翻译相混淆。

项目总控模式的发展与工程项目管理学、企业控制论,以及现代信息技术在工程中的应用紧密相关(图3-1)。

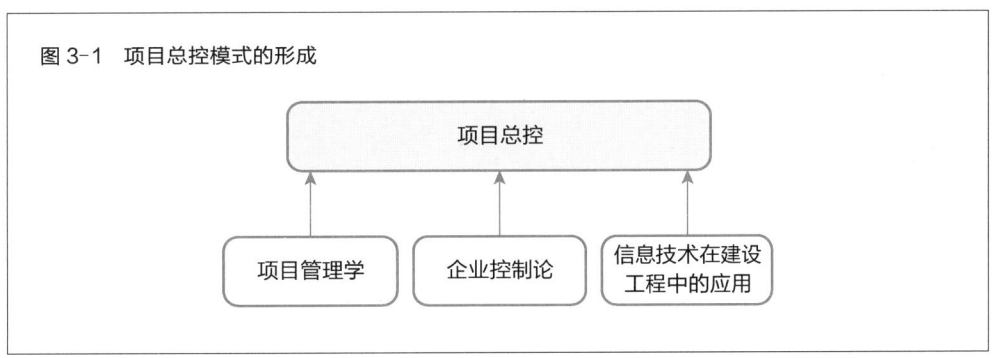

图 3-1 项目总控模式的形成

20世纪90年代中期,德国首次出现项目总控模式并形成相应的理论。Peter Greiner 博士首次提出了项目总控模式,并将其成功地应用于德国统一后的铁路改造和慕尼黑新国际机场等大型建设工程中。他认为项目总控的核心是信息管理,研制了名为 GRANID 的项目总控信息系统,实现了信息的远距离传输和处理。经过几年来理论研究与实践探讨的结合,目前,在工业发达国家中已逐渐形成了一门新兴的应用学科——项目总控,我国在20世纪90年代后期由同济大学工程管理研究所将该模式应用于厦门国际会展中心。经过近年来的理论研究和实践探索,项目总控模式逐渐被建筑工程界所认识和接受,并开始应用于水利工程、公路建设行业中。

设计总控作为项目总控的一部分,是城市建设的产物,随着城市建设的发展,项目规模逐渐扩大,设计难度日益增加,技术复杂性也日益提高,导致在一个特定的设计项目中,不同的子项需要由不同的专业设计团队分别承担,而规划层面则无法对具体的建筑设计提供太多的指导。建设单位如果亲力亲为,一方面需投入过多的人力物力,另一方面也缺乏相关的专业知识。在这样的背景下,设计总控作为一个新兴的设计形态,开始出现在一些重大复杂项目的设计过程中。

3.1.2 设计总控的概念和定位

设计总控是以现代信息技术为手段，对大型建设工程设计相关的信息进行收集、加工和传输，用经过处理的信息流来指导和控制项目建设的物质流，支持项目最高决策者进行规划、协调和控制的管理模式。

1. 设计总控不同于总体设计

总体设计是整个工程中的一个设计子项，最终会形成图纸文件；而设计总控不进行具体的图纸设计，但需要对总体和单项全面了解，协调好总体设计与单项设计的关系。

2. 设计总控不是项目管理

首先，设计总控不是针对某个项目的设计管理，不是在某一个主题区域针对一个专业及与之关联的专业进行设计管理；其次，不是项目设计的全面管理。设计总控是跨项目、跨地块的设计全过程技术协调。设计总控主要针对整个工程中单项与单项之间、单项与总体之间、统一技术标准的制订、设计进度的推进等方面进行综合协调。从合同上来看，设计总控为乙方，面对的是同一个甲方，需要向甲方提供设计协调管理的服务；对子项设计单位来说，设计总控又相当于替甲方来管理设计，制订统一的原则和标准，协调设计中发生的问题，提出可能发生的问题，并提供解决方向和方案，提醒甲方和子项设计单位目前及下一步需要做的工作，为甲方做好设计技术顾问、咨询的工作。

3.1.3 设计总控的总体任务

产生设计总控的目的是满足建设工程的决策者对实施过程中信息的需求，要求能在充分占有信息并进行分析的基础上，对建设工程实施总体的策划、协调和控制，为建设工程的决策者提供有价值的咨询意见。因此，建立这样一个以此为任务的组织是大中型建设工程管理的必然需要。

在大型建设工程的实施过程中，一方面形成工程物质流（即生产流），另一方面，在建设工程参与各方之间形成信息传递关系，即形成工程的信息流。通过信息流可以反映工程物质流的状况。建设工程业主方的管理人员（尤其是高层管理人员）对工程目标的控制实际上是通过掌握信息流来了解工程物质流的状况，从而进行多方面策划和控制决策（如设计决策、施工招标决策等），使工程的物质流按照预定的计划进展，最终实现建设工程的总体目标。而设计总控方实质上是建设工程业主的决策支持机构，其日常工作就是及时、准确地收集建设工程实施过程中产生的与工程三大目标有关的各种信息，并科学地对其进行分析和处理，最后将处理结果以多种不同的书面报告形式提供给业主管理人员，以使业主能够及时地做出正确决策。由此可见，设计总控模式的核心就是以工程信息流处理的结果（或简称信息流）指导和控制工程的物质流。

设计总控模式是为适应大型建设工程业主高层管理人员决策需要而产生的。一方面，在大型建设工程的实施中，即使业主委托了建设项目管理咨询单位进行全过程、全方位的项目管理，但重大问题仍需业主自己决策。例如，当进度目标与投资目标发生矛盾时，或质量目标与投资发生矛盾时，如何做出正确的决策对业主来说是相当困难的。另一方面，某些大型和特大型建设工程（如德国的统一铁路改造工程、大型国际主题度假区项目等）往往由多个颇具规模和复杂性的单项工程和单位工程组成，业主通常是委托多个各具专业优势的建设项目管理咨询单位，分别对不同的单项工程和单位工程进行项目管理，而不可能仅仅委托一家建设项目管理咨询单位对整个建设工程进行全面的项目管理。在这种情况下，如果不同的单项工程之间出现矛盾，业主是很难做出正确决策的。设计总控是为了满足业主高层管理人员对项目进展过程中的信息需求而产生的，决策者需要信息是为了及时掌握工程情况，避免决策的失误。

从理论上讲，项目决策者合理的时间分配应该是：20%的时间用于数据采集，50%的时间用于数据分析、研究原因，20%时间用于采取措施，10%时间用于成果控制。然而，大量的实例表明，往往决策者的80%时间用于数据采集，仅有20%时间用于决策和采取措施，可见决策者大部分时间浪费在采集信息上（图3-2）。

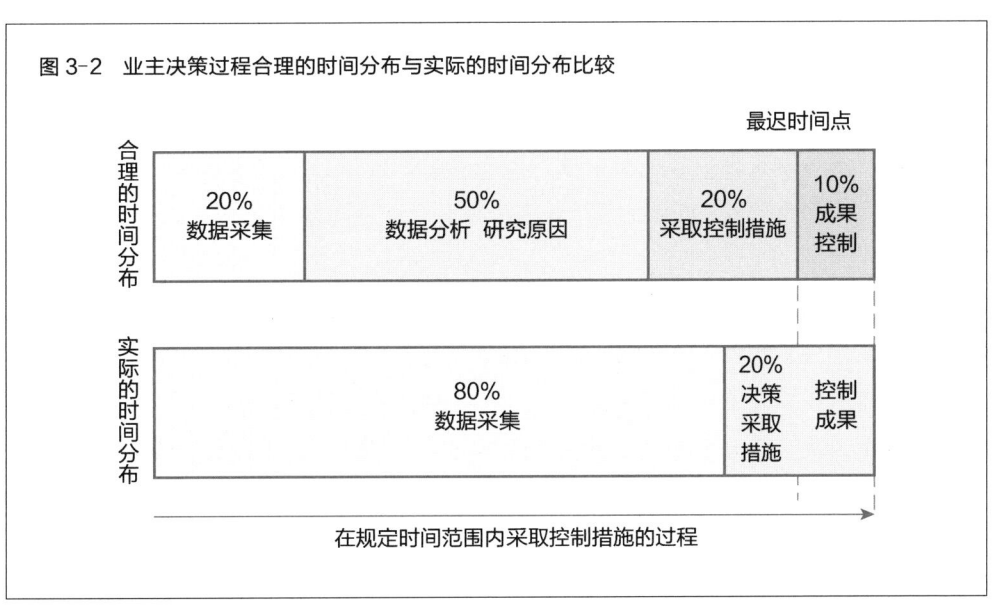

图3-2 业主决策过程合理的时间分布与实际的时间分布比较

要做出正确的决策，必须具备以下前提：首先，要有准确、详细的信息，使业主对工程实施情况有一个正确、清晰而全面的了解；其次，要对工程实施情况和有关矛盾及其原因有正确、客观的分析（包括偏差分析）；再次，要有多个经过技术经济分析和比较的决策方案供业主选择。

常规的建设项目管理往往难以满足业主决策的这些要求，而设计总控模式由于有了总控部门的加入，在繁杂的工程信息反馈到业主决策层前，已进行了有效的过滤与浓缩，为业主做出正确的决策提供了依据（图3-3）。

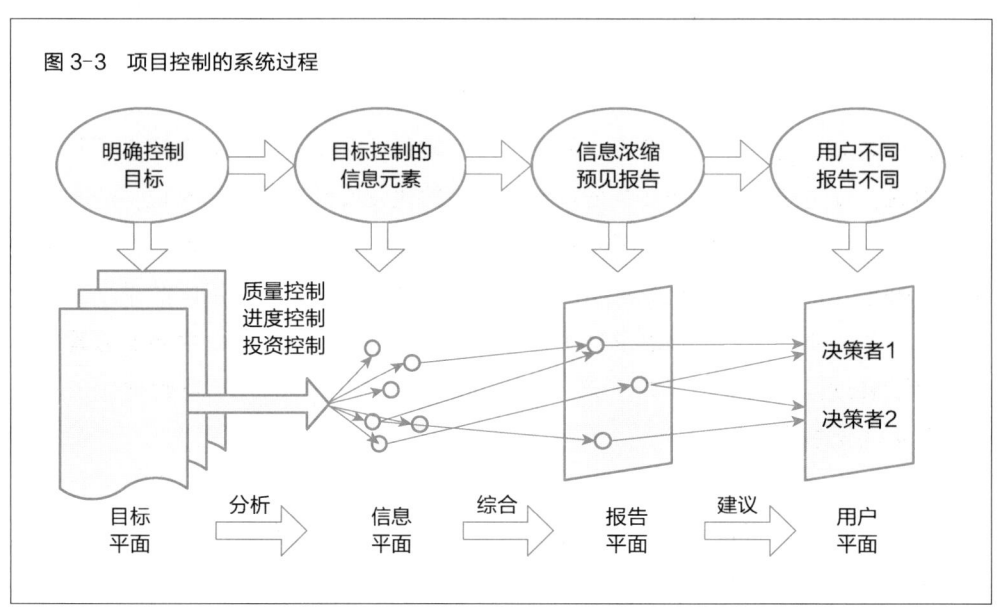

图3-3 项目控制的系统过程

设计总控的总体任务具体如下所述。

1. 为业主提供决策支持

设计总控单位主要负责全面收集和分析项目建设过程中的有关信息，不对外发任何指令，对设计、顾问单位的指令仍由业主下达。设计总控工作的成果是采用定量分析的方法为业主提供多种有价值的报告（包括周报、月报、季报、半年报、年报和各类专用报告等），这些报告对业主决策层工作开展是非常有力的支持。

2. 总体性管理与控制

设计总控注重项目的战略性、总体性和宏观性。所谓战略性，是指对项目长远目标和项目系统之外的环境因素进行策划和控制。长远目标，是从项目全生命周期集成化管理出发，充分考虑项目运营期间的要求和可能存在的问题，为业主在项目实施期的各项重大问题提供全面的决策信息和依据，并充分考虑环境会给项目带来的各种风险，进行风险管理。所谓总体性，是注重项目的总体目标、全生命周期、项目组成总体性和项目建设参与单位的总体性。所谓宏观性，是不局限于某个枝节问题，而是高瞻远瞩，预测项目未来将要面临的困难，及早提出应对方案，为业主最高管理者提供决策依据和信息。

3. 关键点及界面控制

设计总控的过程控制方法体现"抓重点"的特点，设计总控的界面控制方法体现"重综合、重整体"的特点。过程控制和界面控制既抓住了过程中的关键问题，也能够掌握各个过程之间的关系和相互影响，这两方面的有机结合有利于加强各个过程进度、投资和质量的重要因素策划与控制，有利于管理工作的前后一致和各方面情况的综合，服务决策层做出正确决策。

3.2 主题乐园设计总控管理模式的理论模型

为了规范和总结主题乐园项目中的设计总控管理的工作任务，更好地完成工作目标，本章节提出了主题乐园设计总控管理模式的理论框架。

3.2.1 设计总控范围管理

1. 范围管理的基本要求

设计总控项目范围管理包括：确保项目做且只做所需的全部工作，使得以成功完成项目的各个过程。管理项目范围主要在于定义和控制哪些工作应该包括在项目内，哪些不应该包括在项目内。[①]

2. 范围管理的流程

设计总控范围管理流程见图3-4。

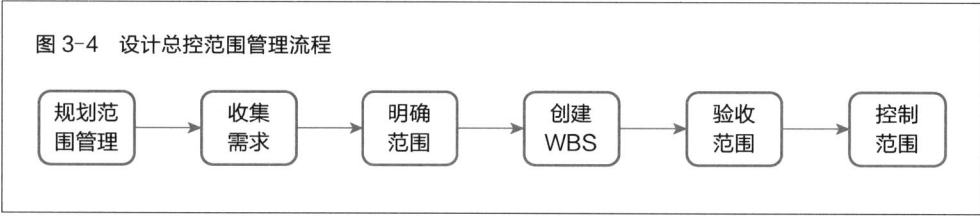

图3-4 设计总控范围管理流程

1) 规划范围管理

规范范围管理是创建范围管理计划，使用书面形式描述如何定义、制定、监督、控制和确认项目范围。范围管理计划可视为项目中对设计总控管理过程中的各项流程、管理方法等规定的工作指导文件，此内容一般在《项目总控管理手册》中进行详细描述。范围管理计划一旦制定，不得轻易更改。

2) 收集需求

为了对设计总控管理范围进行定义，为管理内容奠定基础，设计总控团队应收集需求。在主题乐园项目中，需求可分为两类：

(1) 业务需求：包括为了达到主题乐园游乐和演艺功能和效果的各项目标以及运营目标，应该做的必要的工作，如主题包装设计等。

(2) 干系人需求：干系人包括政府管理部门、设计方、施工方、业主方等。应了解主题乐园在当地进行立项、建设审批、竣工等各项政府审批环节中政府的管理

---

① 项目管理知识体系指南（PMBOK指南）第五版，Project Management Institute，2013.

要求；应了解设计方、施工方的技术实力和顺利进行设计和施工的工作条件；应了解业主对于该主题乐园项目的要求，包括设计目标、施工目标、运营要求等。

3) 明确范围

在对范围管理流程及方法进行规定，并充分收集需求的基础上，对设计总控的管理范围进行定义，明确设计总控服务和成果的边界，撰写相应的设计总控服务范围说明书。此内容一般在《项目总控管理手册》中进行详细描述，项目总控管理范围一旦明确，不应轻易更改，若要更改，应该执行相应的审批流程。

4) 创建工作分解结构（WBS）

创建工作分解结构（以下简称 WBS）是项目设计总控管理中至关重要的内容，该项工作的任务是：将项目设计总控的可交付成果和项目工作分解成较小的、更加易于管理的组件。WBS 是总控团队为了实现项目目标、创建可交付成果而需要实施的全部工作范围的层级分解，WBS 最底层的组件被称为工作包。

在创建 WBS 的同时，还应该制订 WBS 词典。WBS 词典指的是针对每个 WBS 组件，详细描述可交付成果、责任人/责任方、进度信息等的文件。内容可包括：工作描述、假设条件和制约因素、进度里程碑、责任方、所需要的资源、质量要求、验收标准等。

5) 验收范围

在设计总控管理团队完成项目范围说明书中的各项工作，形成可交付成果后，设计总控团队项目经理应该对可交付成果进行审查和验收，并提交给业主验收和确认。

6) 控制范围

要保证设计总控管理服务的范围不超过边界，就需要在执行过程中进行范围控制，监督项目和服务的范围状态，在整个项目执行期间保持对设计总控管理服务范围的维护。要控制项目范围，确保项目执行过程中的所有流程、变更、纠正或者预防措施都是按照规定的流程进行的。

3.2.2 设计总控进度管理

1. 进度管理的基本要求

设计总控进度管理应该使用进度规划工具（如项目进度管理软件），采用合理的进度计划编制方法，结合项目实际情况制作进度模型，形成项目进度计划，合理地规划、编制、管理、执行和控制项目进度，对项目设计管理进度进行总体把控和管理，确保项目在规定的时间内，完成相应的目标。

2. 进度管理的流程

进度管理的流程见图 3-5。

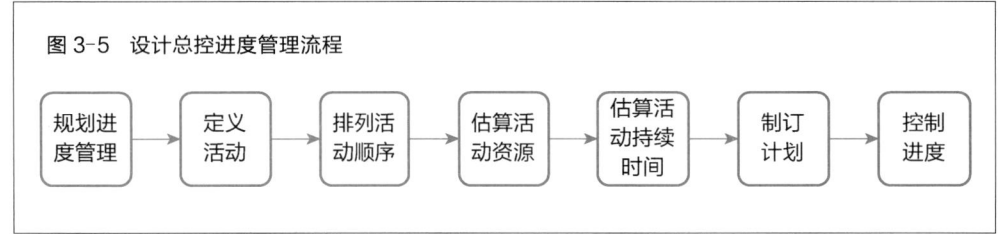

图3-5 设计总控进度管理流程

1) 规划进度管理

规划进度管理的主要工作是制订在设计总控进度管理中，应该遵循的各项流程、制度和进度管理方法，为如何在设计总控服务中管理项目进度提供指南和方向。此内容一般在《项目总控管理手册》中进行详细描述。

2) 定义活动

制订好进度管理规划后，按照规定的流程，将工作包分解为活动，对进度活动进行定义和规划，作为设计总控工作进行估算、进度规划、执行、监督和控制的基础。

在定义活动工作中，可以采用滚动式规划的工作方法。滚动式规划即详细规划近期要完成的工作，并同时在较高层级上粗略规划远期工作，是一种渐进明细的规划方式。

每个活动都应该有一个独特的名称，用于标识该活动在进度计划中的位置，并明确该项活动的属性（如编码、活动描述、紧前活动、紧后活动、逻辑关系、资源需求、时间限制等），同时明确项目设计总控的里程碑清单①。

3) 排列活动顺序

进度管理的关键在于对于活动进行合理的排序，以确保在既定的项目制约下获得最高的效率，可以使用项目进度管理软件，手动或自动排列活动顺序。

4) 估算活动资源

估算各项活动所需要的人、财、物的种类和数量，以便做出准确的成本和项目时间估算。可以使用项目进度管理软件进行活动资源库的规划和管理，优化资源使用。

5) 估算活动持续时间

根据以上对活动的定义、排序、资源估算等工作，估算完成单项活动所需要的持续时间。对活动持续时间的估算也应该采用渐进明细的方法，首先对于近期要完成的工作做较为细致的估算，对于远期进度做粗略的估计，逐步细化。在主题乐园设计总控项目中，一般随着数据越来越详细，越来越准确，对于活动持续时间估算的准确性也会越来越高。

6) 制订计划

完成了活动定义、排序、资源估算、持续时间估算工作后，就可以制订设计总控项目的进度计划。可行的项目进度计划往往是一个反复的过程，随着工作进展，

---

① 里程碑：项目中的重要时点或时间，持续时间为零，代表的是一个时间点。

需要修订和维护项目进度模型，确保进度计划在整个项目期间一直切实可行。进度计划的表现形式一般采用图形方式，如甘特图（横道图）。

7) 控制进度

制订好设计总控进度计划后，在执行过程中应该进行有效的控制来监督项目活动状态，更新项目进展，管理进度变更，若发现活动执行中有偏离计划情况发生时，及时进行预防和纠偏，降低风险，最终实现计划。

3.2.3 设计总控质量管理

1. 质量管理的基本要求

设计总控质量管理包括确定设计质量管理政策、目标与职责，制订相应的质量管理体系和技术协同标准，从而使设计质量得到保证。

2. 质量管理的流程

设计总控质量管理流程见图 3-6。

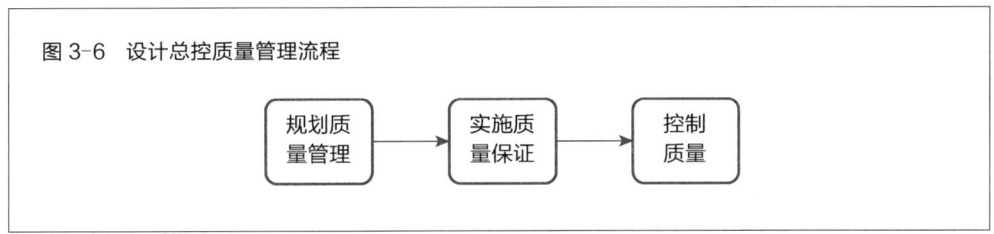

图 3-6 设计总控质量管理流程

1) 规划质量管理

首先应对设计总控过程中对设计质量管理的方法、流程和目标等进行规划和明确的规定。可以采用标杆对照①的方法，进行质量管理目标和流程的规划。

2) 实施质量保证

开展一系列对设计质量的预防和检查工作，在发现可能产生质量问题的地方时，及时采取纠正、预防或补救措施，识别设计和管理工作在执行过程中的差距和不足，并积极提供协助，帮助团队提高工作效率，确保项目保持高质量运行。

3) 控制质量

对项目各阶段的交付成果和过程节点进行质量审计和评估，评估设计绩效，确保设计质量在规定的基准之上。

3.2.4 设计总控信息管理

1. 信息管理的基本要求

作为设计总控管理的核心和抓手，信息管理应该对主题乐园项目的设计总控管

---

① 标杆对照：选取业内进行设计总控质量管理的最佳实践或标杆项目，作为本项目的质量管理参照依据。

理过程产生大量的文档、数据、信息进行统一的管理和控制，确保项目信息及时且恰当地被规划、收集、生成、发布、存储、检索、管理、控制和监督。

2. 信息管理的流程

设计总控信息管理流程见图 3-7。

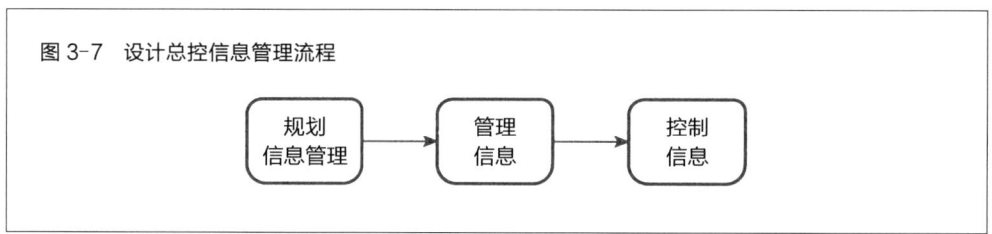

图 3-7 设计总控信息管理流程

1) 规划信息管理

根据项目目标和项目干系人①的信息需要，制订合适的设计总控信息管理流程、方法等。需要考虑的重要因素包括：谁需要什么信息和谁有权接触这些信息，什么时候需要这些信息，信息如何存储，信息如何检索，跨文化因素如何考虑等。

2) 管理信息

编制《设计总控项目信息管理手册》，对项目信息分类和编码系统、各类项目报告和文档格式、信息接收和发布流程、项目干系人权限等进行规定，并在设计总控管理工作执行过程中严格执行这些规定。可选用合适的项目信息管理系统，进行设计总控信息管理。

3) 控制信息

在设计总控管理项目整个生命周期中，对信息进行监督和控制，确保满足项目干系人对于信息的需求，确保项目执行过程被有效地记录，确保参与者之间信息流动的最优化。

3.2.5　设计总控风险管理

1. 风险管理的基本要求

设计总控项目风险管理的目标在于提高项目中积极事件的概率和影响，降低项目中消极事件的概率和影响。

2. 风险管理的流程

设计总控风险管理的流程见图 3-8。

---

① 项目干系人：项目干系人又称项目相关利益者，是指积极参与项目或其利益会受到项目执行或完成情况影响的个人或组织。项目干系人对项目的目的和结果施加影响。项目管理团队必须识别项目干系人，确定他们的需求和期望，尽最大可能地管理与需求相关的影响，最终获得项目的成功。

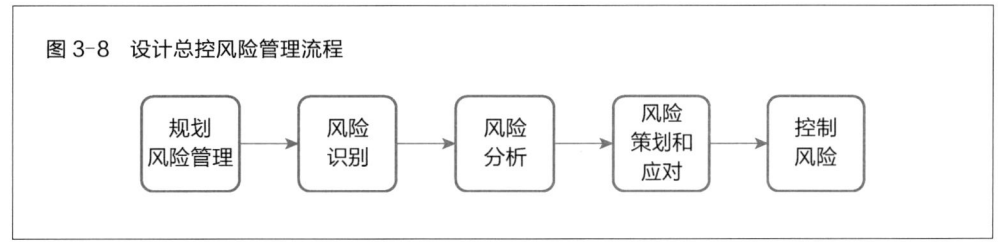

图 3-8 设计总控风险管理流程

1) 规划风险管理

规划风险管理是定义如何实施项目风险管理活动的过程，制订设计总控风险管理的流程、方法、制度等，在制订规划时与所有项目干系人进行沟通，确保他们的支持，保证风险管理过程在整个项目生命周期中能够得到有效实施。

2) 风险识别

项目风险是一种不确定的事件或条件，一旦发生，就会对一个或者多个项目目标造成积极或消极的影响。例如，主题乐园项目若需要申请某项政府许可，而这项许可在项目初期并未被充分考虑到，这就有可能成为延误项目进度的一项风险。因此，需要对风险进行充分分析和识别。

识别风险是判断哪些风险可能对项目产生影响，并进行文档记录的过程。应该鼓励项目干系人和全体项目人员共同参与项目风险的识别，防止遗漏。

另外，识别风险也是一个反复进行的过程，因为在项目执行过程中，随着项目的进展会产生新的风险。

3) 风险分析

风险分析可分为定性和定量两种方法。定性风险分析的作用是综合分析风险的概率和影响，对风险进行优先排序，为后续的分析提供基础。定量风险分析是在定性风险分析的基础上，进一步对已识别的风险进行量化分析来支持决策的制订，从而降低项目的不确定性。

4) 风险策划和应对

针对已经识别和分析的风险，根据风险的优先级，制订相应的风险策划和应对措施，并把风险管理所需要花费的资源和需要执行的活动加入项目的进度计划和预算中。

5) 控制风险

在整个项目的执行过程中，应进行风险控制，实施风险应对计划、跟踪已识别的风险、监督残余或可能发生的风险、识别新风险、评估风险过程有效性，从而在项目生命周期中提高应对风险的效率，优化风险应对措施。

3.3 主题乐园项目设计总控的工作内容和总体目标

在前面章节对于设计总控的概念定义和理论框架的基础上，本章节进一步对主题乐园项目设计总控的工作内容进行概述。

设计总控的工作内容和总体目标是向业主提供决策支持信息，如编制设计总控报告（包括设计总控总体方案、设计总控规划和项目实施期间的总控报告），其内容包括策划与控制两方面，对设计进度和质量目标进行策划，达到对项目的组织、管理、经济、技术、发包、合同等的管理与控制（图3-9）。

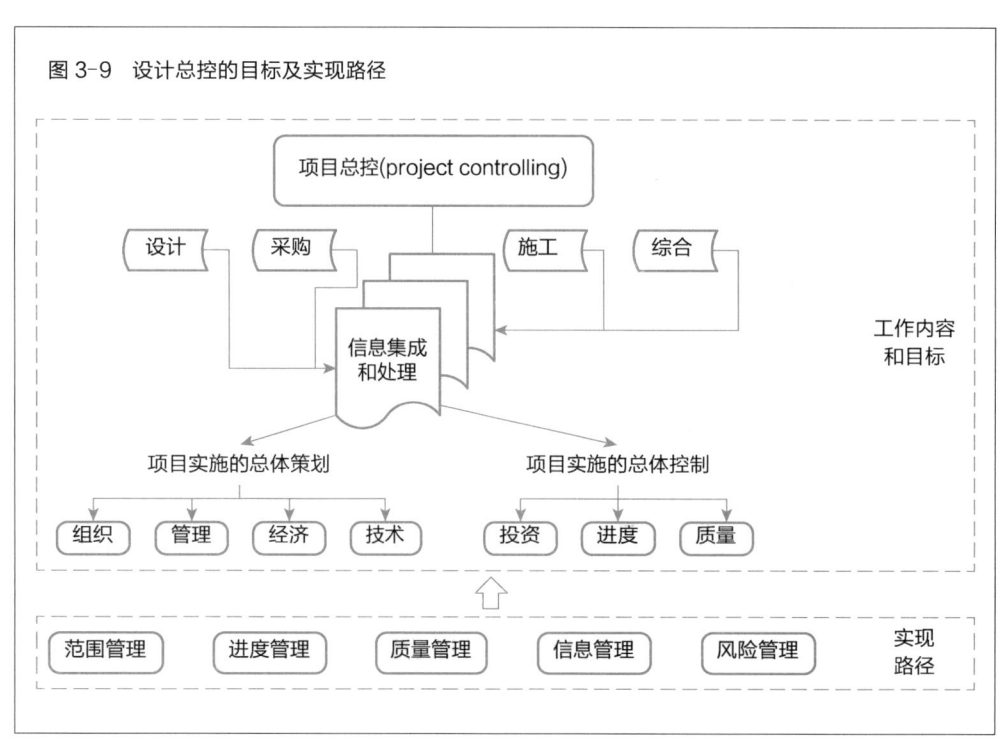

图 3-9 设计总控的目标及实现路径

3.3.1 设计总控的策划

设计总控的策划工作内容包括以下十个方面。

（1）项目设计实施组织的策划，即建立合理的项目设计实施组织结构、职能分工、明确的指令关系和通畅的信息流程。

（2）设计发包的策划，即设计发包界面和策略，合理的发包策划有利于项目设计实施期间责任界面的划分，有利于投资目标、进度目标的实施。

（3）合同结构的策划，即建立项目合理的专业设计单位以及总体设计和专业设计的合同结构关系。

(4) 发包程序关键控制点的策划。

(5) 招标文件和合同条件的策划。

(6) 进度目标在项目设计实施各个阶段和项目的各个子系统工程分解与综合策划。

(7) 投资目标在项目设计实施各个阶段和项目的各个子系统工程分解与综合策划。

(8) 质量目标在项目设计实施各个阶段和项目的各个子系统工程分解与综合策划。

(9) 提出项目分解结构，建立统一的项目分解结构编码原则和统一的项目分解结构编码体系供项目建设参与单位共同使用，以利于项目投资目标、进度目标和质量目标的控制。

(10) 提出建立项目实施阶段过程控制的工作（活动）编码体系的原则，使项目建设参与单位明确各自的任务分工，各负其责，以加强各单位的进度目标控制。

3.3.2 设计总控的控制

设计总控的控制工作是从管理、经济和技术的角度深入分析，研究有关工程设计进度、投资和质量的问题，及时提出咨询意见。对影响项目目标因素的分析如图3-10所示。

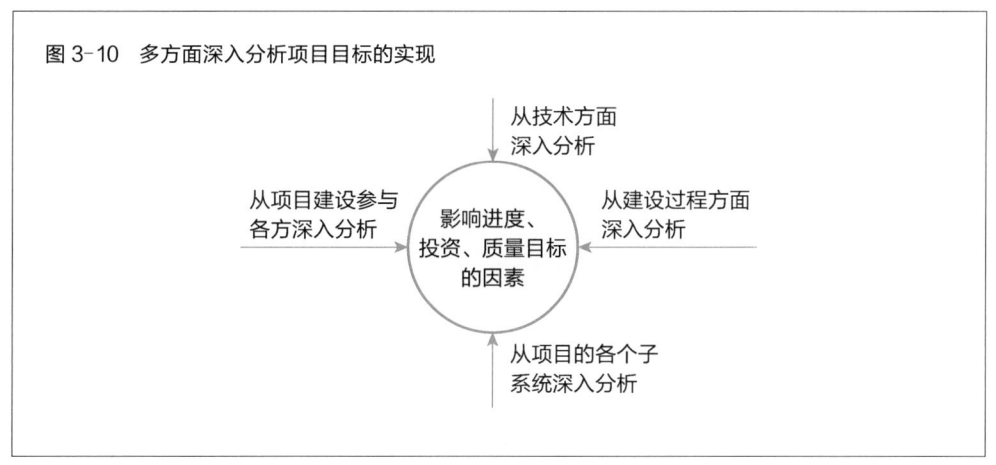

图3-10 多方面深入分析项目目标的实现

其控制工作内容包括以下七个方面。

(1) 从技术方面，根据甲方要求和实际需要制定统一技术标准，包括建筑、结构、给排水、空调、强电和弱电等专业，综合分析工程进度、投资、质量的各种影响因素，及时提出咨询意见，协调设计过程中各子项目间发生的问题。

(2) 从项目的各个子系统，综合分析工程进度、投资、质量的各种影响因素，及时提出咨询意见。

(3) 从项目实施的各个过程，包括设计准备过程、设计过程（包括专业细部设计)、工程招标过程等,综合分析工程设计进度、投资、质量的各种影响因素,及时提出咨询意见。

(4) 从项目建设参与各方,包括业主方、设计方和供货方的项目管理能力方面,综合分析工程设计进度、投资、质量的各种影响因素,及时提出咨询意见。

(5) 从建设项目全生命周期管理出发,综合分析项目建设期目标和运营期目标,及时提出咨询意见。

(6) 负责编制项目实施过程中的各个时间段的总控报告,包括月度报告、季度报告、半年度报告、年度报告,并提交业主。

(7) 负责编制项目实施过程中的目标策划与控制的总控报告,包括进度总控报告、投资总控报告、质量总控报告及其他专题报告,并提交业主。

3.4 设计总控模式应用需注意的问题

在应用设计总控模式时需注意以下四个认识上和实践中的问题。

(1) 项目设计总控模式一般适用于大型和特大型的复杂建设工程。因为在这些工程中,即使委托多个项目管理咨询单位分别进行全过程、全方位的项目管理,业主仍然有数量众多、内容复杂的设计管理协调工作。往往在涉及重大问题的决策时,业主自己没有把握做出正确决策,而一般的项目管理咨询单位也不能提供这方面的服务,因而业主迫切需要高水平的设计总控咨询单位为其提供决策支持服务。而对于中小型建设工程来说,常规的建设项目管理服务已经满足业主的需求,不必采用项目设计总控模式。

(2) 项目设计总控模式一般不作为一种排他性的组织管理模式。由于项目设计总控模式一般适用于大型和特大型建设工程,而在这些建设工程中往往也同时采用多种不同的组织管理模式,这表明,设计总控模式是与建设工程组织管理模式中的其他多种模式同时并存,且对其他模式没有任何"选择性"和"排他性"。另外,在采用项目设计总控模式时,仅在业主与项目设计总控咨询单位之间签订有关协议,该协议不涉及建设工程的其他参与方。

(3) 项目总控模式不能直接取代建设项目管理单位。项目设计总控与建设项目管理单位所提供的服务都是业主所需要的,在同一建设工程上,两者是同时并存的,不存在相互替代、孰优孰劣的问题,也不存在领导与被领导的关系。实际上,应用项目设计总控模式能否取得预期的效果,在很大程度上取决于业主是否得到高水平的建设项目管理服务。不难理解,在特定的建设工程上,建设项目管理咨询单位的水平越高,业主自己项目管理的工作就越少,面对的决策压力就越小,从而使项目设计总控咨询单位的工作较为简单,效果就较好。尤其要注意的是,不能因为有了项目设计总控咨询单位的信息处理工作而淡化或弱化建设项目管理咨询单位常规的信息管理工作。

(4) 项目设计总控咨询单位需要建设工程参与各方的配合。项目设计总控咨询单位的工作与建设工程参与各方有非常密切的联系。一方面,信息是项目设计总控咨询单位的工作对象和基础,而建设工程的各种有关信息都来源于参与各方;另一方面,为了能向业主决策层提供有效的、高水平的决策支持,必须保证信息的及时性、准确性和全面性。由此可见,如果没有建设工程参与各方的积极配合,项目设计总控模式就难以取得预期的效果。

第4章 主题乐园设计总控管理实施要点和管理工具

摄影师 邵峰

4.1　设计总控范围管理

4.2　设计总控进度管理

4.3　设计总控质量管理

4.4　设计总控信息管理

4.5　设计总控风险管理

4.6　IPD模式在设计总控管理中的应用前景

4.1 设计总控范围管理

4.1.1 设计总控的职能范围

设计总控的思想产生于为满足建设工程的决策者对实施过程中的信息需求。在充分占有信息并进行分析的基础上,对建设工程实施总体的策划、协调和控制,为建设工程的决策者提供有价值的咨询意见,因此建立这样一个以此为任务的组织是大中型建设工程管理的需要。

1. 为业主提供决策支持

大型建设工程业主和高层管理人员要做出正确的决策,必须具备以下前提:首先,有准确、详细的输入信息,使决策者对项目情况有一个正确、清晰而全面的了解;其次,要对工程实施情况和有关矛盾及其产生原因有正确、客观的分析;再次,要有多个经过技术经济分析和论证的比较方案让决策者选择。常规的项目管理单位往往难以提供以上决策前提条件,而设计总控则负责全面收集和分析项目设计过程中的信息,采用定量分析的方法为业主提供多种有价值的报告,在繁杂的工程信息反馈到业主之前已经进行了有效的过滤和浓缩,为业主决策提供了有效的依据。

2. 制订与监管设计进度计划

一个工程项目能否在预定的时间内施工并交付使用,这是投资者,特别是生产性或商业性工程的投资者最为关心的问题,因为这直接关系到投资效益的发挥,对于主题乐园项目更是如此。因此,为使工程在预定的工期内完工并交付使用,工程项目的进度控制是一项非常重要的工作。

设计总控团队往往会根据主题乐园项目特征来制订详细的"计划里程碑",并严格要求各供方工期进度,要求供方在合同签署之后或按业主或设计总控团队正式指令开始工作,并严格遵照项目的"计划里程碑"执行。如果供方未严格遵照计划执行工作,业主或设计总控团队可根据实际情况追究供方的责任,必要时有权利终止合同。如果因为特殊情况供方无法遵照计划完成合同约定的工作内容,供方应立即告知业主或设计总控团队,并应立即提交恢复方案和补救方案,如果恢复方案和补救方案未获业主或设计总控团队认可,则供方须承担所有的直接损失和后续损失。图4-1为某大型主题乐园的设计总控计划管理系统构架。

大型主题乐园的工期计划管控的特点是:计划节点非常细化,计划节点分布均匀,并且针对供方的提交成果通常召开初始审核会、最终审核会两次会议,会议评审供方提交成果是否满足合同的要求。

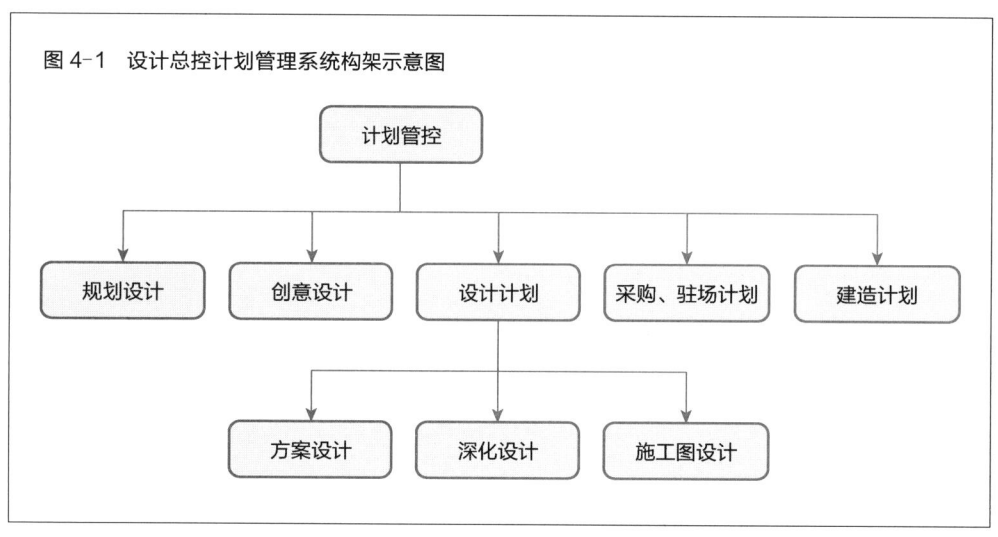

图 4-1 设计总控计划管理系统构架示意图

总进度计划的编制目的是确定项目的各可交付成果的开工和完工日期,为项目参建各方提供项目控制的总体参考,是各参建单位项目进度计划的编制基础及进度控制的基准。

3. 规划组织构架

设计管理的组织构架与设计管理的模式是有直接关系的。在主题乐园设计中,目前常见的设计管理模式主要有以下几种。

1)"业主+设计单位"设计总包模式

该模式适用于业主团队刚刚组建,项目时间比较紧,同时项目规模不是很大的情况。由一家设计单位做设计总包,相当于由这家设计单位全权负责后续的各专项设计分包。这种模式对业主而言操作简单,但风险较大(图 4-2)。

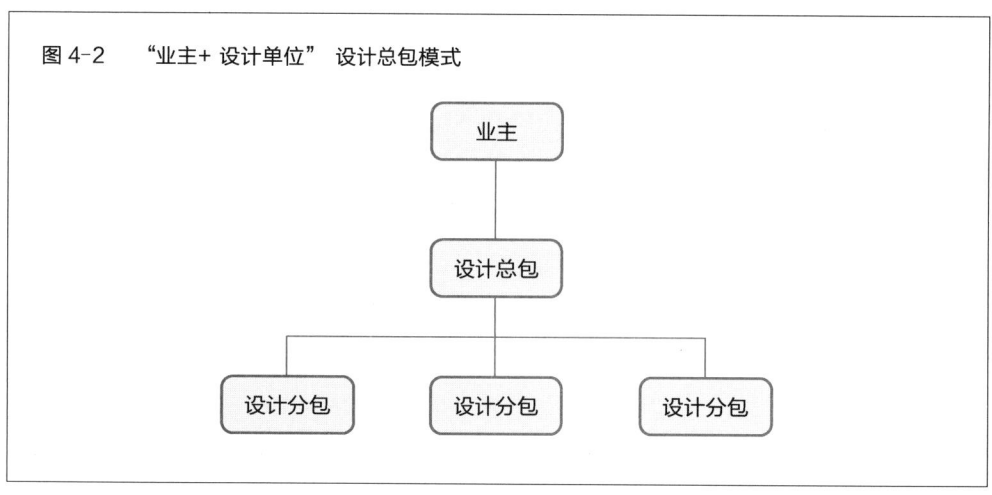

图 4-2 "业主+设计单位"设计总包模式

2)"业主+总控设计单位+分项设计单位"模式

该模式适用于业主的技术力量有限,需要一家设计公司来做总控设计,负责制订统一的技术标准和流程，控制进度计划并整合各分项设计单位的设计工作，同时将单项设计都分别委托到各分项设计单位中去。不排除该总控设计单位承担一部分分项设计的可能性。这种模式在国内目前的主题乐园项目中比较常见，优点是总控单位可以协助业主承担管理工作，同时各分项设计单位由于与总控单位没有直接的合同关系，可以保持其客观性，与总控单位相互制约；缺点是总控设计单位与业主之间依然是雇佣关系，业主如果自身专业性不够而又比较强势，总控的作用就会受限，对各专项设计单位的控制力会减弱（图4-3）。

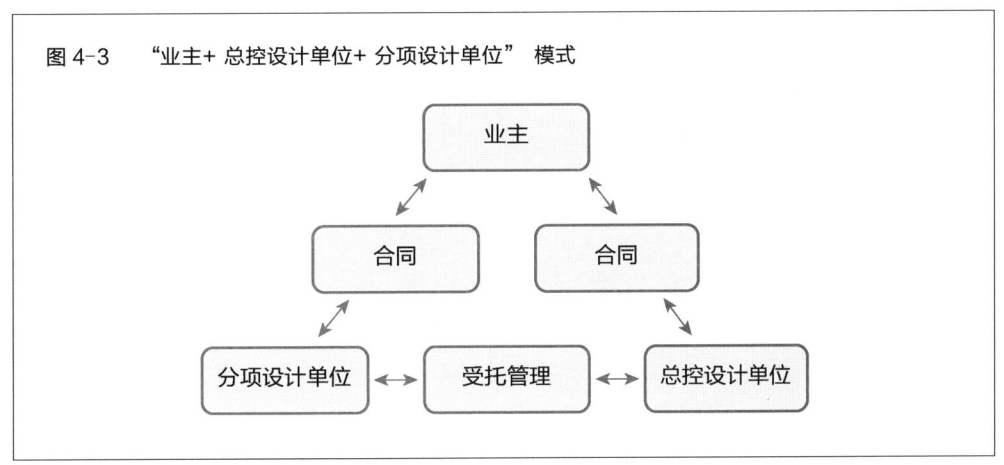

图4-3 "业主+总控设计单位+分项设计单位"模式

3) "业主+业主代表+设计总控+总体/专项设计单位"模式

这种模式下，业主委托专业的设计管理公司来做项目管理，受托的管理公司（业主代表）会全权负责设计管理工作，有很强的管控力。这里的业主代表通常是专注于某一行业的咨询单位，由于其专业性强，既弥补了业主的专业不足，同时其在项目中的话语权相当于业主，对所有的委托设计单位有很强的控制力。设计总控单位是协助业主以及业主代表对各分项设计单位进行协调，同时提供技术决策支持。这是相对成熟的主题乐园组织模式（图4-4）。

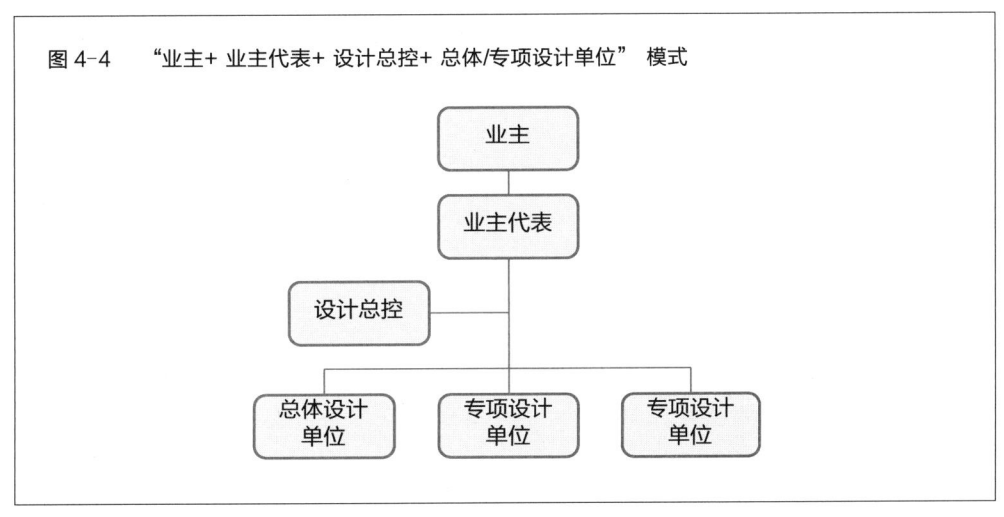

图4-4 "业主+业主代表+设计总控+总体/专项设计单位"模式

针对大型主题乐园项目，进行设计管理组织框架设计时，应明确如下问题：业主方建设项目的管理组织模式，参与业主方建设项目的管理机构及其相互关系，以及对项目实施单位的管理（指令）关系等。对于主题乐园项目，考虑项目管理的复杂性，业主通常委托多个工程管理、咨询和顾问单位来参与整个项目，进行管理和咨询。

针对业主方职能管理部门、工程项目管理单位和其他咨询顾问机构，必须在整个管理框架中明确工作界面划分和管理工作协调关系。其中，必须明确解决三个"核心"关系：

（1）业主方职能管理部门与工程项目管理单位的关系。即，业主方职能管理部门按照其部门的职责分工对工程项目管理单位下指令；或者业主方设置"业主代表"，对工程项目管理单位的指令关系仅依靠有"业主代表"。

（2）工程项目管理单位与其他咨询顾问机构之间的关系。通常他们之间是技术协调关系，但为了避免工作混乱，往往由工程项目管理单位（设计管理单位）进行统一指挥。

（3）项目实施单位的管理（指令）关系。为避免多头指令，应该明确对项目实施单位的管理必须由工程项目管理单位（设计管理单位）进行统一指挥。

4. 统一设计标准

大型主题乐园项目会对细分项目制订统一的战略目标，要求从设计标准上进行整体考虑，以发挥各个项目单独建设所不能达到的总体价值，这是为大型主题乐园项目实现"增值"的一项重要措施。由于大型主题乐园项目中各个项目建设往往有先后，因此应在项目定位和规划阶段就编制统一协调的技术标准，以规范指导各项目的设计工作，从而实现大型主题乐园项目总体效果。

由于大型主题乐园项目设计一般由超过两个以上的主体设计单位来担当设计，有的还涉及跨省市的设计单位合作设计，尽管国家及地方的设计规范都有规定设计各个阶段的出图标准，但都是原则性条文，没有涉及具体的项目设计思路、系统（工艺）流程、材料、设备等的选用规定，所以每个单位（包括同一个单位不同的设计人员）会有不同习惯做法和材料选择的主观意见。这对于项目群的总体控制具有严重的障碍。最典型的情况就是低标准的单体建筑选用的材料设备等级高于高标准的单体建筑所选用的材料设备，形成本末倒置及造价、运营管理的混乱。所以在正式设计开始前，管理者可组织相关人员制定"项目设计技术协调标准"，便于对整个项目进行管理，也有利于施工和材料采购，有利于节约投资等。

设计总控团队通过对方案、初步设计和施工图三阶段设计说明模板和出图要求，定期召开设计和审图专项讨论会，组织和协调超限、超规范和国内尚未有相关规范的专项进行研究并进行质量控制。

大型主题乐园对项目的质量要求非常严格，其有庞大的质量管控团队，如土建质量管控团队、设备质量管控团队、包装质量管控团队、集成效果管控团队等。香港迪士尼乐园有完备的乘骑设备质量管控体系和团队，美国迪士尼集团公司总部技术副总裁对香港迪士尼乐园的乘骑设备质量管控负总责，并分管总部机械总工程师和电气工程师。机械总工程师对乘骑设备的机械质量负责，带领机械质量管控团队监管供方的设计、制造、安装、调试、检验等各个环节。

5. 设计分项工作界面的划分与管理

大型主题乐园规模大、系统复杂、涉及专业庞杂，设计管理需要将这些分项设计内容合理有效地拆分开来，这就是管理学里讲的"工作分解结构（WBS）"。工作分解结构是归纳和定义整个项目范围的最常用方法，即把项目分解成小的、易于管理和控制的若干子项和工作单元的过程，是把可交付的成果定义得足够详细，足以支持项目顺利进行的过程。在拆解的过程中，会产生一系列项目边界，如何管理好这些项目边界，决定了整个项目的成败。

作为设计总控，需要做好以下两方面的工作。

1）划分各分项设计界面及介入时间周期

首先设计总控要对项目全过程当中需要多少专项设计、各专项设计的服务范围、工作阶段和介入时间等了然于胸，在项目伊始就将其纳入设计进度计划中，并编制好各自的任务书，协助业主安排好招标工作。边界划分需要注意以下几点：

(1) 边界要尽可能少，减少管理工作量。

(2) 边界的划分要与管理者的整合能力相适应。

(3) 边界的划分要与被管理者的实际情况相符合。

(4) 边划分要与建设管理、运营管理、资产管理相结合。

2）专项设计管理及界面管理

总控设计管理首先在招标时要充分了解各专项设计分包单位的水平和能力，确定其有能力承担相应的设计工作；其次，要在项目进行过程中分阶段检查其设计成果，确保其设计成果的合理和精确。纵然各分项设计单位的服务界面都划分清楚了，没有漏项，在设计过程当中还需要良好的协调，确保边界部位的顺利衔接。

6. 制订设计管理及审批流程

在大型主题乐园中，设计管理贯穿于工程建设的全过程，以图纸为纽带，串联项目建设的各个环节。设计管理工作分布在项目全生命周期的各个阶段，并根据项目进展情况有重点地展开，各项工作并不是孤立实施，而是依据项目所处阶段相互协调、有条不紊地交互进行。

作为总控设计单位，需要在项目伊始对项目全过程的设计流程和审批流程进行梳理，并结合到进度计划表当中。设计的各个阶段均涉及相应的分项设计，且各阶段的政府审批内容与分项设计单位的设计成果往往有交叉，通过总控单位制订的流程计划，项目参与各方可以很清晰地了解各自所在的阶段和相关审批单位，大大提高了项目的运行效率。

7. 沟通协调业主、政府部门及各设计分包单位

项目管理的协调工作贯穿项目建设始终，涉及从政府到业主，以及设计、咨询、施工、供应等各个项目参与方，是项目管理"三控、二管、一协调"的重要有机组成。设计管理中的组织协调工作也是保证设计成果质量和价值的重要工作内容，设计管理中各种矛盾，绝大部分源于利益的冲突，无论是技术利益、经济利益、管理利益，还是社会利益、环境利益，此外，还有人的个性冲突与企业的文化冲突等。解决利益冲突，当属协调的第一要务，而业主的项目利益观，更是引导项目协调的重中之重。因此，在项目伊始时，充分了解业主要求、项目条件，制定系统、周到而实用的各项管理要求，即定好"硬性"的规则，为项目今后顺利协调展开夯实基础。至于"软性""个性与文化"的矛盾，当在磨合与包容中加以化解和消融。

设计管理组织协调应依据项目各参与方合同，且必须遵守我国的法律、法规以及尊重行业惯例，应遵循公平、公正、科学、严谨，最大限度地维护业主及参与方利益的原则，实施设计管理组织协调工作。

8. 设计管理沟通协调的方法

1) 选择适宜的沟通与协调途径

（1）建立会议制度是最常用的方法，召集涉及组织协调工作的人员或单位开会，共同研讨协商，在充分讨论的基础上取得共识，使问题得到解决。会议形式有专题会、协调会、定期例会等。

（2）设计管理函件可以用于解决工程设计中的突发问题，是业主方项目经理的书面指令，也是对于设计协调会议制度的重要补充。

（3）设计报告制度主要是设计方向业主方提交的阶段性报告，通常以月报形式提交，主要内容为每个月的工作进度报告。

2) 及时协商，充分利用反馈机制

及时协商是沟通双方之间的情况，迅速减少分歧，解决矛盾，统一意见，共同做好工作的重要方式与方法。"及时"非常重要，许多重大矛盾的爆发，往往是由一系列未及时得到化解的小矛盾累积所致。

3) 信息共享，组织沟通检查

协商的基础是信息，由于项目参与单位众多，各单位之间因信息不通导致的情况不明、协同乏力的情况屡见不鲜。因此，各类信息沟通工作，除了通过各单位不

同层次人员之间的直接接触、电话交流，以及通过书面指令、通知、报告、备忘录、信函、交谈记录协调外，尚应及时建立项目管理共享信息平台，借以迅速提高沟通效率。

9. 设计管理沟通协调的工作内容

1) 招标阶段组织与协调

(1) 保持与业主方的及时沟通，确定招标策略，提出招标各类方案。

(2) 专人负责对投标单位的协调组织、对于专业问题的答疑、计划的落实等工作。

(3) 按照委托内容组织并协调各类评标会。

(4) 按照委托内容进行公开招标的手续办理。

2) 设计阶段组织与协调

(1) 要求设计单位积极参与政府报批和外配套的设计配合。

(2) 政府报批过程中的设计配合工作：规划、消防、交通、人防、防雷等。

(3) 市政配套过程中的设计配合工作：电力、上水、排水、燃气、通讯、有线电视、市政道路、交通设施等。

(4) 要求设计单位按时参加工程例会并做好相关准备，按工程会议计划，参加工程例会，及时与相关单位进行施工中设计问题的沟通。

(5) 进行工程见证、参加工程各项验收和签认工作。

(6) 材料及设备采购的技术配合和参数确认：提供或确认所采购的材料及设备的技术参数，进行材料及设备采购的技术配合工作。

(7) 施工现场设计配合：解决施工中设计问题，按设计合同要求，结合工程实际情况，下现场及时解决设计问题。

3) 施工阶段的组织与协调

(1) 配合项目管理单位，明确包括设计单位、监理单位、施工单位、配套单位等各方的职责、人员的配备、相互间的沟通协调关系。

(2) 参加工程例会和与设计相关的协调会，并协调与设计变更相关的事宜。

4.1.2 设计总控在各设计阶段的职能

1. 规划阶段工作内容

设计总控团队在规划阶段服务中，主要提供设计咨询及报批协调，完成总平面图设计图纸及送审文件签字确认并归档等工作，并对服务过程中的相关来往文件进行整理归档。协助建设方举行并参与会议如：政府主管部门协调会议、业主协调会议、专项沟通会议、专家评审会等。主要工作有：

(1) 制定总平面图设计报批工作日程安排及重点工作内容。

(2) 协调解决总平面图设计阶段设计上的主要问题。

(3) 组织参与相关政府部门（如规建处、环保景观处、卫生局、消防局、交警、交港、环保水务等部门）。

(4) 总体的指标控制协调。

(5) 总体的消防疏散协调［建（构）筑物定性、消防用水量设计、消防环路设计］。

(6) 总体的安全评估，包含防汛评估、烟花燃放评估等。

(7) 游艺设备要求统筹协调。

(8) 景观设计统筹协调。

(9) 各片区边界控制协调。

(10) 各片区规划指标平衡。

(11) 各片区消防疏散衔接协调。

(12) 各片区运营要求统筹协调。

(13) 协助业主和管委会召开专家评审会议。

(14) 协助业主获得设计文件的正式批文。

2. 方案设计阶段工作内容

设计总控团队在方案阶段的重点工作为：协助业主协调各片区的方案设计，贯彻落实国家以及地方设计规范，协调解决国内外设计差异，协助业主完成政府部门的方案审批并获得方案批复，协助召开并参与了各项会议。主要工作有：

(1) 编制方案设计要求和文本模板。

(2) 确定方案设计阶段设计管理及报批工作总进度安排及重点工作内容。

(3) 梳理国内的设计规范和设计阶段存在的问题，提供方案设计阶段规范和技术咨询。

(4) 组织参与相关政府部门的沟通协调（如多次组织参与卫生、消防、交警、交港、环保部门沟通）。

(5) 总体指标控制协调。

(6) 总体消防疏散协调，包括单体的消防性能化分析。

(7) 游艺设备厂家确认及定位。

(8) 室内设计控制协调。

(9) 室外包装设计控制协调。

(10) 总体及单体结构设计控制协调。

(11) 总体及单体机电设计协调。

(12) 各片区的指标平衡。

(13) 各片区消防疏散衔接协调。

(14) 各片区运营要求统筹协调。

(15) 组织方案阶段专项课题研究。

(16) 协助业主召开方案报批专家评审会议。

(17) 协助业主获得方案正式批文。

3. 扩初设计阶段工作内容

设计总控团队在扩初阶段的重点工作为协助业主协调各片区的扩初设计，贯彻落实方案批复的意见和要求，组织规范及项目要求的专项评审，协助业主完成政府部门的扩初设计审批并获得扩初设计的政府批文，协助召开并参与了各项会议。主要工作有：

(1) 编写扩初设计要求和文本模板。

(2) 确定扩初设计管理及报批工作总进度安排及重点工作内容。

(3) 梳理方案阶段对扩初设计的要求和限制。

(4) 组织参与相关政府部门的沟通协调（如与卫生、消防、交警、交港、环保部门沟通）。

(5) 总图指标控制协调。

(6) 总体消防疏散协调。

(7) 室内设计控制协调。

(8) 室外包装设计控制协调。

(9) 机电设计控制协调（包括弱电智能化、灯光、音响、音视频、多媒体、游艺设备配套等）。

(10) 协助业主完成消防、深基坑、交评、卫生、职业病预防、节水、复杂结构、玻璃幕墙等专项评审。

(11) 组织扩初设计阶段专项课题研究。

(12) 协助业主和课题组完成建筑设计标准实施技术导则，并组织相关专家进行导则评审。

(13) 协助业主召开扩初设计专家评审会。

(14) 协助业主获得方案正式批文。

4. 施工图设计阶段工作内容

设计总控团队在施工图设计阶段的重点工作是协助业主协调各片区的施工图审批，贯彻落实扩初设计阶段批复的意见和要求，协助业主完成施工图的设计和审图并获得审图合格证。主要工作有：

(1) 协调各专业施工图提交及审批工作。

(2) 总图更新（分阶段调整）。

(3) 协助业主完成消防，抗雷击风险评估等专项评审。

(4) 规划许可申报。

(5) 施工许可申报。

(6) 组织室内装修的各阶段设计和审批工作。

(7) 组织室外包装的各阶段设计和审批工作。

(8) 组织演艺项目的各阶段设计和审批工作。

(9) 组织专项课题的结题与评审工作。

4.1.3 总控中的设计及审批流程管理

1. 设计管理流程

在大型主题乐园中，每个独立的项目有自身的目标和管理任务。各个项目目标的实现是实现主题乐园项目总体目标的必要条件。通过对相关联项目的资源的整合、分配、协调，并统一进行计划、执行和管理，获得管理单个项目无法取得的收益。

大型主题乐园项目设计管理往往涉及两个层面的管理工作，一是对大型主题乐园项目的总体管理，即侧重在整体上进行规划、控制和协调，指导各个项目的具体管理工作；二是对每个项目的设计管理，即包括项目的设计全过程管理。大型主题乐园项目设计管理的两个层面如图4-5所示。

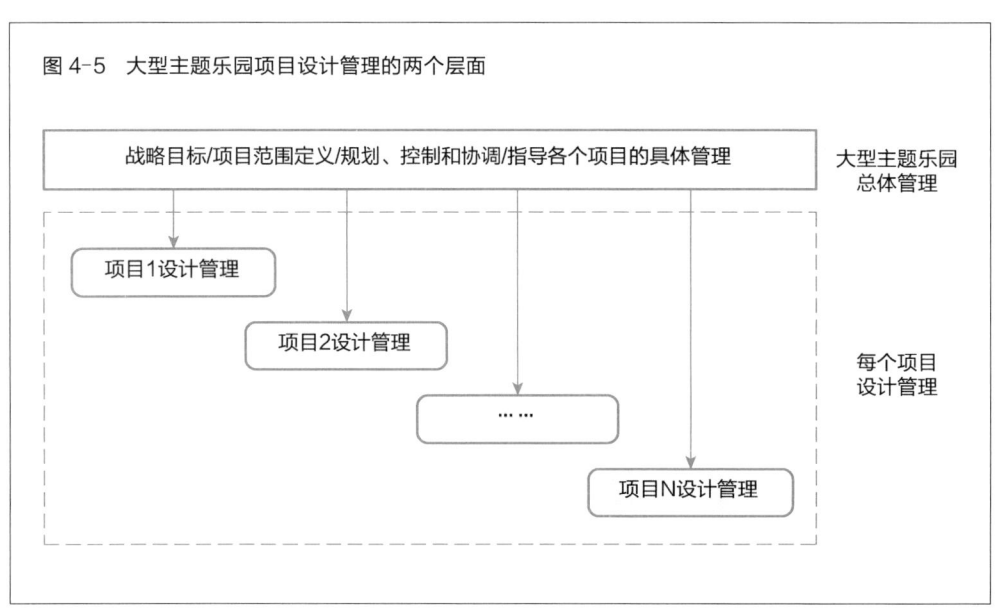

图4-5 大型主题乐园项目设计管理的两个层面

2. 审批管理流程

设计管理贯穿于工程建设的全过程，以图纸为纽带，串联项目建设的各个环节。设计管理工作分布在项目全生命周期的各个阶段，并根据项目进展情况有重点地展开，各项工作并不是孤立实施，而是依据项目所处阶段相互协调、有条不紊地交互进行。对项目前期及设计阶段来讲，项目设计管理总体流程，如图4-6所示。施工阶段，设计管理的主要工作将围绕设计变更进行，设计变更的总体流程，如图4-7所示。

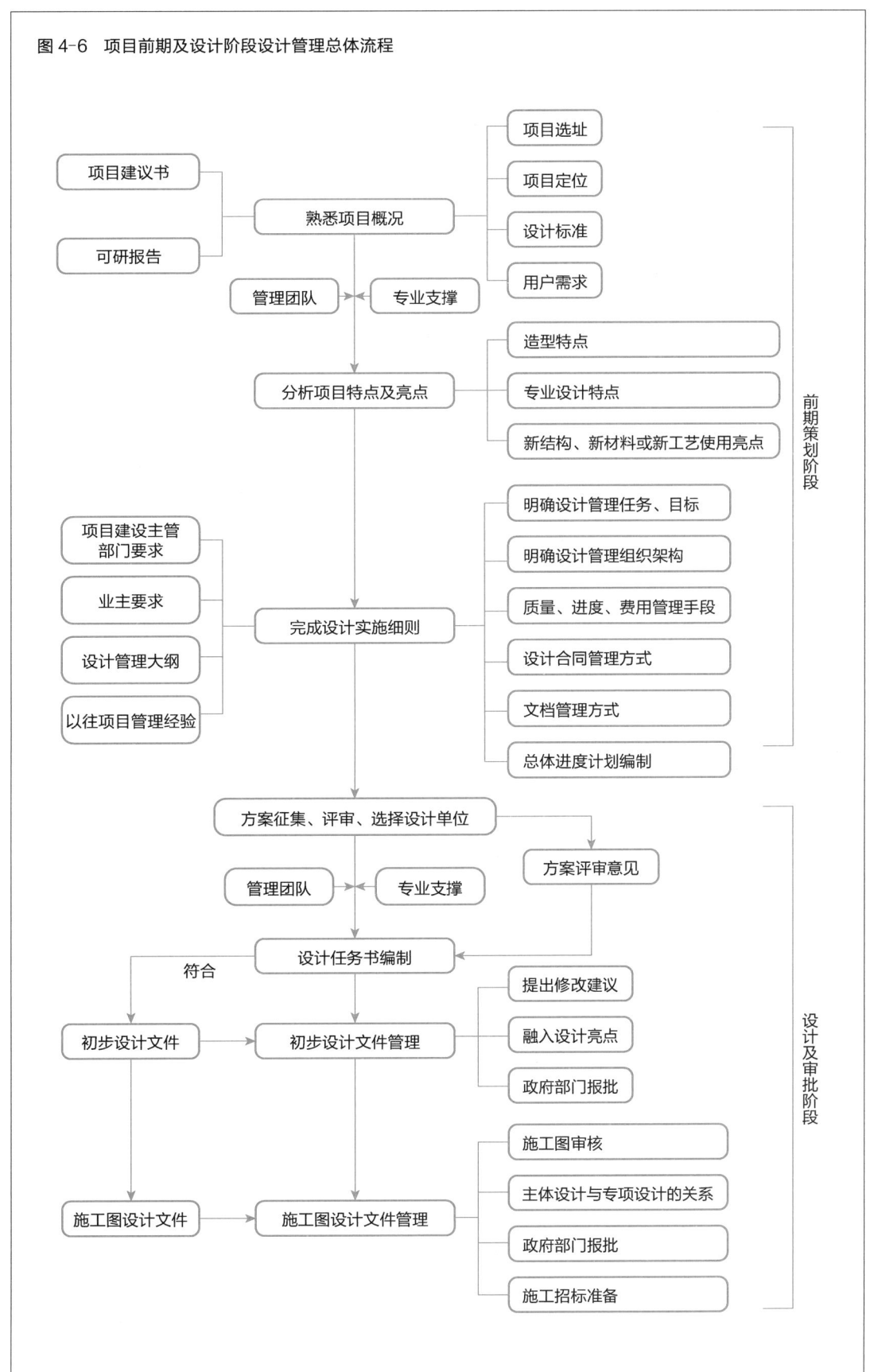

图 4-6 项目前期及设计阶段设计管理总体流程

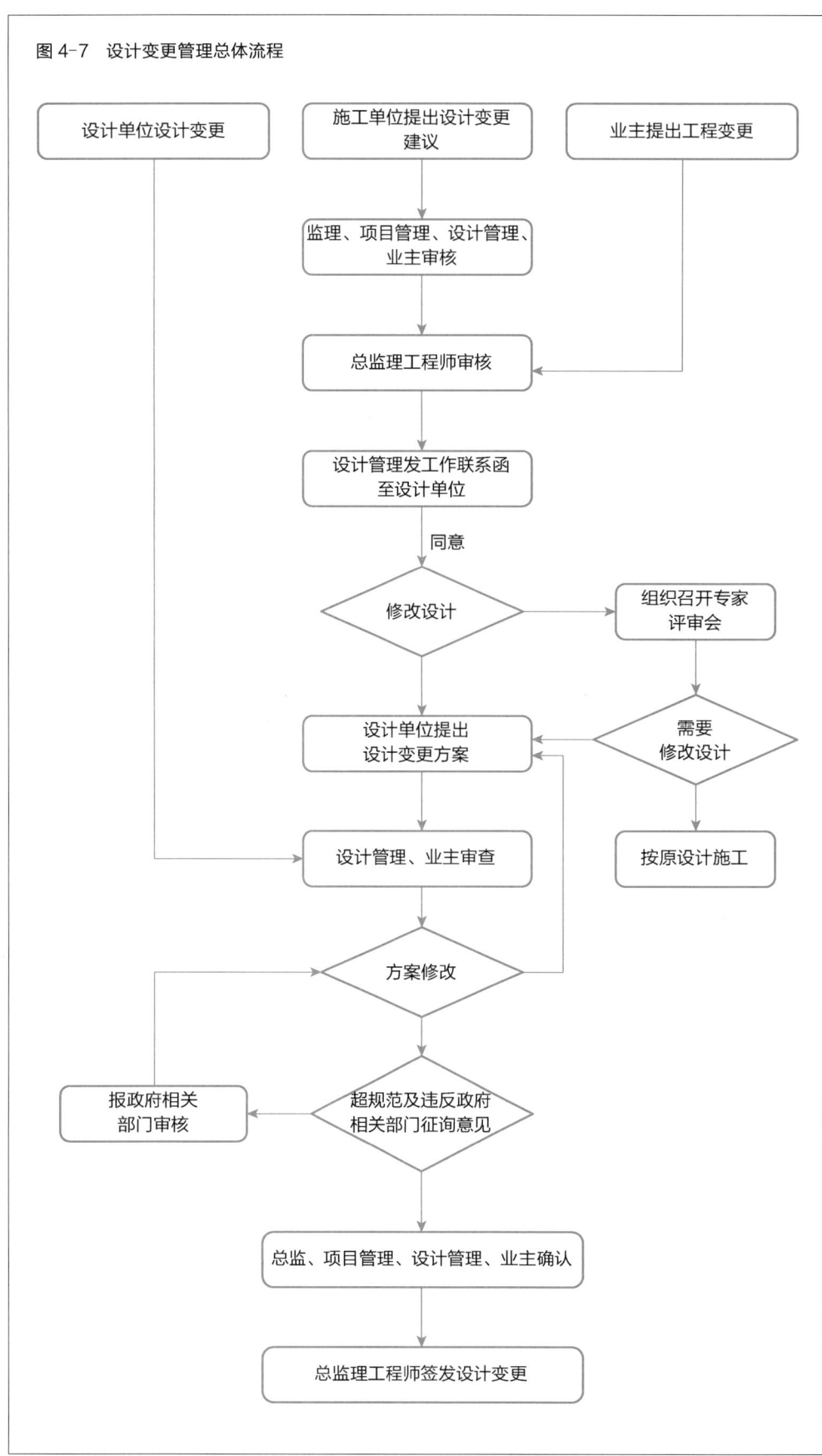

图 4-7 设计变更管理总体流程

1) 规划总图阶段（表 4-1）

表 4-1　规划总图阶段管理流程表

输入材料	提供材料方	审批部门	输出文件
1. 规划条件申请表。 2. 标明建设项目位置的地形图及电子文件。 3. 有效的土地证明文件（农转用地国土办理图件或海盐坐标系的宗地图）及电子文件。 4. 周边地块农转用地或土地出让情况。 5. 其他	业主方	住建局	有关规划条件的相关文件
1. 建设用地规划许可证申请表。 2. 项目批文。 3. 有效的土地证明文件（含海盐坐标系的宗地图）。 4. 其他	业主方		建设用地规划许可
1. 参与竞拍企业申购招拍挂文件。 2. 提供营业执照（副本）。 3. 提供企业法人身份证。 4. 提供授权委托书。 5. 土地竞买保证金支付凭证。 6. 竞买报价单。 7. 招拍挂成功后发放《成交确认书》。 8. 缴清土地款项后签订土地出让合同	业主方		土地摘牌
1. 土地使用权登记申请表。 2. 地籍调查界址点确认表。 3. 土地登记法人代表身份证明书及法人身份证复印件。 4. 办理土地登记经办人委托书及身份证复印件。 5. 组织机构代码证或营业执照（副本）。 6. 经信或发改部门项目批准文件或备案表。 7. 规划设计条件。 8. 建设用地规划许可证、用地红线图。 9. 建设用地项目呈报说明书。 10. 供地方案。 11. 国有土地出让合同和补充合同或划拨土地协议书（原件）。 12. 建设用地批准书。 13. 土地出让金交纳凭证缴土地款的发票及土地契税完税凭证（税证）。 14. 国土测量队提供的宗地图 2 份。 15. 委托办理的提供委托书及个人身份证。 16. 交地确认书、成交确认书（原件）。 17. 缴土地证工本费	业主方	国土局	单位土地使用权设立（初始）登记
1. 节能审查申请书。 2. 项目节能评估报告。 3. 项目可行性研究报告	业主方	经信局	节能审查
1. 项目申报请示或函。 2. 项目申请报告。 3. 企业营业执照及组织机构代码证或名称核准预先预知书。 4. 建设规划行政主管部门出具的规划选址意见书。 5. 国土资源行政主管部门出具的建设项目用地预审意见（公开招、拍、挂出让用地提供土地出让合同）。 6. 环境保护行政主管部门出具的环境影响评价意见书复印件。	业主方	发改局	项目核准

（续表）

输入材料	提供材料方	审批部门	输出文件
7. 资金到位证明。 8. 风险评估材料。 9. 其他	业主方	发改局	项目核准
1. 营业执照复印件 1 份（要有年检记录）。 2. 组织机构代码证复印件 1 份（要有年检记录）。 3. 法人身份证复印件一份，办公室电话、手机号码、传真、邮箱、若非法人办理的，还要提供经办人授权委托书、办公室电话、手机号码、传真、邮箱。 4. 项目所在地发改部门提交的项目核准申请文件。 5. 项目申请报告，附编制单位资质资格影印件（内容包括：申报单位及项目概况、发展规划，产业政策和行业准入分析，资源开发及综合利用分析，建设用地、征地拆迁及移民安置分析，环境和生态影响分析和社会影响分析）。 6. 土地建设规划设计条件。 7. 土地成交确认书及土地出让合同。 8. 项目环评审批文件（需完成水土保持方案审查）。 9. 银行出具的企业自有资金证明（达到项目资本金要求）。 10. 其他	业主方	发改委	项目核准
1. 外省勘察设计企业进入浙江省承接业务登记备案申请表。 2. 诚信手册。 3. 资质证书副本复印件、原件。 4. 营业执照副本复印件、原件。 5. 企业法定代表人对该企业法人委托负责人的授权委托书。 6. 委托人和被委托人身份证复印件。 7. 企业法人委托负责人和其他技术人员的身份证、毕业证、职称证、在本企业缴纳社会保险的证明以及注册执业	业主方	住建厅	省外建设工程勘察设计单位承接工程勘察设计业务备案

2）方案阶段（表 4-2）

表 4-2　方案阶段管理流程表

输入材料	提供材料方	审批部门	输出文件
1. 设计单位设计成果自查表、规划条件。 2. 方案文本（含电子文件，CAD 文件需转成 2004 版）。 3. 其他	各片区 LDI	住建局	方案规划审查
1. 初步设计文本。 2. 企业法人身份证。 3. 核准、审批申报文件。 4. 其他	设计单位	发改局	建设项目初步设计评审及批复

3) 扩初阶段（表4-3）

表4-3　扩初阶段管理流程表

输入材料	提供材料方	审批部门	输出文件
1. 填写审核申报表。 2. 建设单位的工商营业执照、机构代码证等合法身份证明复印件盖公章（全部2份）。 3. 设计单位营业执照、资质证书、机构代码证、相关人员身份证和执业证复印件（全部2份，盖公章）。 4. 新建、扩建工程的建设工程规划许可证明文件，立项批文，生产工艺流程图，会议纪要，城建规划部门勘测红线图。 5. 消防设计文件（符合公安部《建设工程消防设计文件申报要求》）①1：500总平面图及室外消防给水总平图。②全套土建、水、电、暖通、消防系统图纸及钢结构建筑的结构施工图纸；报审的图纸要求折叠成29 cm×20 cm的规格。（附光盘：采用AutoCAD软件制作电子图纸，光盘盒上应贴上加盖设计单位出图章的标签，光盘图纸中图签的设计、校对、审定、日期等栏目均应填写完整，不得将所有平面图或剖面图合并在一个DWG文件内）。③建筑消防设施设计必须由法定资格单位承担。图纸必须有设计文件号、出图日期、设计单位名称及设计人员、审核人员的签名，盖设计专用章、审图章并附上审图意见。④设计文件封面应盖有设计专用章及骑缝章。 6. 建设单位委托当事人办理消防手续的委托书及双方身份证复印件（盖公章）。 7. 建设单位的消防安全责任人和管理人身份证复印件，个体工商户不需要提供。 8. 审图报告（盖骑缝章）。 9. 审图单位营业执照、资质证书、组织机构代码证、法定代表人身份证复印件（盖公章，全部2份）	设计单位	消防部门	建设工程消防设计审核
1. 建设工程消防设计备案表。 2. 建设单位的工商营业执照、组织机构代码证复印件（全部加盖公章，全部2份）。 3. 新建、扩建工程的建设工程规划许可证明文件，城建规划部门建筑红线图，《建筑工程施工许可证》复印件，立项批文，写一个关于厂房投入使用以后最多能容纳多少人的证明。 4. 设计单位资质证书、营业执照复印件、组织机构代码证、相关人员身份证和执业证（全部2份，加盖公章）。 5. 消防设计文件。符合公安部《建设工程消防设计文件申报要求》，①1：500总平面图及室外消防给水总平图。②全套土建、水、电、暖通、消防系统图纸及钢结构建筑的结构施工图纸；报审的图纸要求折叠成29 cm×20 cm的规格。③建筑消防设施设计必须由法定资格单位承担。图纸必须有设计文件号、出图日期、设计单位名称及设计人员、审核人员的签名，盖设计专用章、审图章并附上审图意见。④设计文件封面应盖有设计专用章及骑缝章。 6. 建设单位法人委托当事人办理消防手续的委托书及双方身份证复印件（盖章）。 7. 建设单位的消防安全责任人（法人）和管理人身份证复印件，个体工商户不需要提供。 8. 审图报告（盖骑缝章）。 9. 审图单位营业执照、资质证书、组织机构代码证、法定代表人身份证复印件（全部2份，盖章）	设计单位	消防部门	建设工程消防设计备案

4）施工图阶段（表4-4）

表4-4 施工图阶段管理流程表

输入材料	提供材料方	审批部门	输出文件
1. 立项批文。 2. 建设工程地质勘探报告。 3. 用地红线图。 4. 规划设计条件。 5. 全套图纸4份。 6. 设计合同、勘察合同、设计、勘察单位资质证书。 7. 通过的规划方案批文（或评审纪要）。 8. 施工图（含电子文件）。 9. 其他告知的资料	各片区LDI	第三方机构	施工图审查报告
1. 人防中介审图机构施工图审查报告及加盖审图专用章的施工图（含电子文档），及项目平战转换设计专篇。 2. 建设项目初步（扩初）设计批文。 3. 面积预测绘报告（人防工程面积单列）	各片区LDI	住建（人防）局	人防工程施工图设计审批
1. 行政许可申请表。 2. 建设项目施工图设计人防专项审核申请表。 3. 设计单位资质材料。 4. 单位工程登记表。 5. 其他。	业主		
1. 建设工程规划许可证复印件1份。 2. 总平面图1份。 3. 电施图、建施图各1套，电施图电子档。 4. 防雷装置设计技术评价、检测委托协议书3份、建设工程防雷登记表。 5. 领取防雷站建筑工程防雷设施监审报告书。 6. 设计单位及设计人员资质证书、单位营业执照、办理人身份证复印件，委托书	各片区LDI	气象局	防雷图纸审批手续
1. 建设工程规划许可证申请表。 2. 项目批文。 3. 有效的土地证明文件（含海盐坐标系的宗地图）。 4. 经规划主管部门审查通过的总平面布置图1套、建施图（包括总说明、建筑面积）1套及电子设计图。 5. 房产预测报告。 6. 其他	各片区LDI	住建局	建设工程规划许可

5）施工阶段（表4-5）

表4-5 施工阶段管理流程表

输入材料	提供材料方	审批部门	输出文件
1. 建设单位企业营业执照或法人机构代码证，个人提供身份证。 2. 法定代表人授权办理委托书，附代理人身份证复印件。 3. 按要求填写的《建筑工程施工许可证申请表》1份。 4. 土地使用证或建设用地批准书。 5. 建设用地规划许可证。	各片区LDI		建筑施工许可证

（续表）

输入材料	提供材料方	审批部门	输出文件
6. 建设工程规划许可证。 7. 施工现场具备施工条件证明。 8. 施工合同。 9. 施工图设计文件审查合格证明。 10. 监理合同。 11. 质量、安全监督手续已办理。 12. 资金保函或证明。 13. 无拖欠工程款情形的承诺书。 14. 已由施工、监理单位审核同意实施的施工组织设计。 15. 消防部门批准的消防审核意见书或确认为备案项目证明。 16. 其他	各片区 LDI		建筑施工许可证

4.1.4 总控中的专项设计管理

1. 总图规划专项设计管理

1) 总图产生原因、目的和意义

某大型国际主题乐园参与的设计、顾问单位繁多，每个单位仅关注于某一个片区、某一个单体或某一专项，缺少一个设计单位对拟建项目规划的框架主体进行把控，因此形成了总图设计院这一设计主体，将各片区的设计信息、图纸进行收集汇总，形成一整套总图设计文件，并与拟建项目规划中的一、二、三类指标进行对比，确保各项建设指标满足规划要求，使主题乐园整体设计可控。

2) 总图文件包含的内容

大型主题乐园的总平面设计图，应包括以下几个方面内容。

(1) 项目概况、乐园概述、乐园效果图和总平面示意图。

(2) 总平面设计说明：设计依据、主要经济指标和总平面布局设计。

(3) 设施布局设计：商业服务设施、医务室、车辆安检点、公共洗手间和其他设施等。

(4) 景观环境设计：建筑高度、游乐区公共空间、游乐区景观特征、后勤区景观环境设计、水体分类。

(5) 交通组织设计：客流预测、主题乐园园区交通概述、道路系统、交通设施、汽车和自行车停车场、出入口、出入口/疏散广场、乐园内游客集散场地、加油（气）站、机动车流组织、人流组织。

(6) 市政系统：市政管沟走廊、电力、燃气、给排水、通信、环卫。

(7) 公共安全与消防：消防供水安全与可靠性、消防设施、消防通讯、乐园紧急通道、乐园紧急疏散、保安和围栏、其他安全防护设施。

(8) 竖向设计。

(9) 分期建设说明。

(10) 结构设计说明：包括设计依据、设计荷载、场地平整和地基处理、结构材料、防腐与防火。

(11) 电气总平面设计说明：包括设计依据、设计内容、用电负荷估算、照明设计、防雷接地设计、电信及网络设计、有线广播及背景音乐系统、有线电视及卫星电视系统、安防系统、呼叫信号及公共显示系统、停车场管理系统、电气消防设计说明、电气节能设计说明、环保措施等。

(12) 给排水总平面设计说明：包括设计依据、给水系统、排水排放系统、燃气系统、消防给水系统、其他系统、给排水环保设计说明、给排水节能设计说明。

(13) 暖通总平面设计说明：包括设计依据、空调室内外设计参数及设计标准、空调设计、空调水系统、机械通风系统、暖通自控设计、暖通节能设计、暖通环保设计。

(14) 消防设计专篇：包括项目概况、设计依据、建筑分类及耐火等级、总体消防设计、给排水消防设计、电气消防设计。

(15) 节能设计专篇：项目概况、设计依据、给水系统节能设计、电气系统节能设计、空调、采暖及通风系统节能设计。

(16) 环保设计专篇：项目概况、设计依据、排水环保设计、电气环保设计、空调环保设计。

(17) 分片区总平面图设计：总平面示意图、效果图、设计说明、经济技术指标、片区剖面。

3) 图纸部分内容

(1) 设计图包括：主题乐园总平面图、主题乐园分区和划块平面图、主题乐园边界和围栏平面图、主题乐园交通道路平面图、主题乐园消防和紧急疏散系统平面图、主题乐园绿化平面图、主题乐园环卫系统平面图。

(2) 示意图包括：主题乐园总体分区示意图、主题乐园片区划分示意图、主题乐园项目地块划分示意图、主题乐园边界和围栏平面示意图、经营服务设施布局示意图、安全服务设施布局示意图、洗手间布局示意图、具有安全控制要求的设施布局示意图、建筑高度分区示意图、公共空间总平面示意图、景观绿化总平面示意图、室外大型水体总平面示意图、道路系统设计示意图、交通组织设计示意图—员工穿梭巴士、交通组织设计示意图—员工小汽车、交通组织设计示意图—物流、交通组织设计示意图—游客步行游览路径、交通组织设计示意图—巡游路线、消防车道总平面示意图、消防与消防救援设施布局示意图、紧急疏散方案示意图、室外消火栓和给水系统总平面示意图、室内消火栓和喷淋系统总平面示意图、市政管线走廊总平面示意图、电力系统总平面示意图、燃气系统总平面示意图、污水系统总平面示意图、雨水系统总平面示意图、灌溉系统总平面示意图、信息系统总平面示意图、环卫系统总平面示意图、竖向设计总平面示意图。

2. 总体机电策略专项管理

对于大型主题乐园项目专项设计的管理，涉及建设项目的各个专业。下面以电气专业为例，提出电气专业设计管理要点。

为了满足业主的功能需求，在主体设计院的专业设计基础上，电气专业常有一些子系统需要进行专项的深化设计。

1) 常见的专项深化设计子系统

(1) 火灾自动报警控制系统。

(2) 建筑智能化系统集成。

(3) 安全技术防范系统。

(4) 会议音视频系统。

(5) 专业舞台音响。

(6) 专业舞台灯光。

(7) 泛光照明。

(8) 景观照明及控制。

(9) 建筑照明场景自动控制等。

2) 电气专业设计管理工作

对这些专项设计，除了有相应的资质审查和管理程序外，电气专业设计管理要做好以下工作。

(1) 做好对各个专项设计技术评审工作。专项设计一般专业性更强，技术要求更高。要根据不同的专业，组织相应资质的专家对专项设计进行评选、评审。有些专项设计还要报请相关主管部门进行评审。管理团队要认真研究专家意见，逐一跟踪落实。

(2) 协调好专项设计单位与主体设计单位的关系。专项设计是在主体设计院的系统设计框架下进行的，在主体设计院系统设计的指导和约束下，对特定的某子系统进行深化。因此专项设计如与原来系统有冲突，应协调好与主体设计院的关系，要通过协调会议进行沟通、讨论、论证、决策。所有的专项设计必须得到主体设计院的签字及盖章认可。

(3) 协调好专项设计与其他系统之间的关系。电气专业的专项设计，通常情形是某一子系统，与总系统的关系密切：如智能建筑设计、测量、控制信息共享。子系统的向上集成，与相关系统的配合条件等，几乎每一专项设计或多或少均会遇到。事前协调好这些关系，对于专项设计的顺利实施很有帮助。

3. 设计风险评估与风险管理

大型主题乐园项目具有规模庞大、工程技术复杂和参建单位众多等特点，必然存在来自各个方面的建设工程风险。对于负责整个工程推进的业主方来说，必须正视工程风险的客观存在。

国家法律规定：设计单位对工程的安全负有永久的法律责任，因此在防范工程实施过程的各种风险时更应该注重对设计质量的控制。特别是对工程品质、投资、进度起决定作用的设计管理，更要从设计源头抓好风险控制。就像工程中风险最大的分项工程（地下工程）来说，其源头和风险控制的重点是地下室结构设计和基坑围护设计。虽然基坑围护设计可以作为施工总包的技术措施，但这是一个特殊的技术措施，从行业管理上已明确了可以有独立的设计，因此围护设计也应纳入设计管理的范畴。

在项目的建设过程中，加强工程风险管理，预先识别风险事件及其后果，及时采取必要措施进行风险的防范，才能保证项目目标的顺利实现。

大量工程研究和实践经验表明，建设项目的风险管理是一个系统完整的过程，是包括项目风险识别、分析和评估、策划并决策、决策执行和风险检查等五个环节组成的循环过程，直至项目目标的实现。工程项目风险管理流程如图4-8所示。

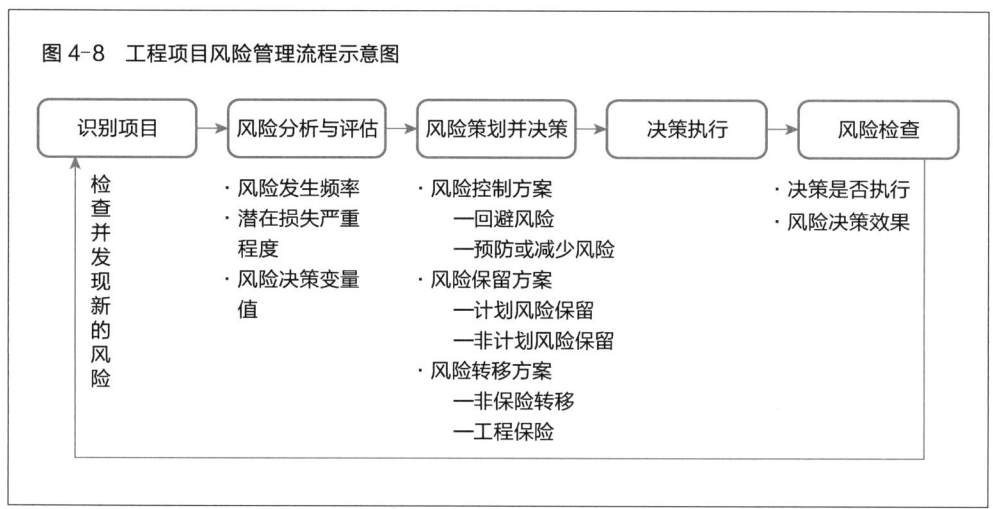

风险分析的方法和工具很多，如逐项检查、因果分析、分解分析等。基本思路是按风险发生概率和损失程度打分值计算，确定各项风险等级。通过项目风险评估分析，提出"项目风险影响分析表"（表4-6）。

表4-6　项目风险影响分析表

	决策风险	组织风险	技术风险	协作风险	市场风险
进度					
质量					
安全					

对项目风险进行识别、分析与评估后，必须研究采取合理的风险管理对策以尽可能地减少项目风险给项目带来的潜在损失，提高项目风险的控制能力。项目风险管理基本对策有以下三种方式。

（1）风险控制，包括所有为避免或减少项目风险发生可能性及其潜在损失的各项措施，可以采用风险回避和风险损失控制两种措施。

（2）风险保留，包括非计划保留和计划风险保留。对于大型复杂项目，不可能识别所有风险，但是必须加强风险识别，有意识地不断转移有关潜在损失（如工程保险）或实施风险控制计划。

（3）风险转移，这是广泛采用的一项对策。它包括通过签订合同将风险转移给设计方、承包商和供货商等的合同转移方式以及向保险公司投保的工程保险方式。

对于大型主题乐园项目，需站在战略角度，先从范围和可控程度两方面进行"风险影响评估"。

4.1.5 设计总控中 BIM 专项设计管理

近些年来，建筑信息模型 BIM 无论是作为一个概念术语还是一种新的生产工具或生产方式，都得到了业内人士的广泛关注，BIM 相关的软件、互操作标准都得到了快速发展。大型主题乐园项目的主要难点在于其项目的复杂程度高、可变性大，单体项目不统一，各参与方行为和想法不一致，信息沟通不流畅，导致项目实施难度加大。BIM 技术的可视化、集成化的特点能对大型主题乐园项目的管理产生巨大的效应。

1. BIM 技术在项目中发挥的作用

（1）BIM 技术的应用有助于项目群体信息共享和传递，以及信息的集成化管理。所有项目参与方围绕可视化的 BIM 技术平台，或依托于协同管理平台，进行指令的上传和下达。项目群体中各项目单体之间，不同投资主体之间不再孤立，所有参与方在协同平台上，或以 BIM 信息模型为中心共享信息（图 4-9），从而有效解决信息沟通复杂性的问题。

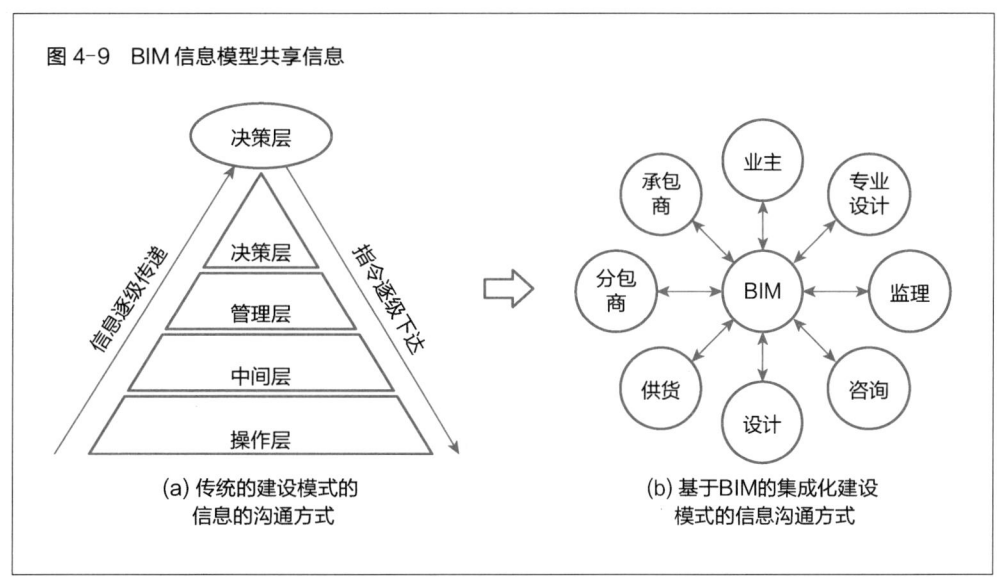

图 4-9　BIM 信息模型共享信息
(a) 传统的建设模式的信息的沟通方式
(b) 基于BIM的集成化建设模式的信息沟通方式

大型主题乐园建造的复杂程度是非常高的，尤其对表达主题的外观装饰都提出了非常高的要求。以某大型国际旅游度假区的开发建设为例，因种类繁多、关联度高、工艺复杂的工程项目大量投入建设，建设单位决定在度假区核心区管理中心项目全程推行 BIM 技术，以数字化、信息化、可视化的方式提升项目建设水平。项目中的小飞侠天空奇遇记，七个小矮人矿山飞车，对空间提出了非常高的要求。为了演绎这些故事，其内部的结构都采取一些非规整空间的结构，对安装的要求非常高，对测量的点数也非常大，整个矿山飞车里单单支撑钢结构的数量就要达到 12 000 个。BIM 技术的应用为大型主题乐园项目中的一些复杂点、难点提供了解决方案。

（2）BIM 技术的应用大大提高了大型主题乐园项目的可视化程度。大型主题乐园往往具有复杂的工艺特点，所以可视化渗透到了各个方面，从深化设计中的方案确定，到施工现场中的模型指导、BIM 技术可视化这一基础应用的优势得以充分体现。主题乐园项目里面的结构往往都非常不规则，仅凭一张传统的图纸是无法检验的。而运用 BIM 模型提高了可视化程度，可以将 BIM 模型调整到任意视图，平面、立面、剖面，平面有利于布置水平构件，立面有利于垂直构件的布置、剖面有利于建筑物内部构件的布置。还可以任意调到各种角度查看构件位置，改变了各专业靠空间想象力来描绘建筑物的问题。BIM 同时实现了水暖电系统图表达精准化、各专业大样图表达形象化，专业冲突一览无余，提高了设计深度。BIM 还实现了三维校审，减少设计"错、碰、漏、缺"现象。

（3）BIM 技术的应用改变和优化了深化设计模式。传统意义上的深化设计模式，是通过二维深化设计图纸进行翻模，检验深化设计成果，最终完成方案确认。BIM 技术的应用，可以在有限设计资料的条件下，基于 BIM 模型进行方案三维设计，设计过程中通过细节推敲，跨专业整合达到深化设计的深度。

2. BIM 技术在大型主题乐园项目中的应用要点

BIM 在上海某大型主题乐园设计管理中的应用要点如下：

（1）场地分析。建设项目全生命周期管理，从建设项目阶段的角度分析，主要包括前期策划阶段、方案与设计阶段、施工准备与施工阶段、竣工验收与移交阶段、运营维护阶段，结合管理目标不同，参建单位不同，BIM 技术在各阶段的应用内容和应用深度亦不同。

（2）方案设计阶段 BIM 的管理要点。在大型主题乐园方案设计时期，业主、设计和参建单位以 BIM 为平台，构建 BIM 的方案与模型，通过论证、优化和变更建立起 BIM 的指标、性能、布局和功能等分析体系，通过 3D 方式提高 BIM 的交互体验性，做到对方案设计的有效沟通，为建筑工程进入下一阶段打下基础。

（3）总体设计阶段 BIM 的管理要点。在大型主题乐园总体设计阶段，BIM 模型深化的核心工作是建筑、结构、给排水、电气、暖通等专业的协同，包括管线综合分析、碰撞检查、重点区域净空分析、结构预留洞校核、ELV（弱电）专项分析等。通过这些专项分析可得到相应的分析成果，如碰撞检查报告、净空分析报告、结构预留洞优化图纸（预埋套管图）、综合管线审核报告与优化图纸等，最终形成 BIM

深化总体设计模型。

(4) 施工阶段 BIM 的管理要点。在大型主题乐园施工时期，设计管理应该将重点放到如下几个环节，一方面，要做好大型主题乐园设计变更的管理，在总体设计深化模型和相关分析成果的基础上，进一步审查和优化重点区域的施工图，避免由于管线碰撞和相关专业工种冲突（如机电二次深化与装修）等引起的返工和浪费。

4.2 设计总控进度管理

一个工程项目能否在预定的时间内施工并交付使用,这是投资者,特别是生产性或商业性工程的投资者最为关心的问题,因为这直接关系到投资效益的发挥,对于大型主题乐园项目更是如此。为使工程在预定的工期内完工交付使用,工程项目的进度控制是一项非常重要的工作。

4.2.1 主题乐园项目进度计划体系

大型主题乐园项目的建设进度计划必须构成一个系统,项目的计划管理可以分三个层次,即总体计划、部门(项目部)控制计划和部门(项目部)实施计划。

(1)总体计划:主要由"大型主题乐园项目工程重大节点计划"和"大型主题乐园工程建设总进度计划"组成,用于从总体上规定大型主题乐园项目工程建设全方位的进展情况。"总体计划"由"工程建设领导小组"批准实施。

(2)部门/业务部门控制计划:各职能部门和业务组根据"工程建设领导小组"的总体工作安排,结合自身的管理要求编制的计划,用于各部门(项目部)所负责项目/业务的进度控制。

(3)部门(项目部)实施计划:各职能部门和项目部针对具体实施工作编制的计划,如部门(项目部)季度、月度、周工作计划,用于对具体工作进行计划管理。

某大型主题乐园的设计总控计划管理系统构架如图4-1所示。

【案例】 新加坡环球影城项目进度计划控制体系

新加坡环球影城项目,为保证项目工期,满足工程实际进度要求,建立了二级进度计划控制体系(图4-10),并通过在实施过程中各参与方不断沟通,及时巧妙

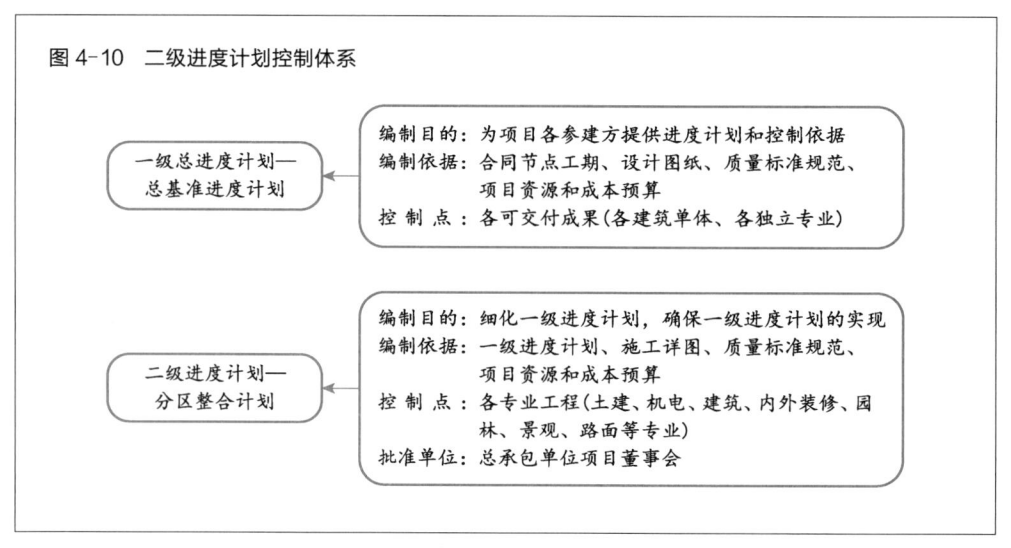

图4-10 二级进度计划控制体系

地动态调整，使项目顺利完成，维护了各参与方的利益。

通过建立二级进度计划控制体系，分析确认各级影响进度计划的关键因素，采取针对性整合措施保障进度计划的实施，发挥主体优势，可以缩短项目整体建设周期；针对计划调整，辅以商务措施，结合项目特点，积极发挥业主在各利益相关者中的综合优势，实现各方主体的共赢。在该项目进度计划管理中，通过P6软件，提升项目进度计划的管理效能。

4.2.2 项目总进度目标与计划纲要

建设项目的进度计划所构成一个系统，在项目的不同阶段，进度计划的深度是不同的。在前期阶段，主要编制项目总进度纲要（或规划）。项目总进度目标确定，必须经过详细论证。换而言之，项目总进度纲要（或规划）的编制，实质上是项目总进度目标论证过程。因此，项目总进度目标的确定必然是一个"过程"，每个不同的项目进度计划的实现，都是有"条件"或"实现措施"的。

对于一个特殊的、有明确进度目标的项目，需要合理安排好各个项目（包括各主要节点）的实施进度；同时必须明确完成各个项目（包括各主要节点）必须的条件（或实现措施），以便在项目实施过程中，对"条件"进行跟踪。

项目总进度纲要（或规划）包括从项目启动至项目结束的全部时间。在具体每一个项目中应明确的"计划里程碑"可能包括：

(1) 项目立项通过（一般为项目建议书获得批准）。
(2) 项目报建。
(3) 项目可研批准。
(4) 项目方案批准。
(5) 扩初审批通过。
(6) 取得施工许可证。
(7) 项目开工。
(8) 桩基完成。
(9) 结构出正负零标高处。
(10) 结构封顶。
(11) 设备调试。
(12) 竣工验收。
(13) 交付使用。
(14) 项目结束。

总基准进度计划的编制目的，是确定项目的各可交付成果的开工和完工日期，为项目参建各方提供项目控制的总体参考，是各参建单位项目进度计划的编制基础及进度控制的基准。

【案例】 新加坡环球影城项目

1. 项目的编制原则

（1）紧扣合同工期。总基准进度计划依据合约编制，不必考虑后期的设计变更等干扰因素。根据合同中约定的各阶段移交日期，确定主要关键控制点的开工、完工日期，根据工程的可交付成果，分级进行进度计划编制。

（2）进度计划的合理性。在项目合同签订时，设计咨询公司只提供初步设计图，对承包商工期进度计划的编制无疑是很大的挑战。新加坡环球影城项目部在收到设计图后，组织相关人员仔细研读，依据以往工程经验，对各区每一个可交付成果或需单独分包的专项工程进行工期逻辑分析，定出开工、完工日期，并不做各施工工序的具体时间分析；节约时间，便于宏观把握，为进度计划的整体合理性提供支持。

（3）与商务部门紧密配合。总基准进度确定分包单位最迟进场时间，为商务部门确定分包提供依据，同时，为重大设计变更等影响因素提供对比依据，总承包商可依此进行工期索赔。因此，在编制总进度计划时，计划组、商务部门必须详细沟通，对可能的工期延误进行预测，最大限度降低被工期索赔的风险。

（4）确保质量、进度和资源的协调。根据工期要求对各类工程资源需求进行初步估算，并结合合同质量要求，初步定出主要施工设备的选型、施工部署和各主要工程的施工方案或工艺等，避免单纯追求进度造成成本增加、质量降低。

2. 一级进度计划管理过程中的主要影响因素及应对措施

（1）工程进度受美国环球影城咨询公司的制约影响突出。

原因：环球影城项目采用美国环球影城咨询公司的专利技术，从规划、设计到施工等全过程，受美国环球影城咨询公司监督并需得到其委派的艺术总监的许可，即使是某局部景观的颜色确定，都可能要经过长时间的研究，因此对进度计划、组织协调等造成很大的影响。

应对措施：项目部通过与业主协商，加强和美国环球影城咨询公司的沟通，现场提供办公场所、办公设备，使美国环球影城咨询公司代表常驻现场，全程参与项目规划、组织和实施，做好预前防控。

（2）设计咨询公司多，设计协调难度大，施工详图和方案的审批速度慢。

原因：项目所有设计咨询公司无类似项目经验，受知识产权保护，项目设计均需在美国环球影城咨询公司的规划和指导下结合新加坡相关规定进行。

应对措施：设立现场技术部，根据各专业咨询公司业务内容设置对口沟通部门，如建筑组与对口建筑设计咨询公司，结构组对应结构设计咨询公司等。此外，新加坡环球影城项目部组织业主、各专业设计咨询公司、美国环球影城咨询公司代表每周召开现场技术协调会，充分发挥业主效能，引导各方迅速解决设计问题，减少协调，节省时间。

（3）设计变更多。

原因：典型的"边设计、边施工、边修改"工程，设计变更频繁，返工、窝工时有发生。

应对措施：协调业主加强设计公司的管理，同时，总承包商及时收集设计变更及造成损失的相关资料，为工程索赔做好准备。

（4）适逢世界金融危机，材料物资进口周期长。

原因：该项目施工适逢2008年世界金融危机，新加坡海运物流深受重创，而新加坡本土资源异常匮乏，进口依赖程度很高。项目的很多材料、设备均从国外进口，影响工程进度的安排。

应对措施：项目部修订和港口的运输协议，根据海运风险全面优化进度计划；在新加坡增加临时仓储场地，要求物资提前在工期规定时间内运输到岗，确保现场材料物资的及时供应。

总基准进度计划的调整：合同签订以后，各类设计变更层出不穷，新加坡环球影城项目部重新组织计划组、商务部门的人员，对工程进度计划进行多次调整，并积极与业主、咨询公司进行沟通。

4.2.3 设计进度管理的内容和方法

1. 大型主题乐园项目的设计进度管理的内容

大型主题乐园项目的设计进度管理的内容，包括进度计划的编制和控制两大方面工作，如图4-11所示。

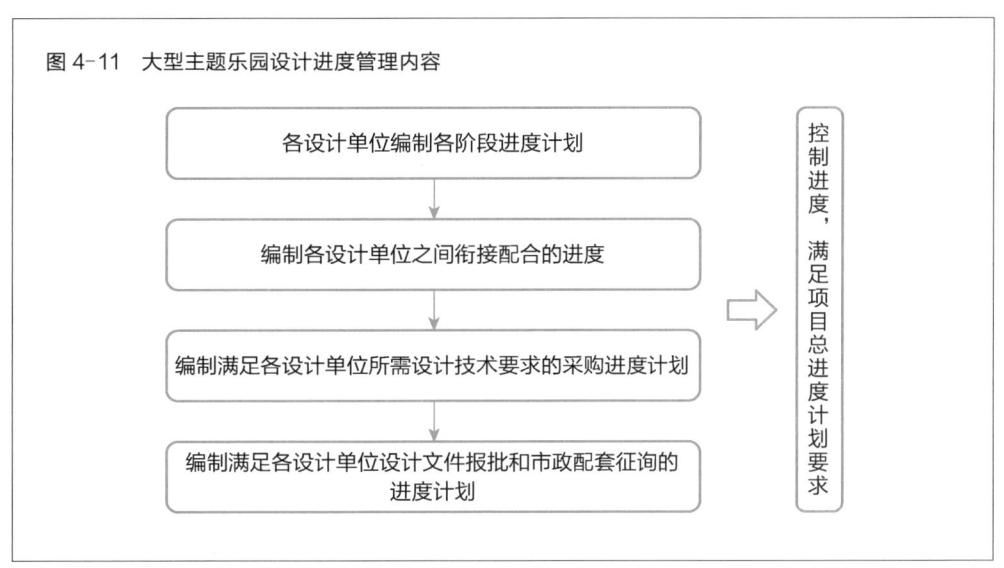

图4-11 大型主题乐园设计进度管理内容

各有关管理机构，应在所负责项目/业务范围内，编制详细进度控制计划和提出进度控制措施。项目进度控制总流程，如图4-12所示。

项目设计进度管理的要点主要体现在以下几个方面：

(1) 明确各项目、各阶段进度控制责任部门。

(2) 明确进度检查周期。

(3) 明确检查办法。

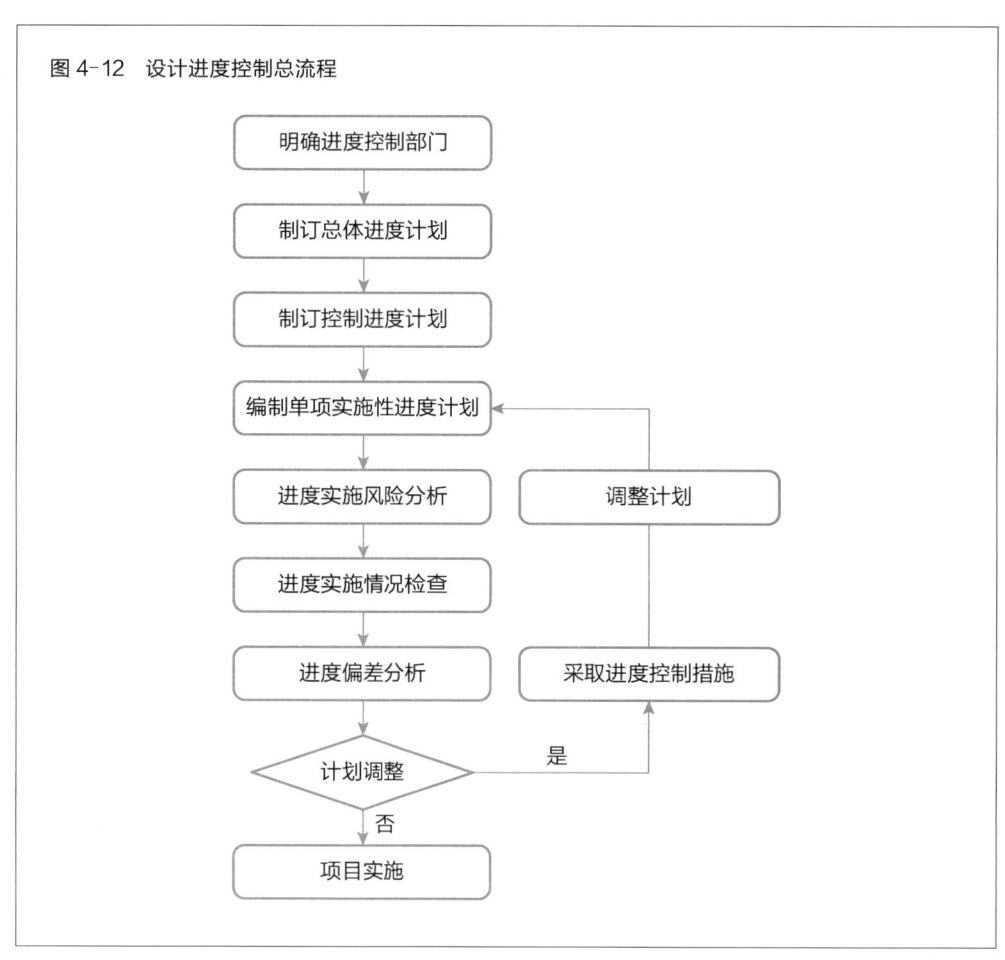

图 4-12 设计进度控制总流程

(4) 采取进度管理软件进行技术支持。

(5) 偏差处理（组织措施、技术措施、合同措施、管理措施）。

(6) 实行进度报告制度和风险分析。

方案设计及报批进度计划根据目前项目的进展和实际情况，考虑两种进度方案：一种称为"搭接平衡进度"，即各片区的设计和报批搭接进行。各片区的设计单位根据各自实际的进度进行设计和报批，过程中相互有搭接和穿插，规划设计指标在过程中不断得以分解，并在最后一个片区完成设计时予以平衡。另一种称为"分批平衡进度"，即先完成进度最快的片区设计及报批，剩余各片区对规划设计指标进行协调分解并综合平衡。

两种进度方案在执行上各有利弊："搭接平衡进度"在最大程度上保证了各片区各自的指标平衡，实现了科学合理的搭接，但最后完成设计的片区必然面临最终平衡指标的"重任"，容易出现难以调整平衡的尴尬局面；"分批平衡进度"的方案，在中后期有四个片区几乎在同一时间段内进行设计，可以进行综合协调和平衡，但其中有些片区本可以提前完成方案设计并进入到下一阶段的设计工作，却因此一并拖延，且多片区的协调平衡很可能导致协调关系复杂，政府审批的工作量较为集中，进度控制的难度和风险都会增加。

主题乐园项目的设计管理内容如下所示。

1) 各片区先后顺序为假设条件，可根据已确认的顺序进行调整

（1）方案报批工作进度计划的编制需要根据各片区设计工作搭接关系，并结合大型主题乐园项目的实际进展，进行对比分析，形成总体进度框架结构。

（2）方案审批程序需参照政府审批部门的相关审批规定、审批程序和要求等；参考在前置审批阶段的审批经验，按照实际情况对审批程序的时限进行调整；根据目前方案设计成果和报批征询工作中搜集到的政府各相关部门对项目审批的要求，结合类似项目经验，对进度计划进行预估。

（3）方案各部门并联审批前，向各相关部门进行征询，取得沟通协调，有利于方案的并联审批；方案非标问题的专项讨论，在方案初稿完成后开始，持续至专家评审意见反馈之前完成，不影响方案准备和报送时间，在每个片区最终的方案综合调整中，一并将专项研究结论落实到图纸中（图4-13）。

为配合设计进度管理，项目管理单位需结合项目情况，与设计单位沟通后，编制各阶段设计进度计划。该设计进度计划应满足项目的招标采购计划、报批配套计划和总进度计划的要求。设计进度计划会随项目实际进展情况在方案、扩初和施工图阶段动态调整，但需经过建设方审批。

2) 方案设计阶段

方案设计阶段进度计划应符合招标采购计划、报批配套计划和项目总进度计划要求。

督促设计单位制订方案设计计划，并进行审查其合理性。

协助建设单位梳理方案报批和该阶段各行政主管部门意见征询环节过程中的各时间节点。

要求设计院按该阶段设计进度计划提交设计成果。

协助建设单位按该阶段设计进度计划确认设计成果。

3) 初步设计/总体设计阶段

初步设计/总体设计阶段进度计划应符合招标采购计划、报批配套计划和项目总进度计划要求。

督促设计单位制定初步设计/总体设计计划，并进行审查确保其合理性。

协助建设单位梳理初步设计/总体设计报批和该阶段各行政主管部门意见征询环节过程中的各时间节点。

协助建设单位组织各专项评估并取得评估报告。

组织安排专家、专项评审时间，督促相关单位按照评审时间提交评审材料，召开评审会及时取得评审报告。

协调主设计与各专项设计、专项技术咨询间衔接配合。

需编制初步设计文件的项目，督促设计单位与概算编制单位安排好资料互提和进度对接。

图4-13 某项目年初总体计划示意图

标识号	任务名称	工期	开始时间	完成时间	前置任务
1	**总图设计招标**	**40 工作日**	**2011年10月27日**	**2011年12月21日**	
2	**总图设计**	**65 工作日**	**2011年10月27日**	**2012年2月2日**	1SS
3	设计团队组建及准备	2 工作日	2011年10月31日	2011年10月28日	
4	设计规范搜集及征询	5 工作日	2011年10月31日	2011年11月4日	3
5	总图方案设计草稿	22 工作日	2011年11月7日	2011年12月6日	4
6	总图方案设计内部审阅	3 工作日	2011年12月7日	2011年12月9日	5
7	提交第一版总图方案设计	1 工作日	2011年12月12日	2011年12月12日	6
8	总图方案专家及各部门咨询	7 工作日	2011年12月22日	2011年12月30日	1
9	总图方案优化及报审版	18 工作日	2012年1月3日	2012年2月2日	8
10	**总图审批**	**39 工作日**	**2012年2月3日**	**2012年3月28日**	**9**
11	报送资料准备	3 工作日	2012年2月3日	2012年2月7日	9
12	各部门征询及评审	15 工作日	2012年2月8日	2012年2月28日	11
13	总图公示	8 工作日	2012年2月29日	2012年3月9日	12
14	公示意见反馈	5 工作日	2012年3月12日	2012年3月16日	13
15	方案优化调整	3 工作日	2012年3月19日	2012年3月21日	14
16	总图方案审批	5 工作日	2012年3月22日	2012年3月28日	15
17	设计标准的设置	10 工作日	2012年3月22日	2012年4月9日	15
18	各片区设计同步招标	48 工作日	2012年1月3日	2012年3月15日	8
19	**总平面图更新及支持方案报批**	**115 工作日**	**2012年4月10日**	**2012年9月20日**	**16**
20	设计标准设置及支持准备	5 工作日	2012年4月10日	2012年4月16日	16,17
21	各片区方案设计	70 工作日	2012年4月17日	2012年7月26日	17,20
22	总平面图更新及报批支持	15 工作日	2012年7月27日	2012年8月16日	21
23	各片区方案报批	25 工作日	2012年8月17日	2012年9月20日	22
24	**总平面图更新及支持扩初报批**	**90 工作日**	**2012年9月21日**	**2013年1月24日**	**23**
25	各片区扩初设计	55 工作日	2012年9月21日	2012年12月6日	23
26	总平面图更新及报批支持	10 工作日	2012年12月7日	2012年12月20日	25
27	各片区扩初报批	25 工作日	2012年12月21日	2013年1月24日	26
28	**总平面图更新及支持施工图报批**	**120 工作日**	**2013年1月25日**	**2013年7月18日**	**27**
29	各片区施工图设计	80 工作日	2013年1月25日	2013年5月23日	27
30	总平面图更新及报批支持	10 工作日	2013年5月24日	2013年6月6日	29
31	各片区施工图报批	30 工作日	2013年6月7日	2013年7月18日	30
32	**施工阶段持续跟踪**	**500 工作日**	**2013年7月19日**	**2015年6月18日**	**31**
33	"有关服务"收尾及完成	8 工作日	2015年6月19日	2015年6月30日	32

项目:总图设计工作进度计划
日期:2011-11

需编制总体设计文件的项目，督促设计单位制定总体设计文件计划时，应同步考虑地下部分（或桩基）施工图的完成时间节点。

4) 施工图设计阶段

施工图设计阶段进度计划应符合项目总进度计划要求。

督促设计单位制定施工图设计阶段设计进度计划，并审查其合理性。

协助建设单位梳理施工图设计审查和该阶段各行政主管部门意见征询环节过程中的各时间节点。

协调审图公司按时介入初审和复审工作；督促设计单位及时回复审图公司出具的审图意见。

控制设备采购环节、二次深化设计招标工作。

2. 设计进度控制的措施

(1) 编制各设计进度计划应满足项目总进度计划的要求。

(2) 审查设计单位所编制的进度计划的合理性和可行性，通过合同对各设计单位的方案设计、初步设计/总体设计，施工图设计以及设计修改等的设计进度进行协调和控制（设计院内部保障）。

(3) 根据工程项目的进展，协调控制各个设计单位之间进度的衔接配合以及各项职能之间的顺利实施（各设计院之间保障）。

(4) 控制工程项目采购环节，满足设计所需技术资料及时提供，如电梯、冷冻机、锅炉、发电机、冷却塔、厨房设备、泳池设备等采购工作应尽量在施工图设计阶段进行（设计技术条件保障）。

(5) 控制设计报批和市政配套环节，应考虑设计评审、设计文件报批和配套征询的时间及业主的确认周期，以满足设计进度符合总体进度的要求（设计外部保障）。

(6) 为避免审图过程出现较大的反复，影响施工图交付时间，项目管理应建议审图单位在初步设计时即介入工作。

(7) 如建设单位的建设意图及需求有重大改变时，应获得建设单位的书面确认，在得到项目经理批准后，对原设计计划进行调整或修订。

(8) 根据合同督促设计单位进行施工现场设计配合，及时解决施工中的设计问题，尽量避免设计变更对进度带来的影响。

3. 设计进度实施情况检查和报告

大型主题乐园项目总体以及各项目的设计、施工以及采购进展情况，各职能部门、工作组、项目部应设定控制节点。根据工作进度情况，各职能部门、工作组、项目部必须详细检查设计实际进展情况，填报"进度控制节点完成情况表"。检查周期，一般为一个月；在紧急情况时，可适当缩短周期为两周。每周的工作例会上，必须及时报告进展情况，以便随时发现和解决实际存在的问题。

大型主题乐园项目总进度管理部门，应随时了解各职能部门、业务组工作情况，汇总"进度控制节点完成情况表"（表4-7），形成进度专题报告，向"工程建设领导小组"报告。

表4-7　项目设计进度控制节点完成情况表

类别	节点数	已完成	未完成	备注
设计准备				
方案设计				
初步设计				
施工图设计				
专项				
其他				
合计				完成率约为　　%

4. 设计进度风险分析

针对大型主题乐园项目规模大、涉及因素多等特点，为了确保建设进度目标的实现，有必要对影响进度的制约因素进行识别、分析和跟踪，采取合理措施（特别是预先防范措施）应对风险。

具体在项目进展过程中，大型主题乐园项目总进度管理部门应提出项目实施进度风险分析报告，并要求有关部门采取控制措施（执行对策）。某大型主题乐园项目设计进度风险分析见表4-8。

表4-8　某项目设计进度主要制约因素分析表

风险类别	序号	风险描述	风险归属	对策
技术管理	1			
	2			
	3			
合同管理	1			
	2			
	3			
招商运营	1			
	2			
其他	1			
	2			
	3			

5. 新技术软件在设计进度管理中的应用

大型主题乐园项目的设计工作，一般参与团队多、项目和项目组合多、技术协调量大，因此设计进度的落实和控制难度就很大。随着信息技术的发展，利用新的项目管理软件工具，帮助提高设计管理效率，已在工程实践中大量出现。比如进度管理方面 P6 软件以及 BIM 技术。

1) P6 软件

P6 项目管理软件是当今国际上较流行的项目管理软件，该软件可以对项目的施工进度、资源配置、成本管理等方面进行预先计划，并根据各作业的工期、开工时间、作业间逻辑关系，计算出该项目的关键线路和非关键线路的自由时差。通过控制、管理资源及资源平衡得出合理的施工进度计划，同时，根据工程的实施进度，在施工中进行动态跟踪和反馈，从而实施有效的管理。

利用这些新技术软件的功能，在大型主题乐园项目的设计进度管理工作上的作用如下所述。

(1) 可以实现多项目等级层次划分，设计资源分配，实际数据记录等功能，有利于计划编制、资源调整和执行落实。

(2) 可以做到跨部门、多用户访问，或项目群组织内多用户互相访问，将单个项目设计工作进度、项目组合之间的进度关系和整个项目群的设计进度执行情况，即时地呈现在各级管理者面前，有利于项目设计进度相互协调和监督控制。

(3) 可以将所有项目在一个数据库中进行集中管理，有利于实现大型主题乐园项目管理标准化，共享设计进度的数据信息（图 4-14—图 4-17）。

图 4-14　P6 软件各项目的访问用户和用户信息

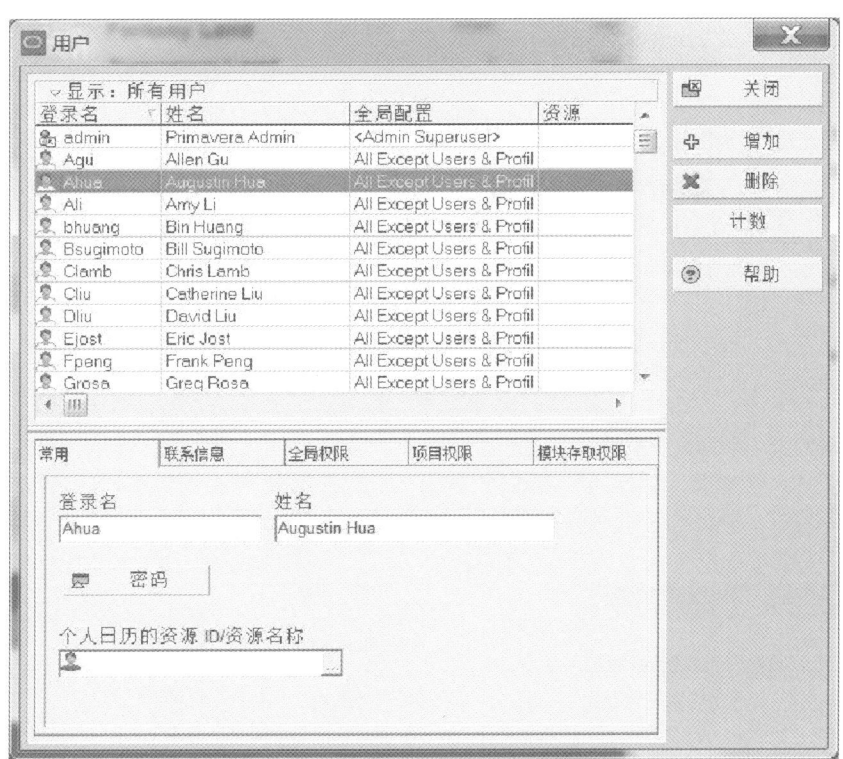

图 4-15 P6 软件各项目的编号、名称和组成的项目群

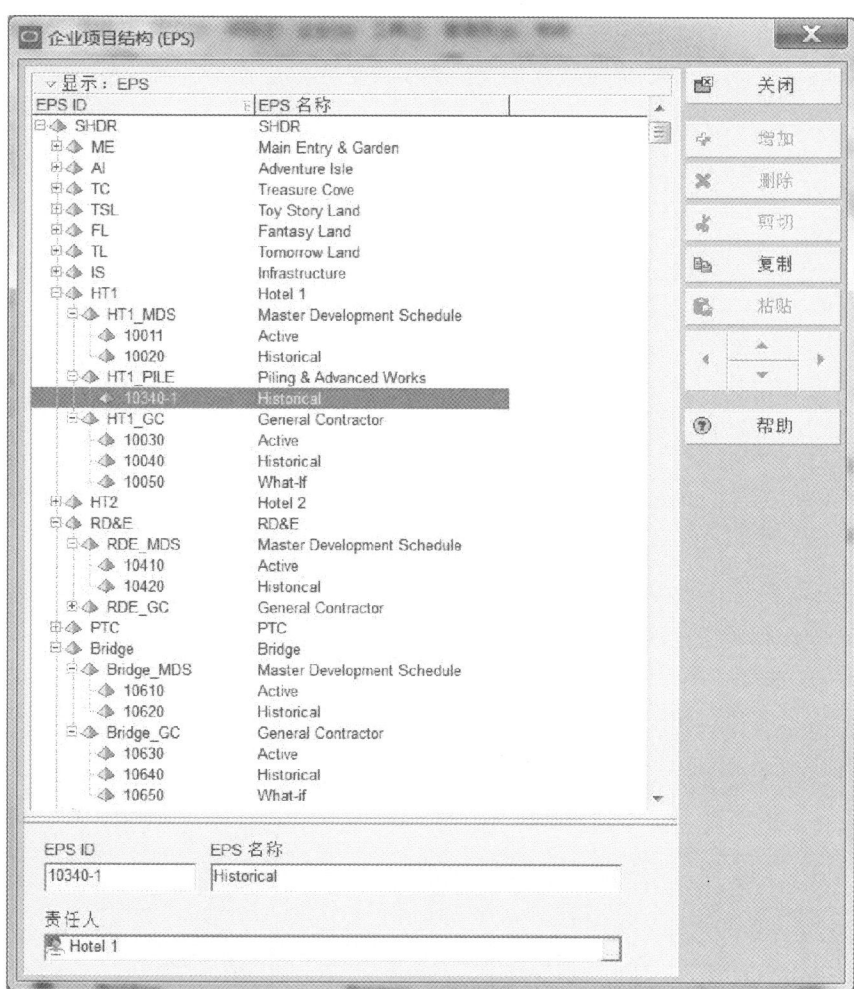

图 4-16 各项目的计划和计划层次

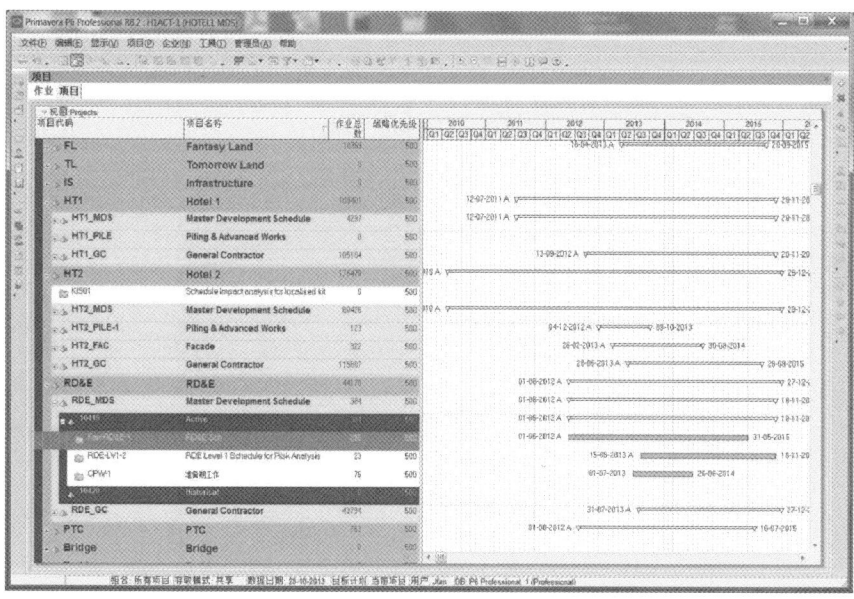

图 4-17 单个项目的设计进度计划

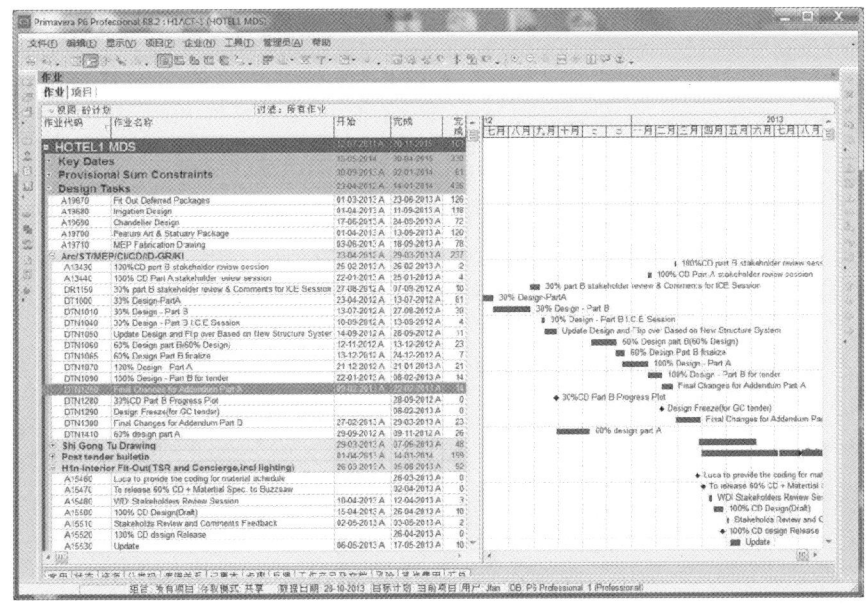

P6 软件能够将更新后的工程计划与基准计划的对比更加直观地表现出来，通过观察实际工程进度与原始计划之间的差别，并对差别进行分析，可确定项目部是否按照原计划继续施工或者要采取措施进行施工。

2）统一使用 P6 软件的优点

（1）统一进度计划编制、整合和汇报标准。业主和相关各咨询公司在进行招标的时候，就规定了所有承包商（包括施工总承包商和游乐设施安装承包商）均需采用 P6 进行工程进度计划的编制、监控和汇报。所有正式发布的进度计划都采用 P6 完成，各承包商的进度计划能够很方便地进行编制、整合，便于业主及相关各咨询公司了解整体工程进度，有利于促进工程进展。

（2）有利于赶工或促进工期索赔等商务工作的进展。由于业主、各相关咨询公司及总承包商在工程进度方面统一使用了 P6 软件，业主及咨询公司关于赶工的各项指令文件能用 P6 软件进行记录和描述；在各方监控下，工程进度方面造成延误的原因及责任通过 P6 软件能够较为清晰明了地表现出来。这使工程各方根据赶工或工期索赔工作能够尽快达成一致、减少争议，促进项目工程进展。

3）BIM 技术

BIM 技术也就是建筑信息模型（Building Information Modeling），是以建筑工程项目的各项相关信息数据作为基础，建立三维建筑模型，通过数字信息仿真模拟建筑物所具有的真实信息，利于项目可视化、精细化建造。建筑施工是一个高度动态的过程，随着建筑工程规模不断扩大，复杂程度不断提高，使得施工项目管理变得极为复杂。由于专业性强，可视化程度低，无法清晰描述施工进度以及各种复杂关系，当前建筑工程项目管理中经常用于表示进度计划的甘特图，难以准确表达工程施工的动态变化过程。通过将 BIM 与施工进度计划相链接，将空间信息与时间信息整合在一个可视的 4D（3D + Time）模型中，可以直观、精确地反映整个建筑的施工过程。4D 施工模拟技术可以在项目建造过程中合理制定施工计划、精确掌握施工进度，优化使用施工资源，以及科学地进行场地布置，对整个工程的施工进度、资源和质量进行统一管理和控制，以缩短工期、降低成本、提高质量。此外借助 4D 模型，施工企业在工程项目投标中将获得竞标优势，BIM 可以协助评标专家从 4D 模型中很快了解投标单位对投标项目主要施工的控制方法、施工安排是否均衡、总体计划是否基本合理等，从而对投标单位的施工经验和实力做出有效评估（图 4-18）。

图 4-18 基于 BIM 的 4D 施工进度模拟

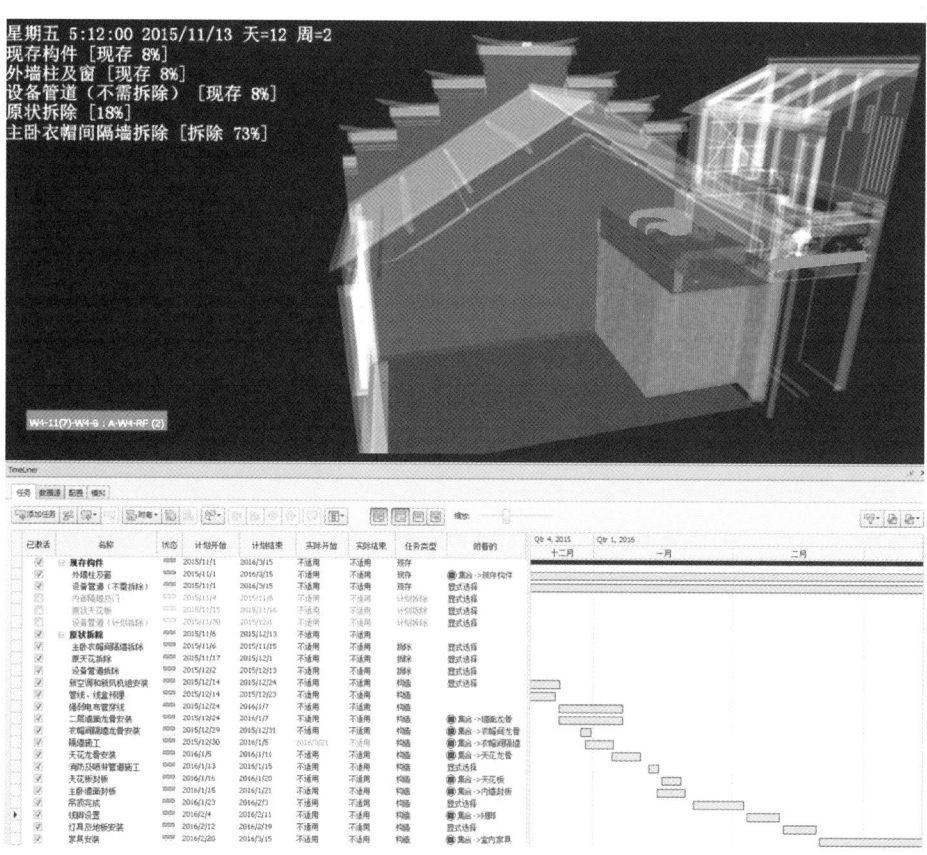

基于 BIM 技术，可以在传统进度管理体系之上，集成应用传统进度管理理论、技术方法和 BIM 技术，能够实现信息技术辅助进度管理最优化。目前相关技术在进度管理中的应用是孤立的，比如 P6/P3、MS project 等进度分析软件，虽然单独应用某项技术给项目管理带来了很大好处，但远远低于技术间集成应用的效益。BIM 技术及其相关技术的出现为工程项目管理带来极大的价值和便利，尤其是项目全生命周期内信息的创建、共享和传递，能够保证信息的有效沟通。只有将相关信息技术进行集成，并构建基于 BIM 的进度管理体系，才能消除传统信息创建、管理和共享的弊端，更好地实现工程项目进度管理信息化，从而提升项目管理的效率。

现有的工程项目进度管理系统应用中的大部分工作主要依靠人工完成，相关系统软件进度控制模块功能有限，且由相应部门的进度管理人员进行数据更新和信息发布。项目参建方单独进行项目信息的处理，而系统无法实现自组织和自运行，信息滞后现象严重，阻碍整体工程的信息共享，导致信息孤岛现象的出现。系统所提供进度信息的及时性、准确性和可获取性不高，无法满足项目参与各方各阶段的信息需求，效率低下。结合 BIM 技术特点，将其自身优势和衍生功能糅合到进度管理中，构建基于 BIM 技术平台的进度管理框架体系，可弥补传统管理方式的不足。本书提出基于 BIM 的进度管理应用框架体系，具体见图 4-19。

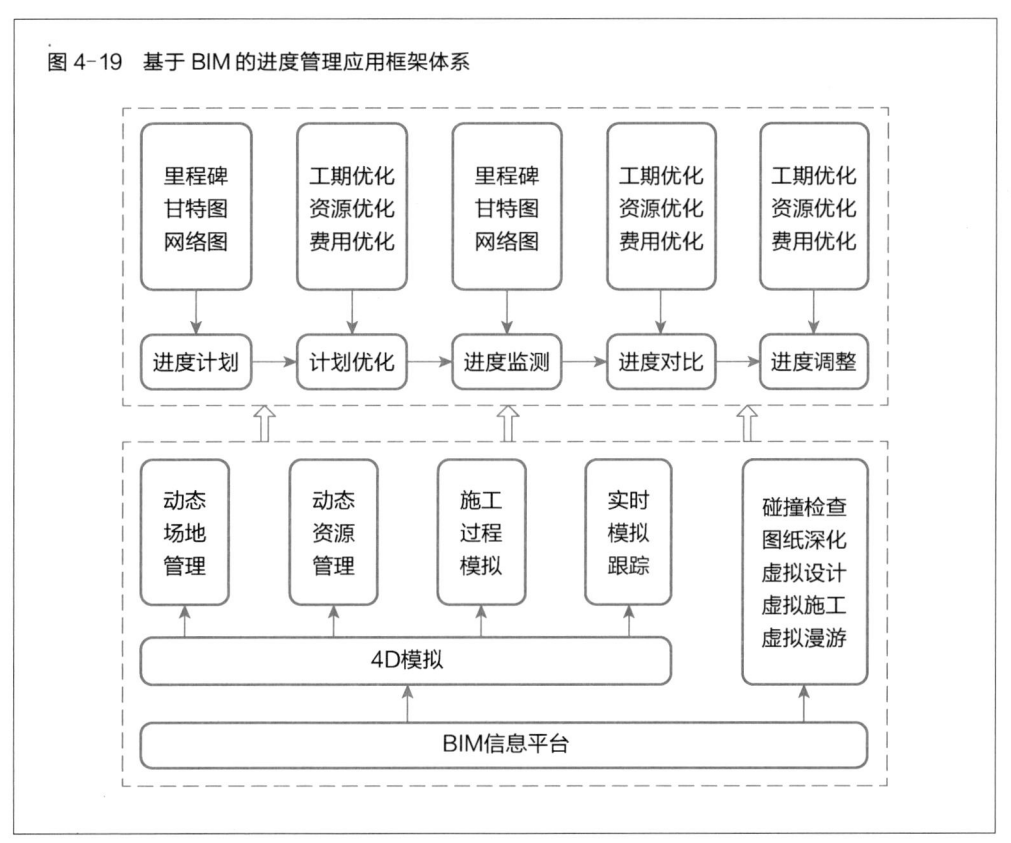

基于 BIM 的进度管理应用框架体系能够直观显示引入 BIM 技术后进度管理方法工具的提升和完善。基于 BIM 的进度管理是在现有进度管理体系中引入 BIM 技术，意在综合发挥 BIM 技术和现有进度管理理论与方法的价值。由于 BIM 技术模型能够承载项目全生命周期管理中所需的信息，因此 BIM 技术产生的 BIM 信息平台及功能有利于项目进度管理的全过程，其效益渗透到进度计划与控制的各环节。项目应在现有进度管理体系的基础上，以 BIM 信息平台为核心，建立 BIM、WBS、网络计划之间的关联，从而综合利用各种方法和工具，改善进度管理流程，增加项目效益。BIM 信息平台可分为信息采集系统、信息组织系统和信息处理系统三大子系统。三大子系统是递进关系，前序系统工作为后续系统工作提供数据。

若实现这一框架体系，在进度管理中，Project，P6等以进度控制为核心功能的专业软件能够为项目管理者提供极大的帮助。进度管理中引入BIM技术的应用同样离不开相关软件系统的支持，而且并非单一软件能够完成。多种BIM相关软件间的综合应用，促成以BIM为基础的多功能实现。以三维建筑信息模型所构建的BIM信息平台是进度管理BIM技术应用的核心与基础；四维建筑信息模型的建立是进度管理BIM技术核心功能实现的关键；另外，施工进度信息的创建也是进度管理必不可少的环节。3D、4D等关键技术与功能的实现为进度管理中BIM技术的应用做好准备。同时，3D建筑信息模型以及施工进度数据的创建是4D建筑信息模型建立的前序工作和实现基础。

6. 进度控制管理的经验总结

1) 进度控制管理和合约管理相结合

总基准进度计划是商务索赔的主要依据。"五周滚动计划"能记录现场实际施工进展情况和设计变更等各种因素，是商务索赔的有力支持材料。因此，在编制进度计划的时候，一定要以合约为前提，不能为赶工、实现进度承诺而盲目增加成本。只有得到业主或者建筑咨询公司书面许可或者满足相应的合同条款后，才能以增加成本为代价进行赶工。

2) 重视过程中业主方赶工指令的书面保存

由于国情、习俗不同，在国内建筑施工过程中，业主口头的赶工要求所涉及的费用，在工程结束时往往可通过变更等手段对施工单位予以兑现，但国内施工部分企业往往不太重视非自身原因造成赶工的相关记录的使用。在新加坡等国家，业主的造价咨询公司等十分重视证据的使用。由于新加坡实施的是施工管理、造价管理两条线，即由不同的咨询公司负责，再加上新加坡职业管理人员流动性大，业主、咨询公司很多人员在项目结束或临近尾声时便离职，为施工总承包商在工程结束时追溯口头赶工指令造成很大的困难，因此会造成重大经济损失。故而从保护自身利益出发，国内企业走向海外市场应切实注重施工过程中业主方赶工等指令的合法性，并以书面保存。

3) "远期规划"和"近期细划"

"远期规划"作为项目的部署依据，主要针对一级进度计划的编制，重点考虑满足合约的要求，为各种资源和工程索赔做好准备。"近期细划"主要放在"五周滚动计划"的编制上，及时跟踪工程进度，对近期两周到四周内的工作进行详细规划。通过周计划和日计划的落实检查，确保近期计划的完成。例如，新加坡环球影城项目部在完成近期计划的同时，对业主及相关咨询公司提交"远期规划"，引导业主及咨询公司根据"远期规划"安排设计图纸等工作，为即将到来的远期工作做好准备。

4.3　设计总控质量管理

设计在工程建设过程中处于龙头地位，是整个工程建设的灵魂，设计质量对工程起着决定性的影响，做好设计管理工作将使工程建设事半功倍。

对于大型主题乐园项目，有效地开展设计质量管理工作，包括项目总体设计管理和针对不同组成项目特点下的设计过程管理两方面。因此在编制大纲时，除了根据项目特点明确项目设计过程管理思路和主要方法，更需要从大型主题乐园项目总体角度明确其管理思路和主要方法。

4.3.1　主题乐园项目设计技术协调标准

大型主题乐园项目有统一的战略目标，要求从设计标准上进行整体考虑，以发挥各个项目单独建设所不能达到的总体价值，这是为大型主题乐园项目实现"增值"的一项重要措施。大型主题乐园项目中各个项目建设往往有先后，因此应在项目定位和规划阶段编制统一协调的技术标准，以规范指导各项目的设计工作，从而实现大型主题乐园项目总体效果。

由于大型主题乐园项目设计一般有超过两个以上的主体设计单位担当设计，有的还涉及跨省市的设计单位一起担当设计，尽管国家及地方的设计规范有规定设计各个阶段出图标准，但都是原则性条文，没有涉及具体的项目设计思路、系统（工艺）流程、材料、设备等的选用规定，而每个单位（包括同一个单位不同的设计人员）会有不同习惯做法和材料选择的主观意见，这对于项目群的总体控制是严重的障碍，最典型的情况就是低标准的单体建筑选用的材料设备等级高于高标准的单体建筑所选用的材料设备，形成本末倒置及造价、运营管理的混乱。所以在开始正式设计前，管理者可组织相关人员制定"项目设计技术协调标准"，以便对整个项目的管理，也有利施工和材料采购以及有利于节约投资等。

4.3.2　主题乐园项目设计技术质量控制

设计总控团队通过对方案、扩初和施工图三阶段设计说明模板和出图要求；定期召开设计和审图专项讨论会；组织和协调超限、超规范和国内尚未有相关规范的专项研究，进行质量控制。

1. 质量管理体系主要内容

大型主题乐园对项目的质量要求非常严格，质量管控是贯穿项目全过程的，设计质量控制被纳入全面质量管理体系中。一个大型主题乐园的质量管理体系可分为设计质量管控体系、设备质量和安全管控体系、施工质量和安全管控体系、运营质量和安全管控体系、消防安全管控体系等。

2. 大型主题乐园项目专项研究/设计管理

项目专项研究或专项设计，是指由专业设计或专业咨询单位根据项目实施要求，所开展的规划层面（如交通专项分析、排水专项设计等）、建筑层面（如幕墙设计、景观设计、智能设计、泛光设计等）、审批层面（如抗震超限、消防性能化分析、基坑安全性评估等）、实施层面（如弱电深化设计、安防设计、消防深化设计等）等需要宏观协调、统一标准、协助管理决策的事项进行专业、深入、多方案的分析研究；保证项目的正常推进，并确保项目实施的整体性和高品质的建设水平。对于大型主题乐园项目，更需要从规划开始就进行专项研究或专项设计。

1）专项研究/设计工作的组织流程

组织专项设计的一般流程如图4-20所示。

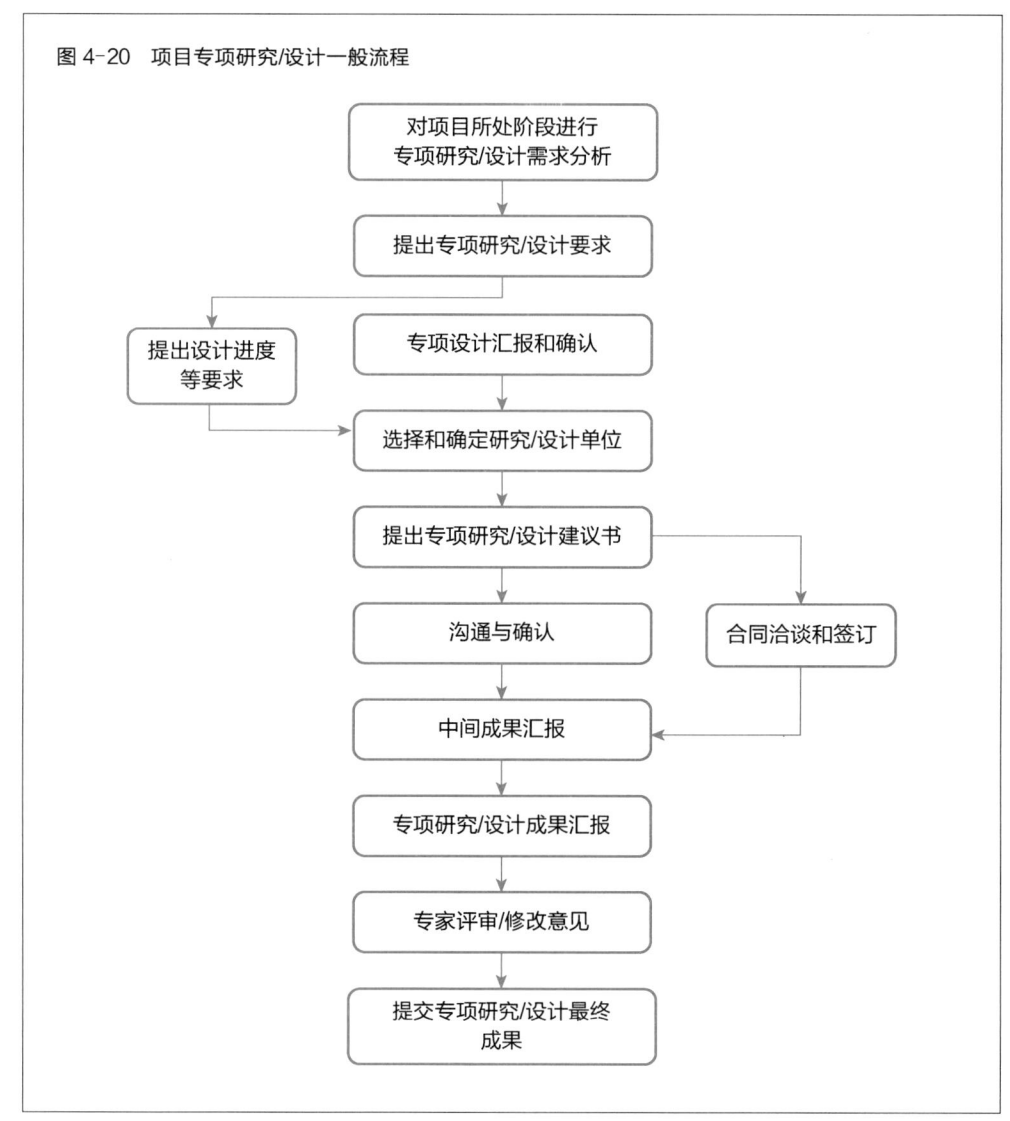

图4-20 项目专项研究/设计一般流程

2）专项研究或专项设计的要求

对项目专项研究或专项设计管理的总体要求如下：

（1）掌握研究的目的、成果的要求、时间或投资的限制等。

（2）了解专项研究或专项设计涉及技术的国内外发展趋势。

（3）针对本区域（项目）的特点，进行全面分析并提出应对的策略方法。

（4）结论一定是最合理的、性价比最高、可实施的，提出实施的办法、技术标准及在规划、设计以及施工和运营中的具体实施的技术和管理要求。

（5）一定能对项目的推进、领导的决策起积极引导作用。

专项研究或专项设计可以参考表 4-9 进行选择。

表 4-9　专项研究或专项设计工作计划表

	专项内容	开展时间	落实单位	责任人
规划层面	能源中心的研究			
	新技术的综合应用规划			
	……			
场地条件	地下室基坑安全性评估			
	场地周边限制条件调查			
	土壤污染细分析评估			
	高架、地铁、大型管线的影响			
	……			
设计专项	场地设计			
	室内精装修设计			
	景观设计			
	照明设计、区域照度分析			
	智能化设计、统一标准研究			
	绿色建筑评估、节能专项			
	消防设计			
	……			
施工专项	基坑围护设计			
	弱电、消防、安防深化			
	……			
运营专项	BIM 技术对物业管理的影响			
	……			

3) 常见的专项深化设计

为了满足业主的功能需求，在主体设计院的专业设计基础上，电气专业常有一些子系统需要进行专项深化设计，如下所示：

(1) 火灾自动报警控制系统。

(2) 建筑智能化系统集成。

(3) 安全技术防范系统。

(4) 会议音视频系统。

(5) 专业舞台音响。

(6) 专业舞台灯光。

(7) 泛光照明。

(8) 景观照明及控制。

(9) 建筑照明场景自动控制等。

4) 专项设计管理内容

对这些专项设计，除了有相应的资质审查和管理程序外，专项设计管理要做好以下工作。

(1) 做好对各个专项设计技术评审工作。专项设计一般专业性更强，技术要求更高。要根据不同的专业，组织相应资质的专家对专项设计进行评选、评审。有些专项设计还要报请相关主管部门进行评审。管理团队要认真研究专家意见，逐一跟踪落实。

(2) 协调好专项设计单位与主体设计单位的关系。专项设计是在主体设计院的系统设计框架下进行的，在主体设计院系统设计的指导和约束下，对特定的某子系统进行深化。因此专项设计在深化设计遇到与原来系统有冲突时应协调好与主体设计院的关系，要通过协调会议进行沟通、讨论、论证、决策。所有的专项设计必须得到主体设计院的签字及盖章认可。

(3) 协调好专项设计与其他系统之间的关系。电气专业的专项设计，通常情形是某一子系统，与总系统的关系密切，如智能建筑设计、测量、控制信息共享等。事前协调好这些关系，对于专项设计的顺利实施很有帮助。

3. 大型主题乐园项目实施过程中的设计技术管理

在项目设计过程中，应明确各阶段核心问题，并采取措施把控技术关键。大型主题乐园项目设计过程中的技术控制要点如下。

1) 设计准备阶段的技术管理设计要求和标准

对项目进行详细的市场调研，结合自身项目条件进行详尽的技术分析与论证，明确设计要求和标准。

(1) 明确规划要点。对容积率、建筑密度、建筑限高、绿地率以及人车出入口、建筑退界等技术指标与有关管理部门沟通、讨论，避免不合理的规划要点对整个项目产生影响。

(2) 编制设计任务书。根据项目定位要求和使用功能、建设标准和建设条件，编制设计任务书。设计任务书是需要不断补充完善的，是从方案前到施工图设计中要不断修正的，而在后面阶段的补充一般是以工作联系单或函的形式发给设计单位，都属于设计任务书范畴。在管理中要把这类文件归类到设计要求、设计任务书中。

2）设计阶段的技术管理

(1) 设计协调：

◆ 建立设计沟通协调制度，主要包括：信息管理制度、技术会议制度、设计交底和图纸会审制度以及设计变更审批制度等。

◆ 通过设计协调机制，在设计过程中对设计进度、设计质量和工程造价等进行协调管理。

(2) 设计质量管理。根据方案、扩初和施工图设计各阶段的不同要求，对设计的质量进行技术协调和管理。

◆ 参与设计方案的技术经济分析，进行价值工程管理。

◆ 组织设计单位提出勘察要求，编制勘察任务书。

◆ 在初步设计阶段，加强对技术方案的研究和选择，组织各专项技术的设计评估，以满足工艺及功能要求和保证系统不漏项及设计的合理性。

◆ 督促设计单位提出专项设计、二次深化设计的技术要求。

◆ 组织设计单位对深化设计单位和专业设计单位的成果进行确认。

◆ 做好设计质量风险管理，预见性地提出设计过程及设计成果的质量风险，如管线碰撞、专项深化设计与主设计的界面模糊等，并制定风险应对方案。

◆ 通过"比对表"检查，保证各阶段的设计成果满足国家对设计深度的要求、政府审批部门的要求及满足主要设备材料订货和指导施工的要求。

(3) 设计信息管理：

◆ 图纸管理：主要包括收图、发图和图纸变更的管理，保证现场施工作业图纸的有效性。

◆ 技术文件管理：主要包括工作联系单、会议纪要、技术核定单等技术文件的有效管理。

3）施工阶段设计技术管理

(1) 对设计交底进行管理。

(2) 对设计变更进行管理。

◆ 正确判断设计变更的原因。

◆ 所有变更必须遵循先评估后由业主确认的原则。变更要求应全面权衡功能、投资、进度和质量等各种因素后决定。

(3) 根据施工进度，合理安排设计出图计划。

4）竣工阶段的设计技术管理

(1) 组织勘察、设计单位参加验收。

(2) 参与质检验收。

(3) 竣工资料（包括竣工图的技术资料）整理和移交。

4.3.3 BIM 技术在设计质量管理和工程质量管理中的应用

BIM 技术可以在设计阶段通过多专业协同建模的方式，提高设计效率，并使用多专业碰撞检查，及时发现设计问题，保证设计质量和工程质量。在施工阶段，可通过施工流程模拟、信息量统计，给项目管理提供重要的技术支持，使每个阶段要做什么，工程量是多少，下一步做什么，每一阶段的工作顺序是什么，都变得显而易见，使管理内容变的"可视化"，增强管理者对工程内容和质量掌控的能力。基于 BIM 技术的质量管理既体现在对建筑产品本身的物料质量管理，也包括工作流程中技术质量的管理。

就建筑产品物料质量而言，BIM 模型储存了大量的建筑构件和设备信息。通过软件平台，从物料采购部、管理层到施工人员个体可快速查找所需的材料及构（配）件信息，规格、材质、尺寸要求等一目了然，并可根据 BIM 设计模型，跟踪现场使用产品是否符合设计要求，通过先进测量技术及工具的帮助，可对现场施工作业产品进行追踪、记录、分析，掌握现场施工的不确定因素，避免不良后果的出现，监控施工质量。

BIM 的标准化模型为技术标准的建立提供了平台。设计人员与施工人员协作工作，通过 BIM 的软件平台动态模拟施工技术流程，由各方专业工程师合作建立标准化工艺流程，通过讨论及精确计算确立，保证专项施工技术在实施过程中细节上的可靠性。再由施工人员按照仿真施工流程施工，确保施工技术信息的传递不会出现偏差，避免实际做法和计划做法不一样的情况出现，减少不可预见情况的发生。

BIM 技术通过数字建模可以模拟实际的施工过程和存储庞大的信息。对于那些对施工工艺有严格要求的施工流程，应用 BIM 技术除了可以使标准操作流程"可视化"外，还能够随时查询用到的物料与构（配）件的产品质量等信息，以此作为对项目质量问题进行校核的依据。对于不符合规范要求的，则可依据 BIM 模型中的信息提出整改意见。

1. BIM 在质量控制系统过程中的应用

质量控制的系统过程包括：事前控制、事中控制和事后控制，而有关 BIM 的应用，主要体现在事前控制和事中控制中。应用 BIM 的虚拟施工技术，我们可以模拟工程项目的施工过程，对工程项目的建造过程在计算机环境中进行预演，包括施工现场的环境、总平面布置、施工工艺、进度计划、材料周转等情况都可以在模拟环境中得到表现，从而找出施工过程中可能存在的质量风险因素，或者某项工作的质量控制重点。对可能出现的问题进行分析，从技术上、组织上、管理上等方面提出整改意见，反馈到模型当中进行虚拟过程的修改，从而再次进行预演。反复几次，工程项目管理过程中的质量问题就能得到有效规避。用这样的方式进行工程项目质量的事前控制比传统的事前控制方法有着明显的优势,管理者可以依靠 BIM 的平台做出更充分、更准确地预测,从而提高事前控制的效率。

BIM 在事前控制中的作用同样也体现在事中控制中。另外,对于事后控制,对于实际已经发生的质量问题,在 BIM 模型中标注出发生质量问题的部位或者工序,分析原因,采取补救措施,并且收集每次发生质量问题的相关资料,积累对相似问题的预判经验和处理经验,对以后做到更好的事前控制提供基础和依据。BIM 技术的引入更能发挥工程质量系统控制的作用,使这种工程质量的管理办法能够更尽其责,更有效地为工程项目的质量管理服务。

2. BIM 在质量管理的 PDCA 循环中的应用

PDCA 循环是通过长期的生产实践和理论研究形成的,是建立质量体系和进行质量管理的基本方法。BIM 技术的引入可以在很大程度上提升 PDCA 循环的作用效果,使其更好地为工程项目的质量管理服务。

1)计划

BIM 的引入可以使项目的各个参与方在一个明确统一的环境下,根据其在项目实施中所承担的任务、责任范围和质量目标,分别制订各自的质量计划。同时保证各自的计划之间逻辑准确、连接顺畅、配合合理。再将各自制订的质量计划形成一个统一的质量计划系统,并保证这一系统的可行性、有效性和经济合理性。

2)实施

BIM 技术由于其可视性强,所以有助于行动方案的部署和技术交底。由于计划的制订者和具体的操作者往往并不是同一个人,所以两者之间的沟通显得非常重要。在 BIM 环境下进行行动方案的部署和交底,可以使具体的操作者和管理者更加明确计划的意图和要求,掌握质量标准及其实现的程序和方法,从而做到严格执行计划的行动方案,规范行为,把质量管理计划的各项规定和安排落实到具体的资源配置和作业技术活动中去,保证工程项目实施的质量。

3)检查

BIM 的引入可以帮助操作者对计划的执行情况进行预判。结合自己这一阶段的工作内容以及 BIM 环境下的下一阶段计划内容,判断两者连接是否顺利顺畅,确定实际条件是否发生了变化,原来计划是否依然可行,不执行计划的原因等。BIM 技术可以方便快捷地对工程项目的实际情况和预先的计划进行比较,清楚地找出计划执行中存在的偏差,判断实际产出的质量是否达到标准的要求。

4)处置

对于处置职能,BIM 技术的优越性主要体现在预防改进上,即,将工程项目目前质量状况信息反馈到管理部门,反思问题症结,确定改进目标和措施。可以在 BIM 模型上出现质量问题的地方进行批注,形成历史经验,以便更好地指导下一次的工程实践,为今后类似质量问题的预防提供借鉴。

4.4 设计总控信息管理

4.4.1 主题乐园设计信息管理综述

1. 设计信息管理的特点

建设工程设计信息管理是对工程图纸、设计文件和工程建设过程中所有与设计工作相关的信息为主要对象的专业管理。从方案设计、初步设计到施工图设计过程中受各种因素影响,图纸变更和版本更新必然贯穿于工程建设的始终,工程的推进、审计、验收、交付等都将围绕图纸及其相关信息展开。大型主题乐园项目是众多项目的集合体,项目间高度关联并相互制约,设计工作牵一发而动全身,因此设计信息构成的复杂性、设计信息传递的及时性和设计信息发布的准确性是大型主题乐园设计信息管理的突出特点。

2. 设计信息管理的任务

大型主题乐园项目的设计信息管理的任务除了具有一般项目信息管理的特点外,对设计信息的收集、整理、存储、传递、处理、检索和利用等的要求更高,特别是对设计信息传递的高效性、准确性和安全性的要求更高。大型主题乐园项目的设计信息管理宜依托于强有力和先进的信息管理平台和信息管理手段,以保证工程建设安全、质量、进度和成本目标全面完成这一终极目标。

3. 设计信息管理工作的实施

大型主题乐园项目的设计信息管理工作主要包括基础工作、管理办法、建立信息库和完善沟通手段等几个方面。

1) 基础工作

(1) 设计信息管理组织架构的建立。设计信息管理的组织架构是建立在该大型主题乐园项目组织架构的基础上,以设计管理为工作主线,以设计信息的交流、传递为主要任务,形成以业务部门、设计院、施工单位和相关协同单位为管理对象,构建完全覆盖各个设计管理环节的组织架构。

(2) 网络与硬件设施的准备。信息化时代的信息管理离不开网络支持,大型主题乐园项目的设计信息管理更是建立在网络基础上,充分运用现代IT技术支撑的先进的信息管理模式,大型主题乐园项目信息管理的组织者应根据项目的规模和需要搭建各类满足项目管理需要的网络系统。这是及时、准确、安全地收集、传递和保存信息的基本保证。项目初始阶段即应设计系统的网络运行方案,同时配置相应的硬件设备,确保网络的正常运行,真正实现高效的信息管理。

(3) 建立设计信息数据库。科学系统地收集、保存大型主题乐园项目设计管理过程中产生的大量数据是一项基础性的工作，应根据实际需要建立相应的数据库和信息管理模式，形成可供快速查询、利用的信息资源，通过数据共享实现低成本、高效率的信息管理机制。

(4) 建立专业设计信息管理人员队伍。以设计信息管理的组织架构为基础，建立信息管理人员队伍，指定专人进行项目的设计信息管理，明确职责与任务，并将对信息管理人员队伍的专业技术培训和学习交流贯穿于大型主题乐园项目建设过程的始终。

(5) 建立设计信息管理工作通讯录。大型主题乐园项目参与单位多，人员变动频繁，层层落实通讯录的收集、整理、更新和公布工作是一项基础性工作，设计信息管理的主管部门应完整收集相关单位的通讯录，及时汇总整理并在相应范围内公布，要求各单位根据人员变动情况及时更新并上报通讯录，以确保工程进行中通讯联络的畅通。

2) 管理办法

(1) 制订大型主题乐园项目设计信息管理办法，建立信息传递与沟通的操作流程，确定各类报表、周报和月报等的格式与内容，形成规范统一的信息管理体系，方便信息数据的汇总与加工。

(2) 明确各层级设计例会的召开时间和具体要求，对确定会议主题、拟定参与人员、撰写会议纪要、传递会议精神和决议落实情况反馈等事宜均应做出明确的说明，保证会议的实际效果。

(3) 针对设计管理工作的需要，筹办以设计进展情况为主要内容的简报，作为向上汇报工作，向下公布信息，交流工作经验，探讨具体问题、提出工作要求的有效信息平台。

4.4.2 主题乐园设计总控信息分类和编码管理

1. 文档及信息管理基础体系的建立与维护

1) 建立文档编码体系

文档管理人员应当参照项目所在地的竣工文件归档要求，并作为设计总控管理文件分类与编码的依据之一。

大型主题乐园项目信息管理的基本原则是通过对各子项目建设过程中产生的所有信息进行收集、整理，合理地分类、编码、存储，促进各部门迅速准确地传递信息，全面有效地管理信息，客观地记录和反映项目建设的整个历史过程，有效地指导和控制项目实施。

信息分类及编码是信息管理最基本和最重要的手段，文档管理人员可根据大型主题乐园项目的具体情况，编制各个子项目的文件资料编码（表4-10），具体操作时可做适当调整，保证每个具体项目的编码能最大限度地适合本项目的实际需要。

表 4-10 大型主题乐园设计总控管理文件的分类和编码

序号	案卷题名		一级子目录		二级子目录	
	代字	名　称	编码	分类名称	编码	文件名称
01	A	设计管理纲领文件	01	设计管理作业文件		
			02	内部操作程序		
			03	项目管理细则		
			04	……		
02	B	项目前期策划文件	01	前期资料		
			02	项目建议书/可行性研究报告		
			03	设计任务书		
			04	设计估算		
			05	其他相关政策及规定		
			06	……		
03	C	政府批文	01	政府报批批文		
			02	市政配套批文		
			03	竣工验收批文		
			04	使用许可文件		
			05	……		
04	D	采购招投标	01	管理、咨询类招投标		
			02	施工类招投标		
			03	设备材料采购文件		
			04	外配套招投标		
			05	……		
05	E	合同文件	01	管理、咨询类合同		
			02	施工类合同		
			03	设备材料采购合同		
			04	外配套		
			05	……		

（续表）

序号	案卷题名		一级子目录		二级子目录	
	代字	名　称	编码	分类名称	编码	文件名称
06	F	造价管理文件	01	审定的投资目标		
			02	资金使用计划及情况		
			03	合同付款审批流转		
			04	工程付款审批流转		
			05	报价审批流转		
			06	工程结算审核流转		
			07	造价管理报告		
			08	……		
07	G	施工管理文件	01	进度控制文件		
			02	质量控制文件		
			03	安全控制文件		
			04	……		
08	H	设计总控管理文件	01	项目通讯录		
			02	图纸登记台账		
			03	图纸发放登记簿		
			04	图纸变更通知说明		
			05	设计总控管理月报		
			06	设计总控管理专题报告		
			07	设计总控管理周报		
			08	设计总控管理联系单		
			09	指令单或通知单		
			10	设计总控会议纪要		
			11	工程例会纪要		
			12	专题会会议纪要		
			13	其他会议纪要		
			14	会议备忘		
09	I	外部来文	01	设计单位来文		
			02	政府来文		
			03	业主来文		
			04	公司来文		

（续表）

序号	案卷题名		一级子目录		二级子目录	
	代字	名　称	编码	分类名称	编码	文件名称
09	I	外部来文	05	管理、咨询单位来文		
			06	施工单位来文		
			07	供应商来文		
			08	配套单位来文		
			09	其他来文		
			10	……		
10	J	技术资料文件	01	地形图		
			02	勘察报告		
			03	测绘成果报告		
			04	设计方案文本		
			05	初步设计文本		
			06	估算、预算		
			07	施工图纸		
			08	竣工图纸		
			09	估算、概算、预算		
			10	评估报告		
			11	检测报告		
			12	设备技术资料		
			13	……		
08	K	图像资料及获奖资料	01	建设前原貌图片		
			02	施工过程中图片		
			03	建设后新貌图片		
			04	设计图片		
			05	考察图片		
			06	工程声像资料		
			07	获奖资料		
			08	学习资料收集		
			09	……		

注：如果大型主题乐园设计总控管理需要对该主题乐园多个片区进行平行管理，可在文档编码的二级目录中建立各片区的相应目录，便于检索和管理。

图 4-21 为一个典型的子项目文档编码体系。

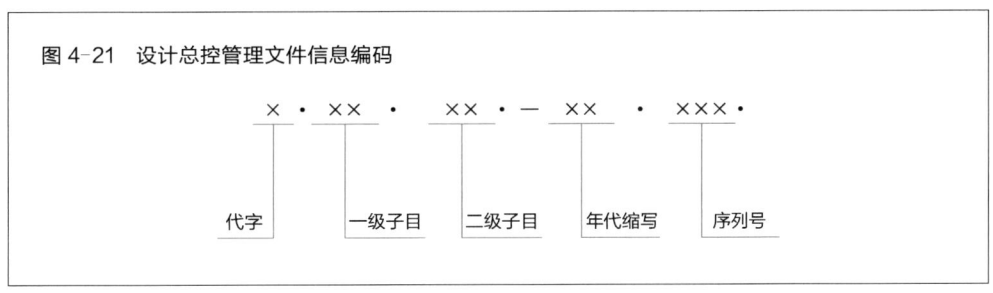

2) 分类原则

管理文件材料按需要分为多个目录，每个目录以英文大写字母（A～M）标识，每个目录下设多个一级子目录，一级子目录下设多个二级子目录，一、二级子目录均以两位数的阿拉伯数字标识，二级子目录内如无内容，则以"00"标识，如 0100，0201。

二级子目录中的编号可根据项目实际情况调整先后顺序。

二级子目录下的文件材料按照形成的年代和时间先后顺序编制序列号，前两位为年代简码，后三位为阿拉伯数字序列号，序列号每年从 001 重新编号。

编码标识于文件右上角。

一、二级子目录可按需要往后顺序增加。

2. 设计总控管理文件的维护要求

1) 设计总控管理文件档案的质量要求

(1) 归档的文件尽量为原件。

(2) 工程文件的内容及深度必须符合国家有关勘察、设计、施工、监理等方面的技术规范、标准和归程。文件材料、图纸、图表等签章、签字手续必须完备，做到完整、准确、系统。

(3) 工程材料必须采用耐久性强的书写材料，如碳素墨水，不得使用易褪色的书写材料，如彩色笔、红色墨水、铅笔和圆珠笔、复写纸，不得随意涂写，禁止使用涂改液。

(4) 文件材料纸张尺寸统一使用 A4 纸（210 mm×297 mm）。

(5) 归档的照片（含底片）要求图像清晰，文字说明准确。录像片必须经剪辑、配音、制作合成后的专业录像带，其内容必须反映建设工程（项目）活动中的整体过程。

2) 设计总控管理文件档案的组卷要求

(1) 组卷原则：文件材料应按照文件类目分类组卷，每一卷中的文件材料又要按照文件形成的先后次序排列，使文件材料之间既相对独立又相互联系，构成一个前后次序既不可分离又不混淆的有机整体；文件材料立卷厚度在 200 页左右，且不超过 3 cm；案卷内不应有重复文件；不同载体的文件分别组卷。

(2) 组卷方法：按照管理文件材料的编码原则，文件材料档案共组若干大卷，大卷下再设多个小卷，每个小卷内均要有卷内目录，以便查找；同一事项文件材料的请示于批复、主件与附件不能分开,并按批复在前、请示在后,主件在前、附件在后的顺序排列。

(3) 卷内目录编写要求:卷内目录应于卷内文件材料内容相符,必须按规范要求进行打印,并置于卷首。卷内目录各项内容填写要求如下:

文件编码:按案卷内文件排列先后按项目管理文件的编码形式标注;

发文编号:填写发文机关的发文号或图纸的原编图号;

责任人:填写文件材料的直接形成单位或只要责任人;

文件材料题名:亦称文件标题,及文字材料或图纸名称,无标题的文件,应根据内容拟写标题;

日期:填写文件材料形成的年月日,文字材料为原文件形成的年月日;

页数:填写每份文件的页数,双面复印的文件,一张纸按两页计算;

备注:填写需要说明的问题。

4.4.3 主题乐园设计总控信息管理工具

在大型主题乐园设计和建设过程中会产生大量的信息,包括图纸、文档、邮件、消息等。一些国际化的大型主题乐园的建设范围已经等同于一个小型城镇,在建设过程中存在国际化合作环境下语言和管理文化冲突、设计本地化过程中的多方沟通、设计与施工交叉、施工与运营交叉、参与单位众多且分布在不同地域、工作界面复杂、工程进展中变化因素和干扰因素多、工作的相互依赖性强等特征,产生的各类信息流非常庞大,在信息传递过程中易产生信息扭曲、信息过载、信息传递延误等问题。基于以上特征,作为设计总控管理的重要抓手和基础工作,需要选用合适的管理平台或管理工具进行信息管理,达到信息存储的数字化和相对集中化、信息整理和变换的程序化、信息传输的数字化和电子化、信息获取的便捷和信息透明度提高、信息流的扁平化的效果,避免信息孤岛的产生。

1. 基本功能

一个能够有效进行大型主题乐园设计总控信息管理的工具/平台应是基于加密网络的,包含足够的存储空间和网络速度,可以通过账号和密码登录,并包含以下功能。

(1) 文档管理:能够进行文档存储和共享、按角色/按成员进行文档权限控制、文档管理版本控制、常用文档格式(Word、PPT、图片、Excel等)的预览和下载、文档手动或自动编码。

(2) 图纸管理:支持 DWG, DWF, PDF 等常用图纸格式文档的预览、批注、版本管理,能查看有关设计元素和元数据,能在平台内部进行图纸分发。

(3) 项目通信:支持项目中用户之间的通信,可通过即时消息、邮件等方式,并能够快速查阅和检索、存档、按时间或关键字排序等。

(4) 多平台支持:鉴于设计总控管理的用户多样化,应能提供多平台登录功能，包括 PC 端、网页端、移动平台端，可以在各平台端进行消息提醒。

2. 辅助功能要求

除以上必备功能以外，作为辅助大型主题乐园设计总控管理的管理工具/平台，还可包含如下功能。

（1）模型管理：支持不同版本的建筑信息模型（BIM）管理，包括轻量化模型查阅、构件和信息查看。

（2）工作流管理：可内置常规的工作流程，如收发文流程、图纸分发流程等，按照权限自定义流程，能够进行流程追踪和提醒。

（3）日程管理：项目成员的日程安排进行管理，可看到参与方的日程。

（4）任务管理：通过任务看板或者甘特图的方式，进行 WBS 任务包分解，并落实到人，能够进行任务追踪。

（5）个人中心：对个人的信息进行设置，或提供控制台界面，对用户应处理的任务或流程进行简明扼要的提示。

（6）数据统计和分析：对项目进行过程中的文档、信息、任务、日程等进行数据汇总，通过数据来分析项目进度应提升和加强的工作，并能够对数据进行导出，以便于通过其他数据分析软件来分析项目运行情况。

3. 常用工程信息管理工具

1）BIM 360 DOCS

BIM 360 DOCS 是一个基于网络的工程文档管理平台，提供图纸和模型预览、版本管理、图纸批注、权限管理等功能（图 4-22）。

图 4-22 工程文档管理平台

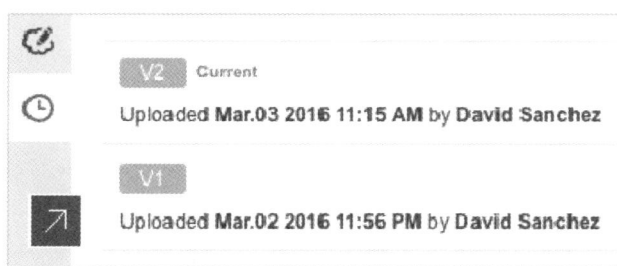

（a）版本管理　　　　　　　　　　　　　　（b）图纸 PDF 属性提取

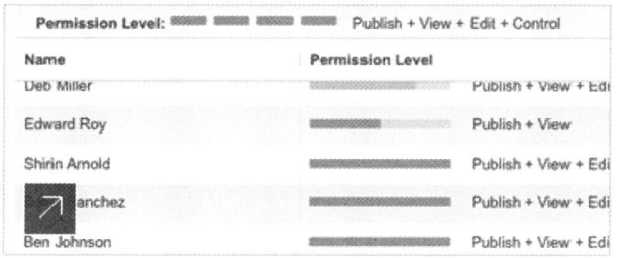

（c）基于文件夹的权限控制　　　　　　　　（d）不同版本图纸比较

2) 现代建设咨询多项目管理平台[①]

该平台是上海现代建筑设计集团工程建设咨询有限公司，根据上海市建设项目竣工归档规范和设计总控及工程信息管理的经验，自主研发的以工程信息管理为核心的管理平台。可根据相关单位具体情况选择模块进行配置。具体功能如下。

(1) 项目人员及权限配置（图 4-23）

图 4-23 项目人员及权限配置

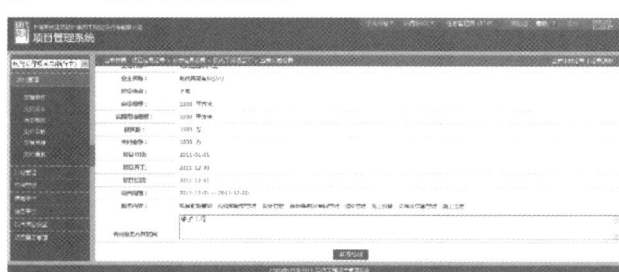
(a) 项目信息配置

(b) 项目人员配置

(c) 项目文档权限配置

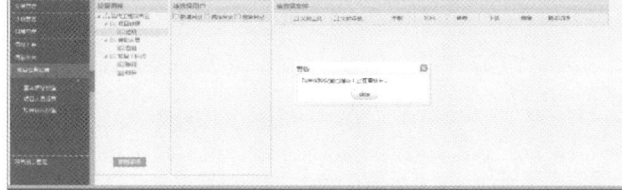
(d) 项目文档权限审核

(2) 项目文档管理：可进行文档上传、下载、预览、版本管理、关键字和时间检索、删除、文档流转、文档审批等（图 4-24）。

图 4-24 项目文档管理示意

(a) 目录设置　　　　　　　　　　　　(b) 子目录添加

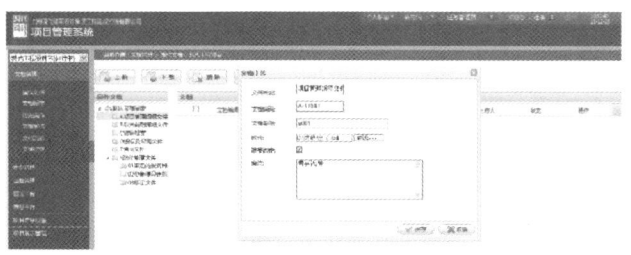
(c) 文档上传和自动编码

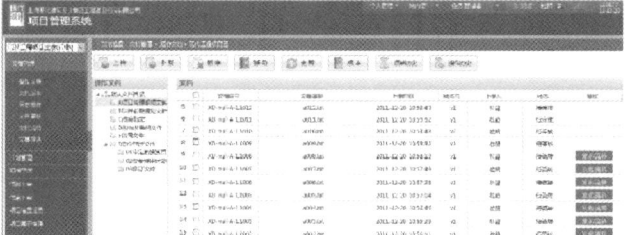
(d) 文档清单

---

① 版权归上海现代建筑设计集团工程建设咨询有限公司所有。

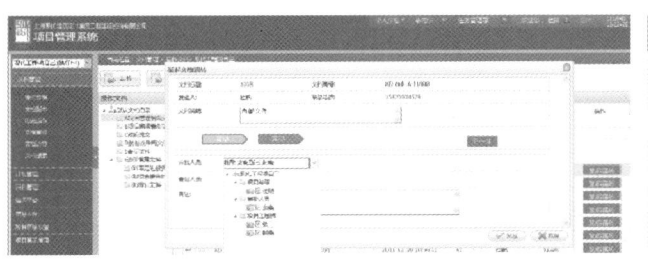

(e) 文档流转发起　　　　　　　　　　(f) 流转历史跟踪

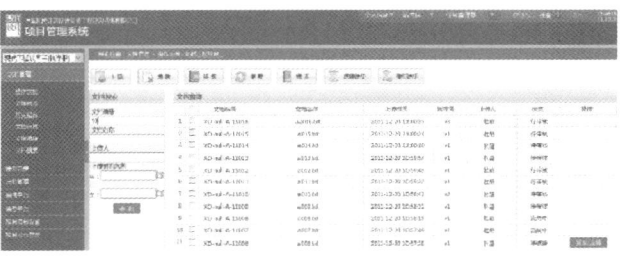

(g) 版本管理　　　　　　　　　　　　(h) 文档检索

(3) 文档借阅：借阅中心模块分为我的借阅、文档借阅、借阅审批、项目借阅开通管理和借阅记录查询5个二级模块。对文档借阅活动中的动作和信息进行管理和维护（图4-25）。

图4-25　文档借阅模块

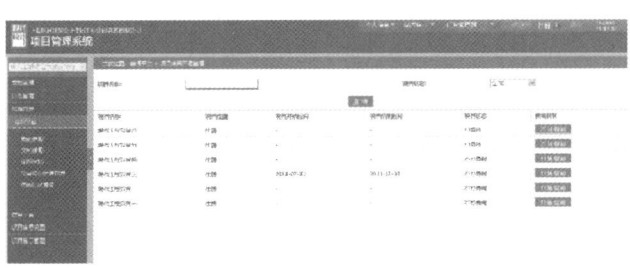
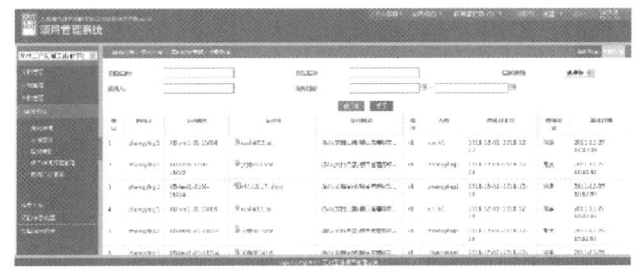

(a) 借阅开通　　　　　　　　　　　　(b) 借阅记录查询

(4) 消息管理：支持全系统的信息通知和人员之间的信息沟通，主要包含站内信和邮件平台等方式的支持功能（图4-26）。

图4-26　信息沟通模块

(a) 站内信　　　　　　　　　　　　　(b) 公共邮件

(5) 任务管理：项目经理可对项目团队的工作时间做出安排。

(6) 归档管理：归档管理模块实现对结项中的项目下的文档归档操作，并且文档归档需要进行归档审核。归档后项目所有文档转移到管理员处（图 4-27）。

图 4-27 归档管理模块

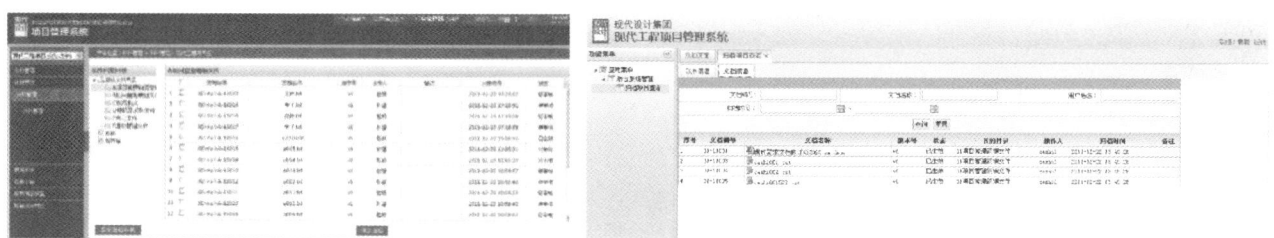

（a）归档申请　　　　　　　　　　　　　（b）管理员查阅归档资料

3）ACONEX（亚建诺）

ACONEX[①] 可提供的功能模块包括文档管理、项目控制、工作流管理、邮件、质量和安全管理、招投标管理，并可提供 BIM 管理、分析与报告、建筑施工软件等扩展功能。该平台不但适用于建筑工程领域，在基础设施、能源和资源等领域也可以提供解决方案（图 4-28）。

图 4-28 功能模块

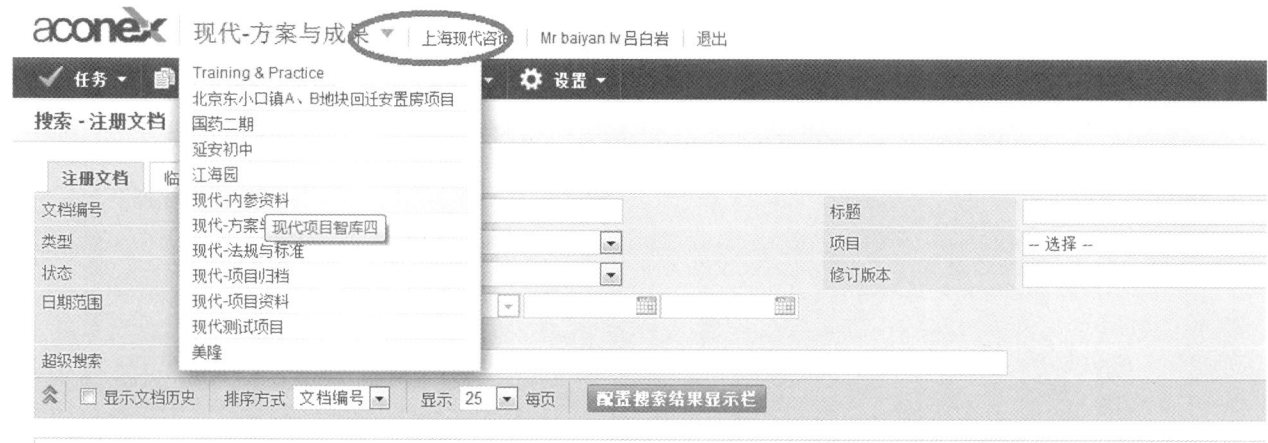

（a）文档管理

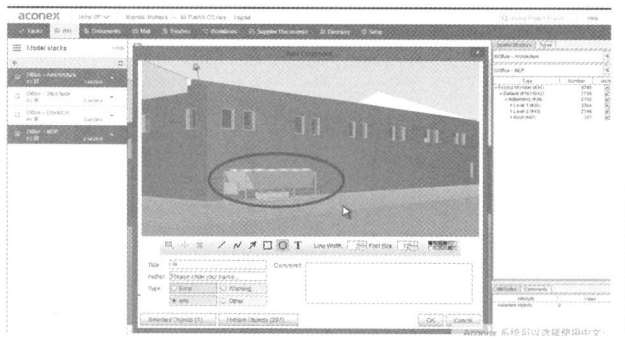

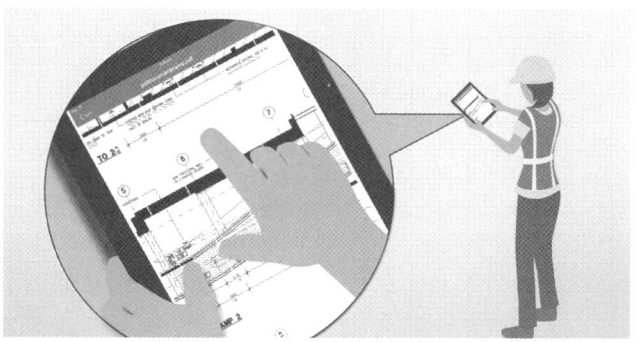

（b）版本控制　　　　　　　　　　　　　（c）界面管理

---

① 引用自 ACONEX 官方介绍 https://www.aconex.com.

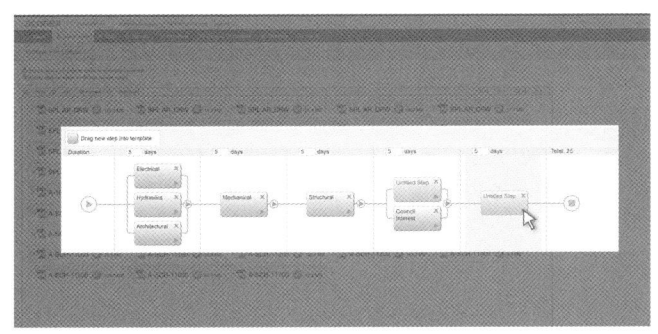

(d) 设计评审

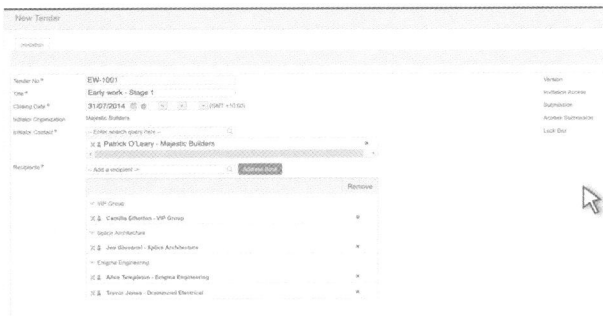

(e) 工地现场管理

4.5 设计总控风险管理

大型主题乐园项目具有规模庞大、工程技术复杂和参建单位众多等特点，必然存在来自各个方面的项目风险，因此必须正视工程风险的客观存在。

根据国家法律规定：设计单位对工程的安全负有永久的法律责任。所以，我们在担心工程实施过程的各种风险时，应该从设计阶段开始，树立风险管理的理念。特别是对工程品质、投资、进度起决定作用的设计管理，更要从设计源头抓好风险控制。就像工程中风险最大的分项工程（地下工程）来说，其源头和风险控制的重点也是地下室结构设计和基坑围护设计。基坑围护设计可以作为施工总包的技术措施，但这是一个特殊的技术措施，从行业管理上也明确了可以有独立的设计，围护设计也应纳入设计管理的范畴。

在项目的全过程设计和建造过程中，加强风险管理，预先识别风险事件及其后果，及时采取必要措施进行风险的防范，才能保证项目目标的顺利实现。

4.5.1 风险识别及分析

对于大型主题乐园项目进行详细的项目风险识别及分析，是项目风险管理的重点。在项目建设过程中（特别是项目建设前期），应从决策层面、组织层面、技术层面、协作层面以及市场环境等方面进行风险识别和梳理，如表4-11所示。

表4-11 项目风险识别汇总表

风险类型	可能的风险事件
决策机制	项目战略目标处于不确定状态；详细功能需求不明确；高层决策者人事变动。项目资金落实不及时或不到位
组织管理	管理授权不明确。组织模式适应性差；组织成员的应变能力不强；组织内外人员磨合期过长；组织成员流动频繁；团队内部无有效的激励和约束机制

（续表）

风险类型	可能的风险事件
技术应用	技术标准的操作性差、执行力度不够。新技术应用对进度、投资、质量等方面的影响评估不充分，隐含不可预测的安全风险；没有考虑施工的可操作性
沟通协作	各利益相关方的利益博弈变化及沟通不畅；各项目体制间目标协同不一致，各方的信息不对称，包括涉及主体之间，各设计工种之间的技术沟通协作不够；设计图纸校对审核把关不严，错、漏、碰、缺较多
市场环境	与项目紧密相关的政策法规变化；承担项目设计任务的人员发生变化（如设计公司倒闭、主要设计人员跳槽等）。关键设备材料市场行情大幅变化。供应商为了某种利益故意隐瞒核心技术参数

4.5.2 风险分析

对于大型主题乐园项目，需站在战略角度，先从范围和可控程度两方面进行"风险影响评估"。

风险分析的方法和工具很多，如逐项检查、因果分析、分解分析等。基本思路是按风险发生概率和损失程度打分值计算，确定各项风险等级。通过项目风险评估分析，提出"项目风险影响分析表"（表4-12）。

表4-12 风险影响分析表

	决策风险	组织风险	技术风险	协作风险	市场风险
投资					
进度					
质量					
安全					

√ 影响大　○ 影响中　× 影响小

4.5.3 风险对工程造价和进度的潜在影响

由于风险源的不确定性，可能导致大量工程变更，进而对工程造价和工程进度产生一定的消极影响。不同阶段对工程造价和进度影响不同：在设计阶段，发生变更时，会对工程的造价产生较大的影响；设计方案的变更也会相应增加工作时间，影响工程进度；在施工阶段，工程的变更大都不同于原来的设计方案，整个施工的难度增大，产生返工，可能会拖延工期，浪费大量的人力物力，影响工程造价；在竣工验收阶段，需要进行竣工结算审查，经过审查核定的结算可作为工程造价的重要依据。

4.5.4 风险应对策划

针对大型主题乐园项目风险识别出的各种风险，需要提出"风险应对预案"。

面对不同的项目风险，需要不同的应对策略。风险应对策略主要分为四种，分别是风险回避、风险抑制、风险自留和风险转移。

1. 风险回避策略

对管理者来说，在识别风险的基础上，应尽可能地回避或分散风险，但何种风险能够回避，要视具体情况而定。因为有的风险（比如系统风险）无法回避，只有政府才有可能通过制定政策，利用多种管理手段进行宏观调控。对另外一些风险，例如个别风险中的签订合同风险，事前可以采取各种灵活多样的措施和方法，尽可能地回避风险。

2. 风险抑制策略

这种策略是采取各种措施，减少风险引起的损失程度，是一种积极的策略，但前提条件是面临的风险可以控制。可抑制的风险有以下两种。

（1）面临一种纯风险，这种风险只给单位带来损失，风险越大，损失也越大，但风险可以控制，比如为了减少工程质量事故的发生，采取各种安全措施，增加安全设施，使风险降低到最小。又比如非典等传染病流行期，为减少感染，可采取各种预防措施，有效降低风险。

（2）面临一种投机风险，这种风险可能带来较大的效益，相关人既不想放弃风险效益，又不愿意随风险损失，而风险的可控性虽存在，但比较难把握。这时应该制定各种应变措施，咨询专家意见，并做可行性研究和综合分析，从而抑制风险。比如工程采购中应用最新先进技术可以有效地降低成本，但有较大的风险，而采用传统技术，成熟可靠又安全，风险小。

3. 风险自留策略

对一些无法避免和转移的风险采取现实的态度，在不影响大局的前提下，自己来承担风险，这是风险自留策略，一般在以下几种情况下采取风险自留策略。

（1）面临不可避免的风险，比如来自自然界和人类冲突的意外风险，意外事故风险等，这时单位只能自己承受。

（2）风险已经发生，只能做善后处理，采取措施弥补损失。

（3）单位面临的是可以转移的风险，但发现转移成本太高，不如自己承担，比如向保险公司购买火灾保险，但保险费太高，不如自己承担花费小。

4. 风险转移策略

用技术和经济手段把风险转移给他人承担策略：事先向保险公司投保，风险发生后，由保险公司承担损失，或向社会有关部门要求提供担保，风险发生时由担保部门提供补偿。这种转移需有协议或法律依据作保证。由专家评标，进口设备由代理机构代理采购，审价单位进行决算审价都是转移风险的策略，可以降低风险，这也是广泛采用的一项对策。

5. 风险组合策略（适度集中和适度规模）

把许多类似的，但不会同时发生的风险集中起来考虑，从而使这一组合中发生风险损失的部分，由其他未发生风险损失的部分来弥补。

4.5.5　项目设计风险管控

风险识别和风险分析工作，要依靠对项目的深入了解和项目各方面信息的积极获取和积累更新，其结果也是风险管控的基础。设计阶段的风险管控工作有以下几个方面。

（1）编制风险应对计划。大型主题乐园项目在编制总进度工作计划和各种分项计划时，应编制风险应对计划，并纳入设计管理大纲中。同时，结合实际资源条件，在总投资计划和总进度计划中，留有一定的资源备用，应对风险发生。

（2）建立项目经理风险管理负责制。设计管理大纲中，需明确项目经理的风险管理工作责任，并落实专人配合，跟踪已识别的风险，判别其影响是否在项目接受容忍范围内，随时报警。

（3）定期检查。对项目风险作定期检查，评估风险变化情况，制定新风险的应对策略，提交分析报告，必要时修改风险应对计划。

（4）建立风险应急响应机制。在设计管理大纲中，设有风险响应紧急通道，包括风险发生后的处置流程，直接联络人，常设电话，权责和时效。

4.6 IPD 模式在设计总控管理中的应用前景

4.6.1 IPD 的定义

1. IPD 的概念

IPD 全称为 Integrated Project Delivery,即集成项目交付,美国建筑师学会(AIA)将其定义为"一种项目交付方法,即将建设工程项目中的人员、系统、业务结构和实践全部集成到一个流程中。在该流程中,所有参与者将充分发挥自己的智慧和才华,在设计、制造和施工等所有阶段优化项目成效,为业主增加价值、减少浪费并最大限度提高效率。"[1]

IPD 的主要思想是将项目中的关键参与者通过协同机制,组成一个协作、集成、高效的项目团队,团队中的参与成员要基于信任、透明的工作流程和有效协作、信息共享原则组建,团队的成功代表项目的成功,因此需要共担风险、共享收益,基于价值进行决策,最大限度地发挥每一类参与者的潜力,共享知识。该团队以基于 BIM 模型的协同技术作为交流平台,就建筑的设计、施工和生命周期管理进行协作,从而为业主提供最优化产品,其核心是以设计、施工到运营的协调、可靠的项目信息为基础而构建的集成化协同流程。通过该流程,建筑师、工程师、承包商和业主能够轻松创建协调一致的数字设计信息与文档,使用上述信息可以进行可视化设计、模拟和分析建筑物的性能、外观和成本,增加项目交付的速度,降低项目成本,并减轻对环境的影响。

2. 建设项目 IPD 的特征

IPD 是以信息及知识整合为基础,是信息技术、协同技术与业务流程创新相互融合所产生的新的项目组织及管理模式。建筑信息模型(BIM)是 IPD 模式能够得以实现高度协同的重要基础支撑,BIM 能够作为工程项目信息的共享知识资源,从项目生命周期开始就为其奠定可靠的决策基础,使不同参与者在项目生命周期的不同阶段进行协作,输入、提取、更新或者修改 BIM 信息。IPD 基于 BIM 构建了从设计、施工到运营的高度协作流程,通过采用该流程,建筑师、工程师、承包商和业主能够创建协调一致的数字设计信息与文档,利用 BIM 进行可视化仿真、模拟和分析性能、外观和成本。这样高度协作的流程将有助于在项目的前期阶段加深对项目的了解,支持业主及其 IPD 团队更加有效地评估项目方案,并思考如何使之与业务目标一致。可见,IPD 可以作为一种新的项目交付的方法论,通过改变项目参与者

---

[1] The American Institute of Architects. Intergrated Project Delivery: a guide [M]. USA: The American Institute of Architects, 2007.

之间的合作关系，从协同的角度，加大参与者之间的合作与创新，对协同的过程不断进行优化及持续性改进，强调项目的整体利益及所有参与者能力的提升。

根据 AIA 对 IPD 的定义，IPD 具有以下特征。[①]

(1) 具有协作程度非常高的流程。该流程应该覆盖建设项目从建筑设计、施工到项目交付的全过程阶段，并能够使用 BIM 和其他协同技术为项目交付的所有参与者提供出色和高效的协作方法，并为向综合数字协作（以战略合作伙伴共享成果、共担风险、分享利润为特点）转变这一趋势提供支持。

(2) 需要大量依靠个人及专业技术知识。IPD 中项目演示方法从二维工程图转向信息模型（BIM），演示与分析同步进行。

(3) 项目利益相关方之间建立基于 BIM 的开放信息共享。BIM 的主要作用是减少和消灭项目设计、施工、运营过程中的不确定性和不可预见性，BIM 通过使用建筑物的虚拟信息模型对建筑物各种可能碰到的问题进行模拟、分析、解决，从而防止例外或意外的发生。BIM 的主要方式是应用直观、完整、关联的 BIM 模型，通过提高所有项目参与人员建立、理解、传递项目信息的效率和降低出错概率，使上述减少甚至消灭项目不确定性和不可预见性在经济上成为可能。

(4) 建立协作式合作伙伴关系。团队成功与项目成功息息相关，团队共担风险，共享成果。

(5) 基于价值的决策。基于协作式数字模型支持基于整体价值决策的新型合作伙伴关系（包括业主及时主动的参与），IPD 会产生关注施工/生命周期的设计师和关注设计的建筑商，共同管理项目流程和业绩标准，更加重视价值和成本。

(6) 改善采购和进度安排。通过时间建模（有时称作四维建模）和成本建模技术，预测施工现场减速/停工时间，并改善各方基层协调、重叠和阶段划分，从而革新采购和项目进度安排。

(7) 提升成本效率。通过面向设计师到分包商采用预制工作流并实施更高的安装精度，减轻协调错误、错误装配和欠妥安装的成本影响。通过消除这些不必要错误所导致的项目进度延缓赔偿，减少超时劳动和额外费用。通过改善项目日程设定加速施工流程，从而降低一般费用、保险费和运输成本。

(8) 改善交付文档。通过使所有文档转向以 BIM 为中心的方法，优化交付文档，尤其是传统的构建/记录工程图的文档质量，以设计、施工到设施管理过程中生成的数字模型来支持业主/运营商进行建筑生命周期管理。

(9) 利用新技术。新型工具和技术是综合设计实践和施工的主要支持因素。这些因素包括：BIM 设计工具、基于模型的分析（利用基于 BIM 的数据和数字分析工具，在设计流程中了解项目能耗、结构性能、成本估算和其他推理信息）、四维建模、三维模型装配、基于模型的 BOM 表等。

---

① 徐韫玺，王要武，姚兵. 基于 BIM 的建设项目 IPD 协同管理研究 [J]. 土木工程学报，2011 (12)：138-143.

3. IPD 模式与传统项目管理模式的比较

IPD 模式是当今新兴的项目交付模式,据 2010 年对美国学者进行的一项调查显示,70.3% 的 IPD 项目实现了成本节约,59.4% 的 IPD 项目实现了工期缩短。在大型、复杂的工程项目中,IPD 模式的优势更加凸显,与传统项目交付模式相比具有一定的优势。本书从各参建方介入项目的时间、建设各阶段对投资的影响和各参与方之间的信息传递共享三个角度对传统项目管理模式和 IPD 模式进行了具体的比较。①

(1) 从建设各阶段对投资影响的角度来看,传统项目交付模式前期设计阶段投入较少,施工图设计阶段投入达到最大,然而此时的投入对于投资的影响较决策、设计准备、初步设计阶段将明显减弱,产生的效果不好;而 IPD 模式的重点在前端的概念、标准、详细设计中,这时投入的增加对投资的影响效果更明显,是一种更加高效的交付模式,如图 4-29 所示。

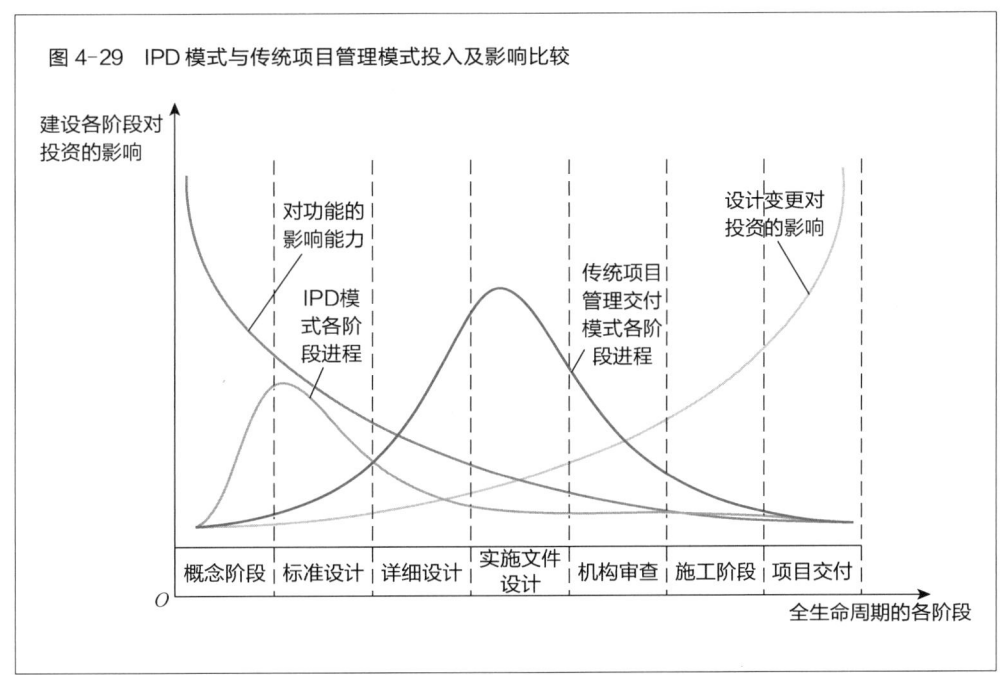

(2) 从各参与方介入项目的时间角度来看,传统模式中各参与方大多从施工图设计阶段才开始介入项目,效率较低;而 IPD 模式下各参与方从前期就介入项目,并可以从各自角度持续不断地改进设计方案,彼此之间有很高的协同性,与传统项目管理模式相比,效率更高、主动性更好,更有利于各参与方间的工作协调和成本控制,如图 4-30 所示。

(3) 从各参与方之间信息传递共享的角度来看,传统项目管理模式各环节连接不紧密,信息仅可以在每个阶段内传递,信息碎片化导致各参与方信息的不对称;

---

① 魏晓宇,吴忠福. 基于 BIM 的 IPD 协同工作模型在项目成本控制中的应用 [J]. 项目管理技术,2015,13 (08): 40-45.

IPD模式利用多方合同使得各个参与方之间的关系更加稳固，各参与方之间的利益互绑。各参与方前期参与、全过程沟通交流，信息传递共享不仅可以在各阶段内高效流通，而且可以在全生命周期内共享，极大地改善了信息传递共享的效率。

通过与传统项目管理模式的比较可以发现，IPD模式通过各参与方早期的介入，有效地实现了项目的前期控制，保证了各参与方之间的协同，提高了信息传递和共享的效率，为成本管理提供了保证。

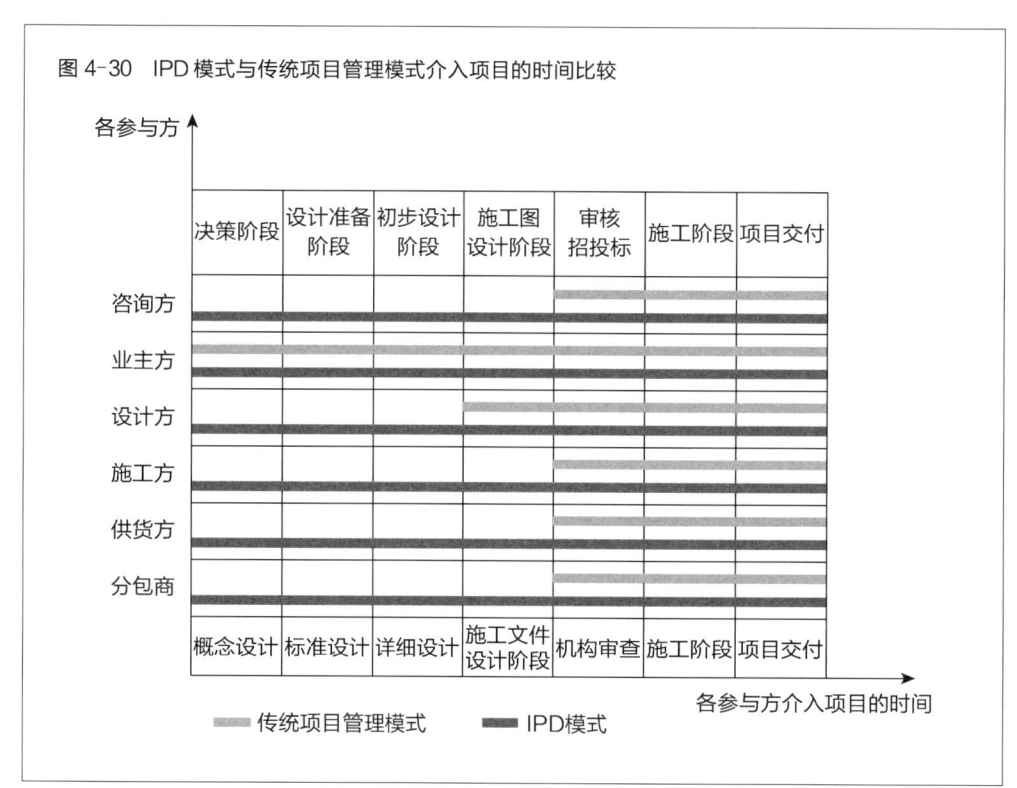

4.6.2 IPD在主题乐园设计总控管理中的应用

IPD作为精益管理思想[①]在工程全过程中的体现，而主题乐园由于本身对于创意有极高的要求，整合了超过普通民用或工业建筑的专业，不但包括建筑、结构等，还包括主题包装、设备、布景等多个特殊专业，因此从设计到施工、运营的等过程，更需要通过一种精益管理的模式，将多专业整合起来，将基于IP[②]或基于创意工程师的方案创意从规划方案阶段，就能完整而不失真地延续到后续工程阶段，最终实现工程目标。

大型主题乐园设计总控作为建设方衔接创意方案和施工实现的关键抓手，是一种集成化设计管理模式，IPD思想更应该被贯彻在设计总控管理的实践中。

---

① 精益管理源自精益生产，是衍生自丰田生产方式的一种管理哲学。精益思维的核心是以最小资源投入，包括人力、设备、资金、材料、时间和空间，创造出尽可能多的价值，避免资源浪费，为顾客提供新产品和及时的服务。

② IP，知识产权。

1. 目标导向，合作共赢，提前介入

IPD 的关键思想是创造项目的最大最终价值，在工程全过程中，应该关注的目标是项目的整体和最终价值，不是每个参与者只专注于其建设的一部分，不考虑整个过程的影响。IPD 方法使所有参与者尽早参与协作激励，以实现最大化价值。

首先在确定一个项目后，建设方应对这个项目进行充分思考，将可以明确的关键点都明确下来，然后委托给专业的合作伙伴进行设计，对于协调量大的项目，应委托专业的设计总控合作伙伴，进行整个项目的设计管理，从完成项目总体目标而不是设计总体目标的高度着眼，使用集成化的管理方法，对大型主题乐园项目设计进行整体的统筹和管理。

另外，在项目的早期鼓励多学科参与，以便尽早改进决策，创造出最有价值的项目。紧密的协作消除了设计中的大量浪费，允许数据直接在设计和施工团队之间共享，消除了在建筑中提高生产率的巨大障碍。

2. 使用 BIM 技术，信息准确传达，明确交互和交付标准

可以使用 BIM 技术，将模型作为从创意方案到设计、施工、运营的唯一载体，从项目的早期阶段明确基于模型的各方交互和交付标准，明确各参与方的职责、工作内容、权限等，随着设计的进程，模型最终完善。总体目标是可预测性、协作、减少决策时间、改进质量和实现快速操作。准确的信息和及时的预测可以避免时间的浪费和成本的超支。

3. 关注整体质量，坚持创新，持续改进

在 IPD 模式下，项目整体质量是需要关注的重要内容，应当从总体价值的角度考虑选择合作伙伴，而不是单纯从某个节点的成本节约角度来考虑合作伙伴选择。在项目整个过程中，坚持创新，保持持续改进的思维，不断改进项目过程、效率和质量。

4.6.3 IPD 的障碍和局限

IPD 自开始创立到现在，已经在实际应用中通过项目各参与方的合作和信息的共享以及技术的支持体现出其优越性，提高了项目效率和收益，并且减少了其中的浪费，得到了广泛的认可。然而 IPD 模式的健全和完善还需要一个缓慢的过程，其在应用中遇到的一些障碍问题还需要得到进一步的分析和解决，主要障碍有信任障碍、责任承担障碍、激励障碍、风险分担和收益分配障碍[1]。

---

[1] 张连营，赵旭. 工程项 ID 模式及其应用障碍 [J]. 项目管理技术，2011，9（01）：13-18.

1. 信任障碍

IPD模式的核心是合作，从各参与方在项目早期介入项目开始，合作贯穿整个项目的周期。而融洽的合作氛围和显著的合作成果是建立在信任基础上的，因此，为了实现项目目标并且获得最大收益，就要求项目各参与方之间互相信任、互相尊重、紧密合作。在IPD模式中存在的信任障碍对各参与方间的合作和信息的共享都会造成不良影响，更会直接影响到项目目标的实现。

造成IPD模式实际应用中信任障碍的原因有以下几个方面。

（1）项目各参与方都是独立的企业或者机构，为了维持其自身生存发展的需求，必须通过工程项目来实现尽可能多的收益，不能做亏本生意。项目的各参与方都想通过项目谋求更大的收益空间，这样势必会造成利益冲突，引起各参与方之间的信任问题。

（2）一部分参与方在之前的工程项目中有过合作，在这种情况下，以前的合作经验和印象将会影响信任。而另一部分以前没有合作交流基础的，在合作以前只能以外界评论作为信任依据。由于各参与方都具有自我保护意识，这样就使在此前没有交流的双方很难在项目开始时就相互信任，造成信任障碍。

（3）信任是不能准确衡量的，这样就使得信任问题产生时不能被及早发现，不能得到妥善的解决。

2. 责任承担障碍

在工程项目中，各参与方的责任划分是非常重要的，不仅影响到项目建设过程中的工作范围，更关系到项目建设和运营期间意外事故的责任承担。在IPD模式下，项目各参与方的责任不是独立分隔开而是协调在一起的，这样就会给实际应用带来一些障碍。一方面，对于从项目初期开始的整个项目周期内出现的事故和意外情况，由于没有清晰的责任划分，就会出现项目各参与方为自己寻找理由推卸责任，最终导致无人承担责任的情况；另一方面，责任划分不清晰还会使项目过程中管理和执行的难度加大，进而影响整个项目的实现。

出现责任障碍的原因主要有以下几个方面。

（1）IPD模式要求项目各参与方之间互相合作，使各参与方的责任互相协调融合在一起，共同承担责任。这样的责任形式不利于责任明确划分，并且为以后责任的推脱提供了可乘之机。

（2）当项目各参与方面对责任问题的时候，为了自身利益和名誉，很多时候选择逃避而不是主动承担。主观意识上对责任的推卸，会使责任划分不清晰的情况更加严重，进而造成更大的责任问题。

（3）在IPD模式下，各参与方在项目初期就介入项目，协力合作直至项目交付。整个过程中的每个阶段都是由多方参与和合作完成的，更加不利于责任的界定。

3. 激励障碍

在 IPD 模式下，项目各参与方之间的合作和信息共享，都要求其着眼于项目的利益而不是自身的利益，为完成项目的目标付出努力。但是，要让所有项目参与方都意识到项目的利益大于自身的利益，则需要强有力的激励措施，以及与其相适应的机制。而激励措施的不得当，会造成项目各参与方之间的合作气氛不融洽，导致合作过程中出现问题，这样就违背了 IPD 模式的宗旨。

激励障碍的产生有以下几个方面的原因。

（1）IPD 模式的报酬机制要求把个人的报酬与项目的利益紧密相连，这是一种被迫的激励方式，并没有从根本上解决问题，没有从项目各参与方的切身需求和自我价值的实现方面进行激励，所以这样强制性的约束方式是治标不治本的。根本的解决方案是寻求更好的激励措施。

（2）项目各参与方本身是独立的机构或者企业，为了自身的生存和发展，他们必须着眼于自身的利益，通过项目获得收益。这样一来，怎样运用恰当的激励措施使他们认识到项目的利益大于自身利益，并且在实际工作中体现出来是很困难的。

（3）传统的激励措施是针对个人的，而在 IPD 模式中，激励的目标群体不只停留在个人，而是站在项目的高度对项目各参与方进行激励，使激励措施难度增加。

4. 风险分担和收益分配障碍

IPD 模式要求项目各参与方共同承担风险，并且按照不同项目环境合理分配收益。这样的风险分担和收益分配是与其合作的理念相适应的，尽可能地规避风险，同时实现收益的合理分配。但是应用到实际中会存在很多障碍。其问题及其原因主要表现在以下几点。

（1）由于风险的共同承担，当风险对不同参与方的威胁程度不同时，就很难界定各参与方之间的风险承担程度。这样就会造成一部分参与方对风险逃避，而另外一部分受到无辜的牵连，造成内部争执，影响项目的实施。

（2）由于项目各个阶段都是由多个参与方共同合作完成的，并且共同承担风险，所以在项目过程中的风险管理也要依赖于多个参与方的合作，加大了风险管理的难度。

（3）在收益的分配方面，有形的收益可以按照工作范围及对项目的贡献进行分配，但对于项目过程中产生的无形资产或意外收入，则会出现分配问题上的争执。

第 5 章　建筑技术规格书管理

摄影师　邵峰

5.1 主题乐园项目的技术规格书需求特点

5.2 技术规格书概述

5.3 技术规格书在主题乐园项目中的应用

5.4 技术规格书在建设工程信息化管理中的应用

5.1 主题乐园项目的技术规格书需求特点

5.1.1 主题乐园设计理念的国际化

主题乐园作为一种以故事为背景的沉浸式人工旅游环境，与人的游乐行为密切联系。在每个主题乐园的设计规划中，都应围绕着主题内容、乐园特色，游乐内容多样化和空间环境多变性。"一切从人的需求出发"是主题乐园规划设计中应重点突出的设计原则；同时，主题乐园的设计和建设发展还有其他很典型的特征，如全生命周期、企业识别系统（Corporate Identity System，简写 CIS）建设等。这些建设原则要求前端的创意和设计工作不仅必须以国际化、全角度的视野去考虑相应的工作内容以及深度，而且也需要结合项目的招标采购、施工管理、运营细节、游客安全、设施运维等要求进行一体化设计。同时要求设计人员不仅精通建筑设计的专业知识，还需要熟悉与设计相关的建筑产品、技术标准、施工建造、运维等方面的信息管理和技术集成，设计的服务内容和阶段必须不断地向采购施工与运维管理阶段做出必要的延伸，否则很难满足大型主题乐园的一体化、综合性建设要求（图5-1）。

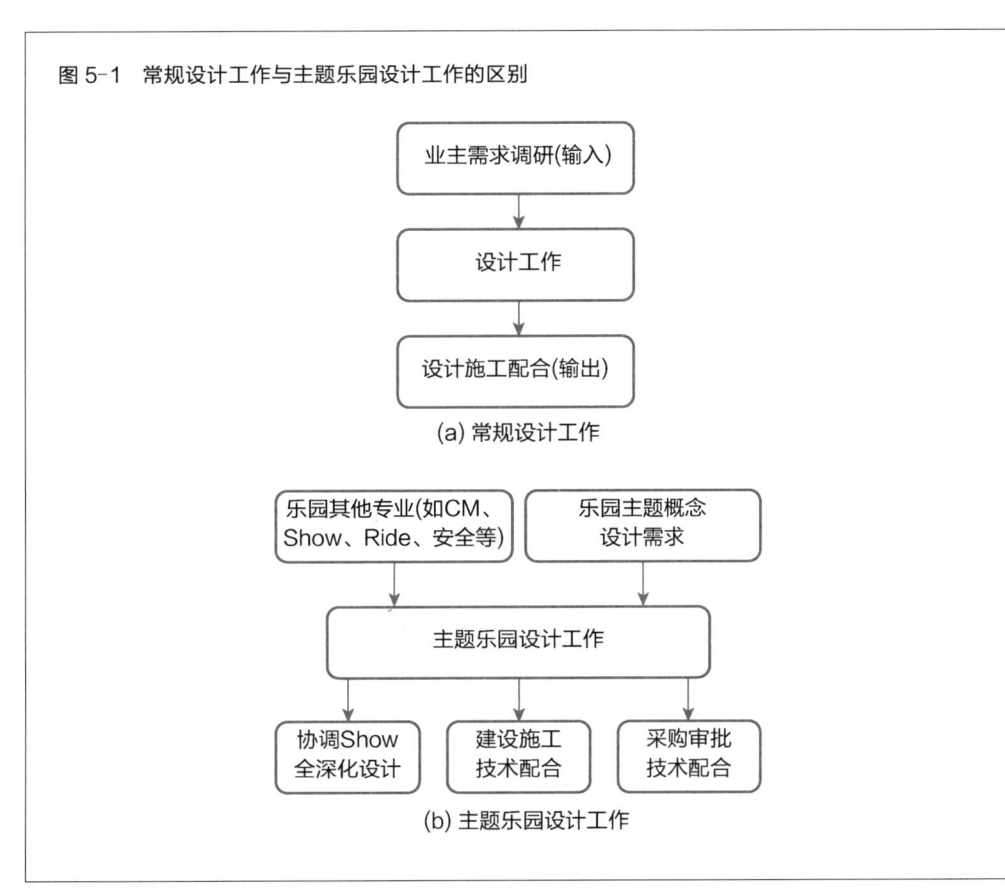

图5-1 常规设计工作与主题乐园设计工作的区别

5.1.2 主题乐园设计文件的完整性

建筑工程是为新建、改建或扩建房屋建筑物和附属构筑物设施所进行的规划、勘察、设计到施工、竣工等各项技术工作和完成的工程实体以及与其配套的线路、管道、设备的安装工程，并最后为了用于人类其他活动而需要进行运营维护管理工作。其工作的源头是"设计文件"，目标是"建筑产品构成的整体实物"。在我国传统的工程建设中，从概念设计到实物整体的交付全过程，承担设计信息传递的载体主要是以图纸为基础的设计图纸文件，其中包含大量的建筑几何信息和设计参数信息；但是，对于实物的工程建筑来说，大量的非几何信息是同样必要的，包括产品性能、产品来源、产品控制、产品施工等围绕建筑产品所需的各种信息。这些技术信息，由于种种原因（包括工程建设体制原因）往往是我国现阶段工程设计文件中所缺失的，从而造成了在建设全过程出现大量的信息不对称，并因此导致大量的模糊地带、争议甚至是索赔。而在发达国家的建设项目中，这部分内容主要由建筑技术规格书（Specification）作为信息传递的载体。对于主题乐园建设项目，既要参照国际通用的工程建设管理要求，需要突出个性化（主题乐园项目的特色要求），又需要保证标准化（主题乐园项目规模化的建设要求），由此可见建筑技术规格书的重要性。在该类型项目的设计环节，明确了设计文件提交的同时，也必须包含各专业的建筑技术规格书，作为设计提交成果的一部分（图5-2）。

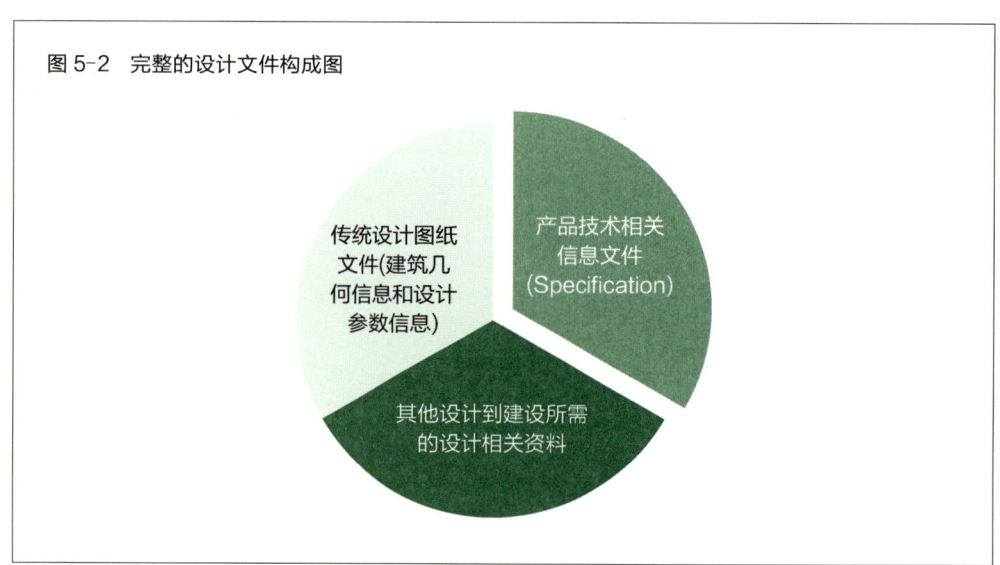

图5-2 完整的设计文件构成图

5.1.3 主题乐园工程采购的专业化

在主题乐园的采购和建设过程中，供应商（Vendor）提交送审（Submittals）资料的流程有严格的要求。其中，所有工作的开始是从建筑技术规格书中相关章节的内容，提取所需送审的资料清单和相应的供应商/产品技术信息。建筑技术规格书中的相应要求，则是从设计保障建筑工程质量、项目品质的角度去考虑，提出设计对建筑产品采购以及施工的要求，将设计的一些功能理念有效的、尽量不打折地传递到最后的建筑物中，实现设计、采购和施工的信息协同，避免设计成为空中楼阁的尴尬局面。建筑产品资料的送审工作流程，即从技术规格书中相关章节的技术内容提取开始，到与技术规格书要求相符性通过为结点（图5-3）。

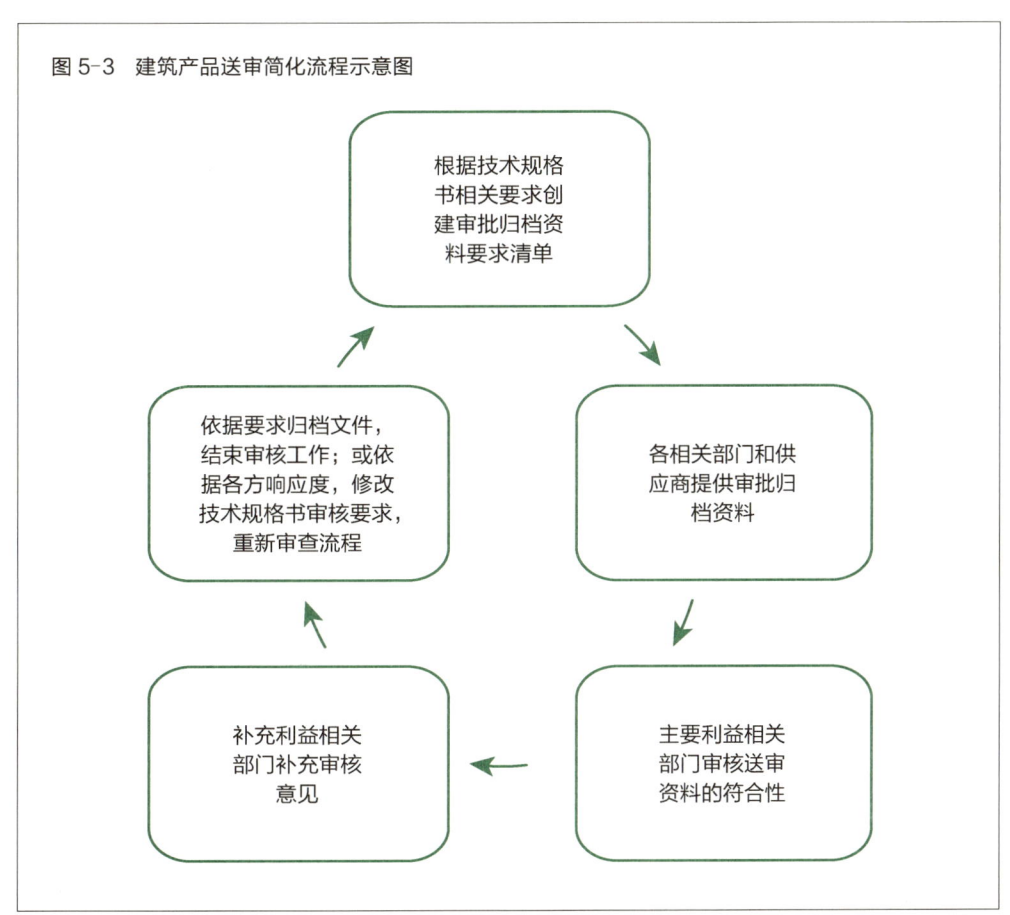

5.1.4 主题乐园建筑产品的特殊性

与常规的建筑工程类项目不同，主题乐园项目中会运用到一些特有的、不同于常规类型的建筑产品。设计师、承包商可能都是第一次接触到这些产品，图纸上简单的名称标注或者设计说明，可能无法完整地表达和描述该类产品的特殊性，图纸也无法成为承担完整信息传递的载体。因此，技术规格书作为设计文件的一部分，起到了补充辅助说明的作用。这类产品主要集中在主题装饰材料和被动性安全产品方面。如用于视觉要求较高的影音播放厅吊顶用的通体黑色矿棉板；用于游乐设施日常检查和维修的坠落限制、坠落制动系统；用于主题布景的可雕塑环氧树脂等。这些产品从名称上就很难理解，需通过概括性的设计说明、二维的设计图纸来准确地、完整地补充描绘产品性能，唯有系统性的描述才能让后期的采购、施工甚至维护人员明白设计选用的是什么样的产品。

5.2 技术规格书概述

"Specification"在国内通常根据字面释义为"技术规格书"。在工业项目建设领域，特别是设备安装方面与之随行已成常态，但由于在住房和城乡建设部 2008 年颁布的《建筑工程设计文件编制深度规定》中并未被纳入，因此，技术规格书在民用工程建设项目上鲜有被提及。

技术规格书，是对应用于建筑工程项目中的材料、设备的文字性描述，它反映了工程项目设计、施工过程中对材料或设备装置的组成、质量标准、设计参数和施工要求的详细定义。

落实一份技术规格书，首先，需确定整个建设期的信息分类和编码体系；其次，确保设计的功能意图、业主的品质定位能体现到实际的建筑材料、产品和设备中，最终把相应的施工和维保信息通过这一文件从设计阶段就进行定义，为项目全生命周期的使用和更新提供了信息协同的工具。

总之，一份完整的符合国际标准的技术规格书中，不仅包括建筑信息分类体系和编码，而且还包括工程中各种材料、设备的质量要求，后期维护的各种备品备件的要求，对施工工艺的要求、现场制造和装配的方法以及所使用的标准、规范等。

5.2.1 技术规格书内容

依据信息类型的不同，技术规格书包括的信息在每个阶段有不同的作用。

（1）分类体系和编码，是贯穿整个建筑工程的唯一标识信息，类似身份证，具有唯一指向性，避免由于名称误解而造成的信息不对称，是建筑信息化发展的必然趋势要求。

（2）产品信息资料、供应商信息、性能指标，是技术规格书的核心技术内容，代表了工程品质对建筑产品本身的质量要求，可用于建设阶段的产品的审批、招标、采购和验收。

（3）样板、施工管理、施工质量要求，是从设计角度出发，对最后的建造效果、质量的品质要求，用于建设阶段的施工现场管理、验收和成品保护要求。

除此之外，备品备件、产品供应信息、部分产品参数信息等如果能在工程建设中不断更新和补充，还能用于建筑运营阶段的管理和维护工作，保证已建工程中建筑产品信息的可追溯性。

在工程建设项目的全生命周期中，建筑材料和设备技术规格不仅对项目建设成本和质量控制具有非常重要的意义，并且与图纸一起对建筑技术信息的构建及其传递起着决定性的作用（图 5-4）。

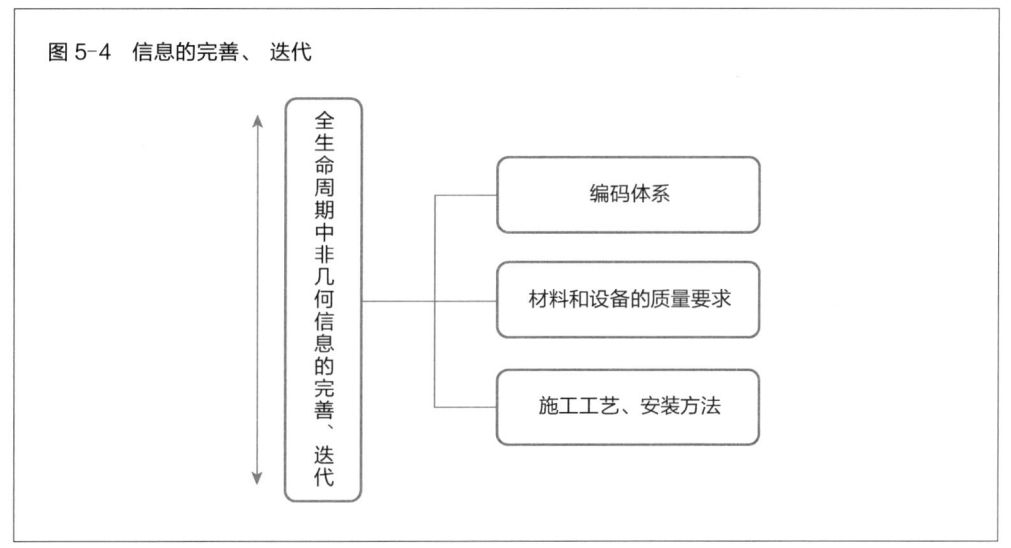

图 5-4 信息的完善、迭代

5.2.2 技术规格书的体系分析

1. 建筑信息分类体系的概念

建筑信息分类体系（Construction Information Classification System，简写 CICS）是以统一的、标准的、系统的方式对建筑信息进行系统化、标准化、规范化的组织、分类及标识。

建筑信息分类体系涉及的信息涵盖建筑领域的各个方面：如建筑工程和土木工程、建筑项目的各个参与方（业主、承包商、供应商、咨询顾问、政府相关部门等）、建设项目的各个阶段（从项目构思一直到项目拆除的全过程）中的各个过程、各个建筑产品的材料等。

建筑信息分类体系的发展历经多年，在许多发达国家已经得到广泛的研究和应用，尤其是随着建筑业信息技术的广泛应用，一套完整的、合理的建筑信息分类编码生成于工程项目的前期策划、设计、施工、运维的主线，不仅仅使得建设工程项目各个阶段和不同的工作面有机地结合起来，强加了对建设工程项目本身的成本、质量、进度的有效控制和管理。

进入 20 世纪 90 年代以来，为满足信息技术在建筑行业的应用需求以及推动建筑管理的集成化，ISO 和一些国家开始制定集成化的建筑信息体系，例如 ISO/12006，英国的 Uniclass、瑞典的 NBSA96、美国的 Ominiclass，这些体系可以称为现代建筑信息分类体系。旨在代替原来的分类体系，满足建设项目全生命周期阶段内各方对建筑信息各项的要求。

随着 BIM 应用软件的普及，大部分 BIM 建模软件已经实现 OCCS 或 Ominiclass 分类体系编码，例如 Autodesk® Revit® 系列软件。然而，我国项目管理所用的建筑信息分类结构都是为某一个或某几个特定的建设项目管理工作建立的，其不仅对建筑信息的组织没有统一的标准，而且所包含的建筑信息是不全面的，不仅造成我国建筑行业工程管理水平和生产效率提升受到约束，更难以组织和利用建设项目的信息达到信息共享和高效管理，严重阻碍了我国建筑行业向规范化、科学化发展，至今与国际上先进的建筑管理理念仍存在较大的差距。

2. 建筑信息分类体系的作用

信息分类与编码的目的是将事物按某些属性或特征区分开，依据相互间的关系，然后将他们组织起来，工业化的标志之一就是行业统一编码标准。目前，工业化程度高的国家，如美国、英国、加拿大、新加坡等都在建筑行业建立了各自统一建设工程项目编码体系。

建筑技术规格书的编码体系在工程管理中应用，对其国家的建筑业发展起到极大的促进作用。以美国为例，20世纪70年代以来，美国逐步建立了UniformatⅡ、MasterFormat和Omniclass等一些较完善的工程项目编码体系。这些编码体系都遵循了建筑工程的专业逻辑，十分便于相关专业人员的理解、查询和使用。

UniformatⅡ（Omniclass table 21）依据功能形式划分了建筑元素，主要用于设计方案初期的一些价值工程分析，编制形式有点类似于我国设计图纸中的各专业设计说明；MasterFormat（Omniclass table 22）依据工序和材料划分了工作结果，可提供一种不考虑应用却又在实际使用的建筑产品，这种产品可以是一种单独制造的产品，如砖砌体墙，可以是一种建筑组件如复合的保温层，也可以是人造的系统，如各种机房设备等，类似于我国的工程量清单分类体系。Omniclass Table 23依据建筑部件进行划分，其为可永久纳入建筑实体的构件或者建筑组件，类似我国在2015年7月发布的《建筑产品分类与编码》（JG/T 151—2015）。他们之间的关系及现状情况见图5-5。

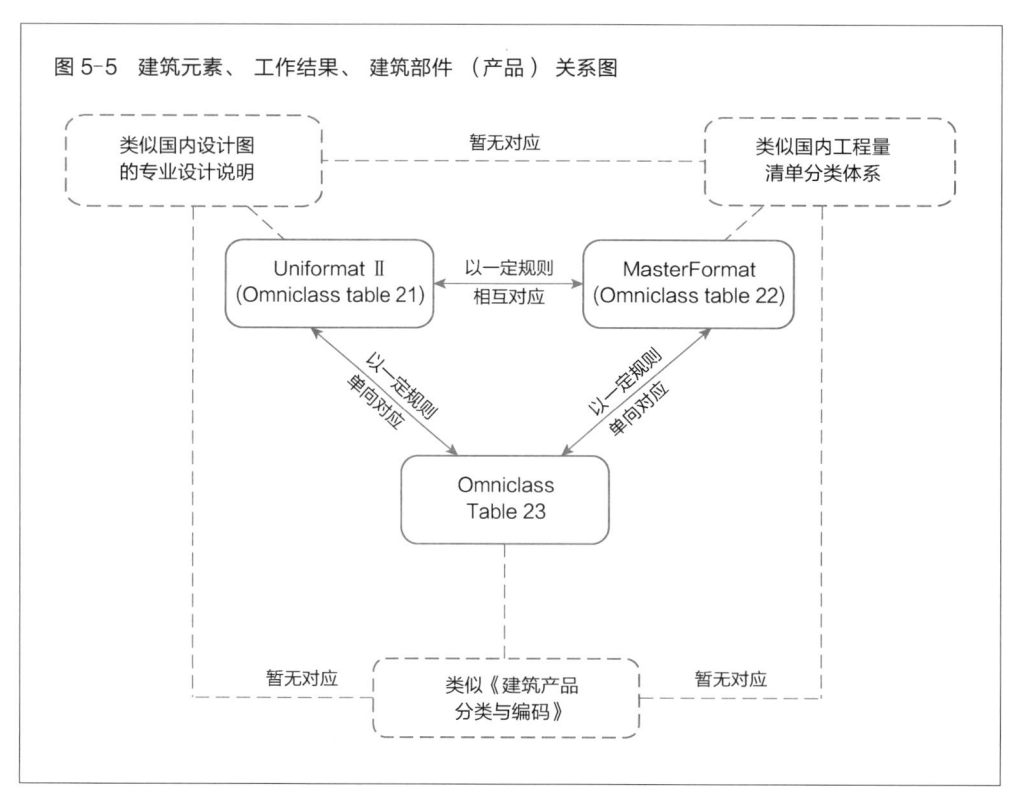

图5-5 建筑元素、工作结果、建筑部件（产品）关系图

通过图 5-5 可以看出，建筑部件构成了建筑生产结果和建筑元素的最底层信息，可以使得建筑元素和工作结果在底层达到了统一。

从另一个角度讲，我国的设计说明文件和工程量清单计价体系也可以在建筑产品这个底层数据信息上达到统一。这种信息数据上的统一是当今流行的 BIM 技术进行信息协同的基础之一。从我国现阶段的国情来审视，清单计价分类体系可代替 Masterformat 体系的编码，若增加更为详细的标准化内容描述，即可形成符合我国国情的技术规格书编码和信息内容。因我国缺少 Uniformat Ⅱ 体系，面向功能建筑分类方法则需引入使用 Uniformat Ⅱ 体系，或以当前各专业的设计说明文件为基础，编制其编码体系和标准化信息内容要求。同时，结合我国已经发布的建筑产品编码体系《建筑产品分类与编码》（JG/T 151—2015），即能形成符合我国国情的建筑技术信息编码体系，用于项目管理、造价管理、BIM 数据管理等工程咨询领域。

3. 主题乐园常用的 MasterFormat 分类体系研究

MasterFormat 是美国的专业书面标准，它用于北美洲的商业建筑设计和施工项目。MasterFormat 的定位是工程项目实施阶段的信息、数据的组织和管理编码体系，同时提供工作成果的详细成本数据；采用线分法，列出了建筑分类及编码，用于组织有关建造需求、产品和活动的数据。通过这种标准化的信息，MasterFormat 方便建筑师、专家、承包商和供应商之间的交流，帮助他们理解业主的需求。

MasterFormat 最早源于美国建筑规范协会（Construction Specification Institute，简写 CSI）1963 年出版的有 16 个类目的 CSI 建筑规范格式，是美国、加拿大两国 8 个工业协会和专业学会共同倡导和努力的结果，在北美地区具有深远的影响，历史悠久、应用广泛。1972 年，CSI 联合加拿大施工规范组织（Construction Specification Canada，简写 CSC）在内的 7 个组织颁发了统一建筑索引（Uniform Construction Index，简写 UCI），它用于组织规范、数据，进行造价分析和项目档案管理。这之后 CSI 和 CSC 对 UCI 进行修订，使其组织更为广泛的建设项目信息，并于 1978 出版了 MasterFormat 的第一版。

MasterFormat 取代 UCI，成为北美建筑信息分类体系的代表。从第一版的建筑规范格式出版以来，基本上每 7 年修订一次。经过若干次修订和扩展，时至今日已有不小的改动和扩充。其中，2004 版和 2010 版相对于 1995 版发生了较大的改动和扩充，由原来的 16 个分部改为 27 个分部。

MasterFormat 2010 版（以下提及的 MasterFormat 若非特别注明均为 2010 版）的分类方法，主要采用面向工种/材料分类对工程建设项目进行项目分解和编码的标准体系，更倾向于符合建筑工程分工组织实施的方式，并以此组织设计要求，组织招标和合同要求、图纸说明、成本数据以及施工文档等信息和数据。这种建筑信息的分解和组织更加符合工程建造阶段的信息处理习惯。作为一种成本编码体系，在性质上也更接近我国的工程造价定额体系。MasterFormat 作为一种在美国国内通用的招标设计说明编码体系，在众多美国公司投资建设的海外工程中也被普遍采用，用于编制设计说明、招标采购和施工管理。所以，以美国主题乐园品牌为典型代表的项目基本上都采用了该编码体系和规范格式作为其技术规格书信息管理方式。

MasterFormat 编码体系由采购和合同要求、专业工程两部分组成。其中，专业工程分为总要求、建设工程、服务设施、场地与下部结构和设备 4 个子组。每个子组又分为若干个分部（Division），比如，建筑工程又分为混凝土工程、砌筑工程、钢结构（金属结构）工程、木作工程和塑料制作工程、保温和防水工程、门窗工程、装饰工程、设备工程、家具工程、特殊建筑（设备）工程、运输设备工程等分部工程，每一个分部又细分为许多个章节（Section）。为了使每个章节都有归宿，以章节名明晰技术规格书内容，MasterFormat 采用六位数字系统定义了分类结构的三个层次，每两位数字代表一个层次，并用"."加两位数字形成代表分类的第四层，第四层仅用于详细信息需要的位置，它提供给用户一个灵活可变的层次。MasterFormat 第一级定义了 00—49 元素组的信息，其中有 16 个保留元素组，用于该体系的扩充。

5.2.3 主题乐园项目技术规格书的内容与编制

1. 技术规格书的内容

技术规格书实质上是在建筑工程项目中对于设计信息综合管理的需求而建立的项目管理文件，涉及内容包括建筑信息编码体系，建筑产品在招标、设计、施工、验收过程中应满足的技术要求和注意事项。作为图纸文件不可或缺的一部分，弥补了大量非几何信息的不完整性，也建立了适用于整个项目管理的信息协同体系。

在技术规格书中，Section Format 是每个章节的组织信息标准，一个章节又分为三个部分，每一个部分又进一步组织成系统的文章和段落。

章节 Section 概述如下。

（1）第一部分　总则（Part 1 GENERAL）

包括质量规范标准、施工深化图纸要求、样品/样板工程要求、送审资料要求、质量保证要求、可持续性要求、运输/存储/搬运要求、备品备件要求等内容。

（2）第二部分　产品（Part 2 PRODUCTS）

包括设计基础产品型号、设计基础产品生产商、产品主要组成、产品性能参数、替代品要求、产品加工要求、产品配件要求等内容。

（3）第三部分　实操（Part 3 EXECUTION）

包括施工环境要求、施工前准备工作要求、施工工艺要求、安装容差、成品保护要求、清洁与修补要求等内容。

主题乐园项目由于工程项目和材料设备的多样性和复杂性，产品的种类、用途的不同，技术规格书的编制要求也各不相同，需要根据项目的实际情况（预算投入资金额、技术先进性要求的标准、需要达到的使用效果等）编制符合主题乐园项目需要的技术规格书。通常，主题乐园项目的技术规格书主要内容和组成一般会包括工程概述、名称及规格型号、用途及范围、技术要求、执行标准、施工要点、特殊验收标准等（表5-1）。

表5-1 主题乐园项目常用技术规格书各章节标准化内容格式

Part 1 总则	Part 2 产品	Part 3 实施
概述	设计基础产品型号及供应商	检测与准备
参考标准与规范	产品主要组成	施工工艺要求
定义	产品性能	施工容差
系统描述	配件	现场质量控制
提交审核资料	产品加工	调整与修补
施工深化图纸要求		清洁
样品、样板工程要求		保护
质量保证		
运输、存储和搬运要求		
现场施工要求		
质保书		
备品备件要求		

注：这些设计的非几何信息主要与建筑产品有关的内容，包括设计参数、深化设计要求、产品性能要求、审核资料要求、质量管理要求、现场施工要求等，关系到主题乐园项目设计、采购、施工管理，甚至后期乐园运维管理的内容。

我国目前常规项目的施工图设计说明往往仅罗列一些设计相关的标准，关于设计选用产品的质量标准、检测标准都是缺失的。主题乐园项目的标准技术规格书提出了有关产品的质量标准或者测试标准，供项目采购、施工、验收和运维阶段参考使用；同时，还提出产品资料审核、存放、施工条件等。甚至，主题乐园由于选用产品的特殊性，业主根据已建项目的使用情况将认为能满足其主题乐园项目建设要求的产品详细到某供应商供应某类型的产品，一方面能保证工程质量控制，另一方面又能让承包商更有针对性地进行成本测算及报价。

以主题乐园项目常用的人造石材为例，技术规格书的概述部分会描述"本章节适用于以树脂或高分子聚合物为黏结剂加工而成的建筑装饰用人造石材，不适用于以水泥或树脂水泥两者混合为黏结剂加工而成的人造石板材。"可以看出该章节明确了适用范围，特别是对"以树脂或高分子聚合物为黏结剂加工而成的建筑装饰用人造石材"予以明确的定义，因为人造石材只是一类产品的统称，有无机黏结剂型和有机黏结剂型，还有比较特殊的类似杜邦可丽耐（Corian）的高比例树脂类产品。这些产品由于原材料不同，其性能要求、安装要求都有区别。同时，技术规格书中产品部分会描述"人造石材规格尺寸偏差按《中华人民共和国建材行业标准——人造石》(JC/T 908—2013) A 级产品标准执行",这段主要描述了作为高视觉效果的主题乐园项目对于该类产品外观尺寸质量的高要求,明确了要采用 A 级产品标准保证其尺寸偏差率。这些信息对产品的质量、成本都有很大的影响,但是不会在传统的项目设计图纸文件中完整表达出来。

主题乐园项目的技术规格书不但对主材进行控制,同时对适用的重要辅材也会提出明确的技术要求,这点往往在传统项目的设计文件中缺失或者描述不到位。如对于铺贴砖块的黏结层,常规项目的设计图纸文件更多的写成"砂浆层"或者"干硬性水泥砂浆",或者就写成"黏结层";而填缝剂,设计图纸文件要么不写,要么描述为"水泥擦缝";这些描述不清晰,现场施工就会引起很多不同的理解和做法,有现场搅拌水泥砂浆作为黏结剂的,有掺加建筑胶水增加黏结性能的,这些水泥、砂子、水、胶的比例更加无法控制,导致安装后很容易出现由于产品质量问题引起的泛碱、失黏、脱落等情况,从而直接影响装饰主材。发达国家的工程项目以及目前国内一些高端项目,都开始采用成品干粉砂浆作为专用的胶黏剂取代现场搅拌水泥砂浆。主题乐园项目的规格书中甚至明确要求需要有现场样板工程评估后才能进行订货采购(因为黏结剂类型的适用性与基层情况、黏结的面层材料都有一定的关系,很多情况下只有现场试验后才能确认是否真正适合)。

2. 技术规格书的编制

技术规格书编制主要分为体系编制和内容编制,体系编制即科学编码体系的建立,内容编制即每个编码对应的内容如何编制。

对于编码体系,常规工程项目的技术规格书在国内发展还属于初期发展阶段,而主题乐园项目的技术规格书更大部分属于萌芽期,以参考国外成熟项目的经验为主。因此,科学发展我国主题乐园项目的技术规格书体系编制需要结合国内的工程建设实际情况,比如参考我国的设计图纸深度要求、工程量计价规范等,与我国设计和造价体系形成对接。在我国主题乐园项目规格书的编制过程宜贯彻以下原则。

1)统一性

统一性是对标准编写及表达方式的最基本的要求。统一性强调的是标准内部(即标准的每个部分、每项标准或系列标准内)的统一,包括:标准结构的统一,即标准的章、条、段、表、图和附录的排列顺序的一致;文体的统一,即类似的条款应由类似的措辞表达,相同的条款应由相同的措辞表达;术语的统一,即同一个概念应使用同一个术语;形式的统一,即标准的表述形式,诸如标准中条标题、图表标题的有无应是统一的。

2)协调性

协调性是针对标准之间的,它的目的是"为了达到所有标准的整体协调"。为了达到标准系统整体协调的目的,在制定标准时应注意和已经发布的标准进行协调。遵守基础标准和采取引用的方法是保证标准协调的有效途径。标准中的附录 A

给出了最通用的部分基础标准清单。遵守这些标准将能够有效地提高标准的协调性。

3）适用性

适用性指所制定的标准便于使用的特性，主要针对以下两方面的内容。第一，适于直接使用；第二，便于被其他文件引用，GB/T 1.1—2009 对于层次设置、编号等的规定都是从方便引用的角度出发来考虑的。

4）一致性

一致性指起草的标准应以对应的国际文件（如有）为基础，并尽可能与国际文件保持一致。起草标准时如有对应的国际文件，首先应考虑以这些国际文件为基础制定我国的标准，在此基础上还应尽可能保持与国际文件的一致性，按照 GB/T 20000.2—2009 确定一致性程度，即等同、修改或非等效。

5）规范性

规范性指起草标准时要遵守与标准制定有关的基础标准以及相关法律法规。我国已经建立了支撑标准制修订工作的基础性系列国家标准，包括：《标准化工作导则》（GB/T 1）、《标准化工作指南》（GB/T 20000）、《标准编写规则》（GB/T 20001）和《标准中特定内容的编写》（GB/T 20002）。

技术规格书内容的编制，通常有一套习惯编制的技术规范，"一般条款"适用于大多数工程项目的一般情况；针对具体项目特别要求，应专门编制技术规范特别条款作为补充，故通常工程建设项目的技术规格书由两者合并起来共同服务。主题乐园项目的技术规格书内容的编写方法基本分为两种。

（1）描述型技术规范或方法型技术规范。描述型技术规范的著名代表是美国施工规范协会编制的规范范本格式。这种情况的特点是把大量工程要求信息格式化、规范化，便于查找和使用，明确指导思想，"在正确的地方说正确的事情"。

（2）性能型技术规范或效果型技术规范。性能型技术规范不具体规定承包商的施工方法，但却严格规定施工结果必须达到的各项指标，明确规定检验规定的各项指标的检验方法。

主题乐园项目的技术规格书大部分采用了描述型技术规范，使用到的标准化生产的建筑产品和设备会用大量详细工程要求格式化信息来描述；但是，由于主题乐园部分产品的特殊性，如工匠手工打磨的做旧效果，艺术家绘制的背景图案，定制的主题灯具、道具等无法完全依靠描述，往往会参考穿插使用某些性能型技术规格书，方法和工艺不限定，只以最后效果为唯一评判标准。主题乐园这类特殊产品的承包商长期活跃于该类项目的施工领域，他们应该比编写技术规范的工程师更了解最新的施工技术、施工工艺，由承包商自己选择最合适的施工方法更具合理性，这也是鼓励这类承包商创新和使用新工艺手段的途径。

3. 技术规格书的融合

主题乐园的技术规格书提供的信息越详细，越接近合法要求，才能使交付成果更符合今后乐园运维的实际需求。目前，通过服务于国际主题乐园品牌在国内的建设项目，了解其对技术规格书的编制原则，融合国内项目实际操作条件，使技术规格书的编制日趋完善合理。技术规格书的编制程序主要包括以下步骤。

1）信息收集

对拟建的工程项目进行必要的市场调研，收集相关的资料，调研时应尽可能全面客观。在信息收集阶段，对国内外市场动向、以往成功工程案例等多方面要求进行了解，向美国业主方和国内外设计方对拟建项目的要求进行沟通，确定主要材料和设备的定位方向。

2）资料整理

在市场调研、业主方及设计方提供的资料（cutsheet，datasheet）的基础上，对所收集的材料进行全面分析与研究。如主要材料和设备分析出现有同类产品的市场发展情况、技术先进性及世界各国的技术状况，从总体上对同类产品在世界范围内有一个总体的技术分析，并将其分类。

3）收集样本

在对现有收集资料及目前市场有了一个整体的把握后，再整合业主方及设计方等多方信息，在主要材料和设备范围内选取一些有代表性的生产厂家，对其产品样本进行进一步研究。

4）初步编制

在分析了上述主要材料和设备具有代表性的供应商所提供的产品信息的基础上，结合建设项目的需求，编制最初的技术规格书。当然，该项目的需求将会是包括但不限于业主、设计多方的，实时变动的。

5）技术交流

集合具有代表性的生产厂家进行技术交流，以获得更合理的技术规格说明，通过直面答疑，对某些厂商的产品进行更深入的了解。根据实际需要组织厂商同业主及设计方共同探讨。部分新材料、新设备、新工艺、新技术，经过技术交流或实地考察，不仅可以了解包括技术参数、测试依据、施工工艺等技术信息，还可以了解到产品的使用情况等实际信息。

6）再次修订

整理通过交流技术所获的信息，在初稿技术规格书上对原先制定的内容进行必要的修改，听取业主及设计的意见，结合技术交流中解决和发现的问题及要求，有借鉴地放入技术规格书中，从而形成终稿技术规格书。

主题乐园项目的技术规格书是对一般设计图纸的文字性、规范性的补充，应具有标准规范文件的性质。因此，一定需要体现以下五方面的特点。

(1) 合法性，即符合国家相关的法律、法规，包括环保、安全、产品、质量法规。

(2) 明确性，不产生歧义和含糊不清的感觉，符合逻辑，条理清楚。

(3) 可执行性，特别是考虑目前的生产、技术能力和条件。

(4) 技术可靠性，即通过技术规格书和标准的应用，能够生产出符合特定工程项目设计、使用要求的材料。

(5) 先导性，即技术规格书应该与设计工作同步，甚至如果限额设计要求高，需早于设计工作开始前就启动，不应该在施工开始后成形或不断变动，否则就不能发挥其控制质量的功能。

5.3 技术规格书在主题乐园项目中的应用

5.3.1 主题乐园项目技术规格书内容的管理

技术规格书章节的覆盖面在一定程度上反映了项目的复杂程度。如果这个项目的技术规格书涉及的章节越多,说明这个项目运用到的产品技术越多;如果章节少,说明这个项目运用的产品技术单一(表5-2)。如果项目单体建筑多,可编制适用整个项目范围内各个单体建筑大部分通用产品技术的技术规格书,称为通用技术规格书。一些单体建筑特殊的、专用的产品技术不在此范围内,由各个单体另行编制,称为特殊要求规格书。

表5-2 某项目通用技术规格书章节分布情况列表

建筑工程 (Facility Construction Subgroup) 共210章	
第02部分现有条件	共2章
第03部分混凝土	共11章
第04部分砌体	共6章
第05部分金属制品	共17章
第06部分木材、塑料及复合材料	共16章
第07部分保温防潮	共42章
第08部分门窗	共32章
第09部分饰面材料	共37章
第10部分专业用品	共23章
第11部分设备/设施	共13章
第12部分室内陈设	共6章
第13部分特殊设施	共2章
第14部分运输设备	共3章
服务设施 (Facility Services Subgroup) 共115章	
第21部分灭火	共1章
第22部分管道系统	共11章
第23部分暖通空调(HVAC)	共27章
第26部分电气	共59章
第27部分通讯	共10章
第28部电子安全与安防	共7章
场地和下部基础工程 (Site and Infrastructure Subgroup) 共48章	
第31部分土方工程	共11章
第32部分室外总体工程	共20章
第33部分公共设施	共17章

通过统计数字可以看出，建筑专业主要集中在防水保温、门窗以及装饰饰面材料，机电专业主要集中在暖通空调和电气，与传统的工程建设项目关注重点差距不大，还是在保证建筑功能的前提下，注重装饰体验效果的质量控制。

在相同章节名称下，有由于主题乐园自身需求不一样而造成的与常规项目不同的内容。仅通过简单的章节名称，即可快速看出主题乐园特有的章节。这些章节主要集中在室内外装饰工程上，包括：033300 园区景观用现浇装饰混凝土，068150 可雕刻环氧树脂涂层，073316 芦苇茅草屋面系统，073317 棕榈茅草屋面系统，077260 坠落防护系统，087105 园区景观门五金件，092424 主题水泥抹灰，092425 假山，093005 园区景观用瓷砖，099050 主题喷涂，104313 心脏除颤器柜，116133 高位安全支护系统，265580.01 主题灯具。

主题乐园建议编码体系采用 MasterFormat 的分类方法，如表 5-3 所示，建筑设计说明主要内容有设计依据、基地概况、主要技术指标、某些做法构造需要注意的问题等。采用一定编码体系的技术规格书恰恰就是对应用于建筑工程项目中的材料、设备的文字性描述，反映工程项目设计、施工过程中对材料或设备装置的组成、质量标准、设计参数和施工要求的详细定义，两者是互补的关系，可以说技术规格书方便了建筑师、专家、承包商和供应商之间的交流。以下详细介绍以 MasterFormat 编制的主题乐园项目技术规格书内容。

表 5-3 传统建筑设计说明

建筑总说明	
工程概况	项目名称、建设单位、地址、基地概况、建筑概况及设计标准、主要技术经济指标、结构抗震设防烈度、人防工程等
一般规定	施工图设计依据、图纸设计使用要求
图纸标准	总体定位级标高、图纸尺寸标注、图纸标识及图例编号
设计总则	概述性内容，如设计使用年限等
防火设计	工程耐火等级、总平面防火、建筑防火、建筑防火构造及其他
防水设计	地下室、水池水沟、卫生间、厨房等
建筑设计	
总体设计	室外道路、场地总平面、场地内绿化等
地下工程	地下室顶板、地下室外墙板、地下室底板防水保温构造设计
楼地面	各类型楼地面构造设计
墙体	墙体用料、墙体类型和技术要求、隔声要求、墙身防潮等
平顶及吊平顶	构造及用料设计
屋面及排水	屋面饰面、保温、防水构造设计
门窗	外门窗、内门窗、建筑玻璃、通风百页、门窗构造及其他
其他专项设计	幕墙设计、节能设计、内装设计、电梯设计、绿色设计、标识设计等
其他设计信息资料	门窗表、装饰工程做法等

1. 主题乐园 SPEC 章节的架构内容的研究

(1) 技术规格书的地位描述，一般在 00 章和 01 章节中出现定义。此技术规格书（项目手册）是按照 Master Specification 格式修改生成的技术文件，与传统文件格式有所区别。

项目手册是业主和承包商合同文件的一部分，因此使用对象为承包商。虽然项目手册在少数情况下会提到分包商，但其意图并不是将工程分割给分包商——这应当是承包商的责任。

(2) 规范格式：规范按"章"和"节"分类，使用美国建筑标准协会（CSI）和加拿大建筑标准学会（CSC）的"标准格式 2004"编码系统。编码顺序不连续。本项目中的每节名称和标号参见规范章节索引。

(3) 缩略语：在技术规格书和其他合同文本中使用的语言缩写。单词和意思应当合理理解。具有隐含意义但未直接说明的单词应当按照所需要的意义进行理解。根据合同所指的适用语境，单数词应当理解为复数，复数词应当理解为单数。

(4) 技术规格书一般使用祈使语气和精练的语言。祈使语气所表达的要求需由承包商执行。在少数场合下，章节文本可能使用陈述语气和虚拟语气，目的是清楚地描述必须由承包商或其他所指出的对象间接承担的责任。

(5) 图纸仅起部分示意作用，并不表示工程、施工或材料、操作或安装的全部细节。这些图纸并不一定显示施工详图、其他部件或施工、器具，以及设备如何影响特定的安装。这些图纸用于确认并相互协调工程施工，从而将不同部分合成一个满意而完整的个体。

图纸并不展示工程、管线、送排风配置或必要配件数量的精确特征。图纸表示的细节仅用于提供总体的工程构想。出于说明工程的目的，建设单位可以提供额外图纸、解释和说明，与原始图纸、合同目的和意图相符。工程提供上述额外图纸、解释或说明的目的是方便承包商，承包商并不因此增加承包时间或承包总价。

布置和安装工程不包含在项目手册中任何标题、章、节、级或条款中，但在图纸中显示或可由图纸合理推导而知，包括达成期望结果所需要的施工。

图纸尺寸不能等比例缩放，尺寸精确度不保证，因而要求现场核对尺寸、位置和标高，以符合场地条件。

(6) 图纸协调：技术规格书中详细说明了图纸所明确的材料和产品的要求。在图纸中需要使用以下一项或多项明确材料和产品：

术语：技术规格书的独立章节中使用标准通用的术语明确材料和产品。

缩写：在图纸上用缩写形式明确材料和产品。

编号：应使用本项目手册中的技术规格书章节编号编列材料和产品。

2. 主题乐园 Master Format Specification 章节条目条文概述

Master 格式的技术规格书第一部分是综述，通常在此条目中系统地罗列出本章节所涉及的主材、辅材等内容，使本章节所管控的内容一目了然。

1) 相关章节

列举本章节中的部分材料，部分功能及工艺将会关联到的章节，用以章节间相互检索。

2) 参考标准

本章节中所描述的主材、辅材及施工工艺等所需遵循的相关标准，通常以国标为首、以行业标准等辅助。在某主题乐园项目技术规格书属地方的一项工作就是将 ASTM、ANSI 等美国标准合理替换为中国标准。

3) 送审资料

需要的送审资料：提交施工深化图、产品数据、样品、计算书、协调图纸、计划、进度报告和所有其他工程部分指定的送审资料。

(1) 送审计划：在签订合同后 30 天内、首次付款申请前，准备按时间顺序编排的送审资料表，展示所有的送审资料、计划送达建设单位办公室的日期和此后计划返还至承包商的日期；标注相关技术说明章节号码。

(2) 承包商准备送审资料：修改并自定义所有送审资料，展示与毗邻工程和附属建筑的接口；每份送审资料均应伴有一份完整的施工图传真件，并包含建设单位标准表格，写有项目名称、日期、承包商名称、分包商名称、生产商名称、送审资料名称、相关技术说明章节号以及送审表参考号；在每份送审资料上签字盖章，表示承包商在材料送达建设单位办公室前，已进行评审并予以批准；未签字盖章的送审资料将被退回，建设单位对其不进行任何操作。

(3) 产品数据：提供生产商预先印刷的资料，包括但不仅限于生产商印刷的标准产品、材料和构造说明、操作使用建议、合规证书、安装说明和特殊协调要求；收集数据，集中至每组工程和系统的每份送审资料。

(4) 施工深化图：提供准确描绘在复写纸上的大比例详细施工图，专门用于该项目；显示毗邻状况和相关工程；显示准确的场地尺寸，并清除标注场地条件；在显示的工程上指明材料和产品；标注所要求的特殊协调。

(5) 样品：提供与安装于工程中的最终材料和产品一致的部件；根据指示，准备匹配建设单位样品的样品；每一样品都标记说明、产地、生产商名称和模型编号；建设单位将审核样品，仅确认视觉设计意图、颜色、纹理、材质和式样；建设单位不会测试样品是否符合其他合同要求——这是承包商的独有责任。

(6) 建设单位对评审材料的操作：建设单位将对送审资料进行评审，加盖"操作章"，记录其操作，然后返还给承包商。建设单位仅评审材料是否符合项目的设计理念；承包商负责确定材料与合同要求相符，包括但不仅限于性能要求、场地尺寸、制造方法、方式、方法、技术、建造顺序和步骤，以及与其他工程的协调；建设单位对材料的评审应受限于建设单位协议和工程合同中的一般和补充条款。在任何情况下，建设单位接收材料均不得理解为免除承包商应承担的满足合同文件要求的责任。

4）实体样板/样板间

（1）施工现场样板模型：提供根据图纸指示位置、配置或其他说明指导的内部施工项目的场地模型；在独立模型所代表的施工开始前，获取建设单位对视觉质量的认可；在合同所述工程的过程中，保护并维护审批通过的模型；根据建设单位要求，将模型放置于项目场地内。

（2）其他实体样板：提供类型和尺寸由单独技术说明章节要求的实体样板，从而衡量并设定该工程的质量标准；在独立实体样板所代表的施工开始之前，获取建设单位对视觉质量的认可；在合同所述工程的过程中，保护并维护审批通过的实体样板；根据建设单位要求，将实体样板放置于项目场地内。

（3）样板材料处理：在项目完工时，将实体样板从场地中拆除；合理处理拆除的实体样板材料。

5）运输、存储于搬运

根据产品的功能要求，在明显的位置张贴标志标示，例如轻拿轻放、严禁摔扔、防止撞击，包装必须安全可靠，便于装卸和运输，必要时做防雨措施，防止受潮。要求根据产品性能存储，注意防潮、防雨、防晒、防腐等环境防护措施，满足堆放高度及角度摆放要求。

6）产品应用异议

要求项目承包商和分包商在开始施工之前，对指定产品和安装步骤完全熟悉，在开始施工前至少10天向建设单位传达任何其对指定产品或安装过程产生的异议，或发生在任何生产商安装说明和合同指明的安装步骤（书面）之间的冲突。施工的开始包含对指定产品和步骤的认可。

7）施工方对施工条件的检验

产品标准是产品质量的衡量依据，是为保证产品的适用性，对产品必须达到的某些要求或全部要求做出的规定。《标准化工作导则第1部分：标准的结构和编写》（GB/T 1.1—2009）是对标准化工作标准化的重要标准之一，它的实施能够有效地保证标准的编写质量。该标准的规定也是用以指导如何起草国内标准，是编写标准的标准。GB/T 1.1—2009的主要技术内容为：规定了编写标准的原则、标准的结构、起草标准中的各个要素的规则、要素中条款内容的表述、标准编写中涉及的各类问题的规则以及标准的编排格式。

Master格式的技术规格书的第二部分是产品，它包括合格供应商及产品类型信息、主要性能指标、配套产品技术要求等信息。材料和设备的文字性描述，反映了工程项目设计过程中对材料或设备装置的组成、质量标准、设计参数的详细定义。其实，抓住材料和设备质量的核心，确保设计的功能意图、业主的品质定位要求是一件精细、复杂且需要反复确认的工作，但最终呈现出的是贴近设计要求、满足功能的良品，也为承包商在投标报价时确定材料预算费和人工费提供依据，为采购人员判断货、价对等提供依据，为监理人员提供材料、设备质量监督的参照。

（1）名称：产品名称需统一、规范，以国家相关标准使用名为准；若无国家标准，以常用的、默认的品名进行定义并与设计图纸上的名称统一。

(2) 规格/型号：一般需标明材料的厚度、长、宽、色号、型号等，尺寸单位取 mm。

(3) 使用区域：根据设计图纸标明产品具体的使用区域以及空间。

(4) 性能/设计要求：产品质量等级（如合格品、优等品），主要性能参数（如强度、色牢度、耐久性、耐磨性、防火等级等），设计要求（如制冷量、运行速度、使用寿命等）。

(5) 辅材：系统中主要辅材的名称及基本性能要求。

Master 格式的技术规格书第三部分是施工。它包括检验准备、施工安装、现场控制、测试维护要点等，例如基面处理方式以及要求（含水率、平整度、强度等）、安装或施工工序、最终的饰面效果、设备或系统的运行维护等。给予施工方一定的规范和建议完成项目的组成部分以及最终实现要求。

3. 主题乐园 SPEC 建筑专业章节架构内容研究

主题乐园建筑专业 SPEC 的具体章节内容，涉及内容是较为常见的现浇垫层材料。主要描述的构造层材料类似我国所说的垫层或者找平层，根据具体产品的详细内容描述，更接近我们通常理解的砂浆找平层。对于该构造层或者所用材料要求的描述，在我国施工图无论是说明还是具体图纸，几乎没有任何要求的描述。在我国的《建筑地面工程施工质量验收规范》（GB 50209）中，对水泥砂浆或水泥混凝土铺设的找平层有材料和施工的一些要求，且针对的是现场配置的砂浆或者混凝土。但主题乐园的建设标准较高，本项目是要求使用成品砂浆作为找平层材料。

在涉及的具体规范标准方面，施工图设计说明往往仅罗列一些设计相关的标准，但是关于设计选用产品的质量标准、检测标准都是缺失的；而 SPEC 章节的参考标准则提出了有关产品的质量标准或者测试标准，供采购、施工和验收阶段参考使用。同时，还提出了产品资料审核、存放、施工条件等。

在具体的产品选用上，凭借主题乐园在以往的项目建设丰富的实际应用经验，SPEC 章节已将业主认为满足其建设要求的产品详细到某供应商某类型的产品，一能保证工程质量控制；二能让承包商更有针对性地进行成本测算和报价。

在产品施工方面，SPEC 章节比较详细地提出了施工过程中对于施工质量有较大影响的重点要求，如施工厚度不同，需要采用不同的施工方法等。在我国，这些内容在施工图说明中不会出现，一般靠相关的施工及验收规范进行宽泛的质量控制，因此往往约束性、针对性不强，无法体现工程质量的高低，仅能表示质量的合格与否。如主题乐园要求找平层水平度（平整度）达到 1 mm/1 000 mm，而我国验收规范仅要求 5 mm/2 000 mm，远低于主题乐园类项目实际要求；质量验收标准的提高同时还影响到承包商成本测算以及报价。表 5-4 为我国传统施工图建筑专业设计说明与技术规格书比较的差异对照。

表 5-4 国内建筑专业设计说明文件与技术规格书的比较

项目	国内建筑施工图及相关说明	建筑专业技术规格书
产品相关的管理要求	基本无	资料送审、样品样板
产品类型选用	定义模糊，仅名称简单描述	详细描述，包括产品组分或构成部件，甚至参考型号
产品质量要求	基本无，默认参考相关产品标准	详细描述，包括特殊性能指标要求、重要配件要求，甚至主要成分或部件要求
施工验收要求	基本无，默认参考相关国家标准	详细描述，包括重要施工工序和工法、特殊指标要求等
缺点	设计落地缺乏对产品的控制力，容易造成设计与施工的脱节；无法体现不同项目对施工质量不同档次的要求差异；定义不明确造成后期纠纷	可能会成为承包商索赔的依据；可能不利于承包商新施工技术的运用；对设计师的要求提高
优点	设计工作量少；后期承担责任少	设计深入，提高产品的适用性；质量要求明确，能体现项目个性要求；有利于承包商报价，保证"低价中标"有必要的技术基准线

4. 主题乐园技术规格书（SPEC）对建设项目的质量控制

在 SPEC 中，质量控制主要体现在以下方面：产品性能的描述详细程度，产品供应商、施工方资质控制，认证及标准控制，从产品详细描述控制（材质、性能及功能），如表 5-5 所示。

表 5-5 具体章节内容、作用与阶段分析

内容	目的与作用	运用阶段
第一部分：综述		
标准：包括原材料质量标准、主要性能的检测标准、地面施工后的质量验收标准以及可供参考的图集	产品检测、施工验收等质量控制的参考标准	采购、施工
送审资料：包括样本、样品、安装指导、维护说明	用于供应商基本资料评审	采购
实体样板工程：包括样板需体现内容的具体要求、地方、面积大小等	由于地坪材料往往施工面积大，而且对装饰效果要求较高，需要现场制作样板工程，用于本项目的工程质量比对控制，同时也是考察供应商和施工方技术能力的主要手段之一	施工
质量保证：包括制造商、施工方的资质要求	承包商的经验、资质控制要求	采购
现场情况：包括材料的存放、运输的要求	现场场地存放、运输的要求控制	施工

(续表)

内容	目的与作用	运用阶段
第二部分：产品		
面层材料：原材料要求	基础原材料的质量控制	采购、施工
耐磨材料：原材料要求、用量控制、关键性能要求	基础原材料的质量控制、施工控制	采购、施工
密封固化剂材料：原材料要求、用量控制、关键性能要求	基础原材料的质量控制、施工控制	采购、施工
完工后的面层整体性能要求	用于整体面层的性能质量控制	施工
第三部分：施工		
检查和准备：承受面层材料的基层要求以及正式施工前的基层准备工作	基层处理控制，对上道工序的质量要求，避免基层材料不满足面层施工要求而造成面层材料的性能失效	施工
材料施工：具体的材料施工阶段的要求	用于施工中工序要求，特别是工序之间的时间间隔要求，以保证施工质量	施工
偏差：施工质量验收标准	用于施工中饰面效果的控制以及施工后饰面效果的验收	施工
保护：面层装饰材料的养护以及保护清洁等工作要求	用于该局部工程施工后的管理要求，属于成品保护要求的一部分	施工

5. 从供应商、施工方资质进行控制

1) 集采供应商管理

某主题乐园项目根据自身项目特点，制订了符合其自身项目建设和运维管理的集采（或称为通采）的产品清单，并有相应的合格供应商名录清单。

(1) 业主供应商（Owner's Suppliers Information），主要运营维护常用的产品，该工程的总承包商或者子承包商都可以获得业主与供应商的协商价格采购产品。若本工程中使用到下列供应商的产品，投标时必须按照协商价格作为基础报价方案进行投标。包括：电力传输设备（power transmission），发动机（motors），轴承（bearings），皮带（belts）；防护用品（safety suppliers），护耳用具（ear protection），口罩面具（respirators）；电线（wire），导管（conduit），电阻器（resistors），LED；水泵（plumbing supplies），水槽（sinks），水管（pipe），空气过滤器（air filters）；紧固件（fasteners），螺丝（screws），螺帽（nuts），螺栓（bolts）；灯具（lamps），电灯泡（light bulbs），镇流器（ballasts）等。

(2) 业主战略合作供应商（Alliance Partner Suppliers），主要为与业主有长期合作的供应商。若本工程中使用到下列供应商的产品，承包商在投标时需将这些供应商的价格作为其中一种基础报价方案进行投标。包括：建筑自动化系统、安防系统、能源管理系统、网络基础设施、电力分配系统；建筑涂料和油漆、高性能涂料、主题涂料；净水设备、废水过滤设备；烤箱、灶台、洗碗机、洗衣机等。

(3) 主题类产品，主要包括具有该主题乐园元素的定制产品；这类产品可能在外观造型、颜色设计上有一定专利保护限制，只允许在该主题乐园项目中使用，包

括：建筑主题油漆和涂料、主题涂料、主题抹灰和主题灯具等。

2) 常规产品供应商、施工方资质的质量控制

(1) 对于供应商的控制，规格书中提出了下列比较重要的具体要求。

- 明确了供应商（制造商）需要提供的有关产品的有效技术资料、样品以及检测报告、施工方案等。
- 对于有图纸深化要求的产品提出了施工深化图必须包含的内容节点。
- 包括必要的配套、辅料的资料样品要求。
- 同一类产品或者成套完整系统的产品都必须来源于一家制造商。
- 供应商（制造商）应提供相应的现场技术支持和检查，并提供报告记录，提供有效的质保证书。

(2) 对于专业产品的施工方控制，规格书中主要提出了以下两点要求。

- 施工方从事该类产品的在案最低年限要求。
- 产品供应商（制造商）对该施工方的认证和专业培训要求。

6. 从认证及标准进行控制

认证是指由认证机构证明产品、服务、管理体系符合相关技术规范的强制性要求或者标准的合格评定活动。实行产品质量认证的目的是保证产品质量，提高产品信誉，保护用户利益，促进国际贸易和发展国际质量认证合作。实行产品质量认证的依据即是认证检验机构对产品质量进行检验、评定所依据的标准和相应的技术要求。

例如，主题乐园发达的美国对产品认证及标准控制会有各自不同的参照标准，我国的标准体系中也分有国家标准、行业标准、地方标准、企业标准，不同产品有不同的特征及特性要求，以下是国内外标准对产品特征认证的差异。

1) 燃烧性能等级判定标准差异

屋顶防火采用的标准是 ASTM E108，外墙饰面材料的整体耐火测试为 NFPA 285（加拿大为 CAN/ULC S134），内墙饰面抵御内部起火的标准是 UBC 26-3。

防火建材在实际使用中需要具备耐火性能，而不单单具备阻燃性能。材料的阻燃性能越好，只能代表材料自身不燃，但并不能保证能够有效地阻断火焰的穿透。

针对防火建材，在阻燃性能达到一定要求后（ASTM E84，BS 476-6，BS 476-7，DIN 4102，EN 13501，GB 8624 等），还要考验材料作为一个结构所能承担的耐火极限能力。

ASTM E119，BS 476-20，EN 1363 等标准就是针对耐火极限的测试标准，其中以 ASTM E119 最为严苛。

耐火极限的划分方法是根据耐火时间的长短来考量，从 20 分钟到 3 小时。考量的指标包含背火面是否起明火，表面温升是否漏烟，以及耐高压消防水枪冲击（仅 ASTM E119）。

耐火极限测试适用的建材包括：室内隔断，墙体结构，防火玻璃，防火填充

料，通风管道，立柱，横梁，楼层地板，吊顶等。

　　主题乐园也面临着大客流的挑战，鉴于目前我国专门针对大型主题乐园、游乐设施等方面的防火技术规范、标准尚属空白，同时，主题乐园境外设计方案中的防火设计与国内建筑防火设计、燃烧性能等级判定标准差异会对主题乐园设计和审批工作开展造成一定的困扰，建议各方组织开展类似主题乐园建（构）筑物防火设计的专项课题研究，主题乐园的设计管理团队可结合项目在设计、审批的过程中防火

表 5-6　燃烧性能等级判定标准差异表

GB 8624—2012				ASTM E84	
		Testing	Index	Testing	Index
A	A1	GB/T 5464	$T \leqslant 30$ ℃ (Temperature rising)	CLASS A	Flame Spread Index 0~25 Somke develop<450
			$m \leqslant 50\%$ (Mass loss)		
			$tf = 0$ (No sustained combustion)		
		GB/T 14402	$PCS \leqslant 2.0$ MJ/kg a, b, c, e		
			$PCS \leqslant 1.4$ MJ/m² d		
	A2	GB/T 5464	$T \leqslant 50$ ℃ (Temperature rising)		
			$m \leqslant 50\%$ (Mass loss)		
			$tf \leqslant 20$ s (No sustained combustion)		
		GB/T 14402	$PCS \leqslant 3.0$ MJ/kg a, c		
			$PCS \leqslant 4.0$ MJ/m² b, d		
		GB/T 20284	FIGRA0.2MJ≤120 W/S		
			LFS<Sample edge		
			THR600S≤7.5 MJ		
B1	B	GB/T 20284	FIGRA0.2MJ≤120 W/S	CLASS B	Flame Spread Index 25~75 Somke develop<450
			LFS<Sample edge		
			THR600S≤7.5 MJ		
		GB/T 8626 duration of ignition 30 s	In 60 s, $FS \leqslant 150$ mm		
			No flaming droplets ignite filter paper in 60 s		
	C	GB/T 20284	FIGRA0.4MJ≤250 W/S		
			LFS<Sample edge		
			THR600S≤15 MJ		
		GB/T 8626 duration of ignition 30 s	In 60 s, $FS \leqslant 150$ mm		
			No flaming droplets ignite filter paper in 60 s		
B2	D	GB/T 20284	FIGRA0.4MJ≤750 W/S		
		GB/T 8626 duration of ignition 30 s	In 60 s, $FS \leqslant 150$ mm		
			No flaming droplets ignite filter paper in 60 s		
	E	GB/T 8626 duration of ignition 15 s	In 20 s, $FS \leqslant 150$ mm		
			No flaming droplets ignite filter paper in 20 s		

设计方面摸索经验，总结该类主题乐园消防设计的特殊性，深化相关消防设计规范，补充消防设计规范未涵盖内容，组织专家开展专题课题研究，参考国内外相关标准和规范，共同推动我国此类建筑设计细化标准的制定。

(2) 主题乐园规格书与国内标准的差异

在主题乐园项目中，技术规格书从设计保障建筑工程质量、项目品质的角度去考虑，提出设计对建筑产品采购以及施工的要求，将设计的一些理念有效地、尽量不打折地传递到最后建筑物中。在通过 Master 格式的技术规格书范文，分析、研究并属地化的过程中，通常都会遇到材料设备选用、检验测试、施工安装标准国内外差异遵循何处的问题。最终，通过对比和研究，建议遵循三项原则：国内没有的标准参照国外标准；国外没有标准参照国内标准；国内外皆有标准条款，在实现可行及必要的前提下，取高标准者。

例如，主题乐园发展成熟的北美，电气标准和我国国家标准以及欧标有差异。美国电气安装规范（National Electrical Code，简写 NEC）系美国消防协会（National Fire Protection Association，简写 NFPA）所制定，NFPA 制定了一系列防火标准，NEC 标准的标准号为 NFPA70，其内容不只限于防火，其目的在于制定实际操作中的人身和财产安装保障，避免在电气使用中所发生的危害。我国的标准大多遵循和参考国际电工标准（IEC 标准）而来。但 NEC 标准与我国电气标准有许多不同点，了解这些不同点可以更好地学习和应用 NEC 标准。下文列举一些常见 NEC 标准不同点供参考，以主题乐园常用的低压配电柜/箱标准内容为例：

标准内容见表 5-7。

表 5-7 Master SPEC 规格书中的 NEC 标准

标准	主要内容
美国标准（原 Master SPEC 规格书中的 NEC 标准）	i NECA（美国电气承包商协会）1~2 000《电气承包优质工艺标准通则》（美国电气承包商协会出版） ii NEMA（美国电气制造商协会）AB1 装置式断路器 iii NEMA（美国电气制造商协会）ICS 2—工业控制装置，控制器以及装配装置 iv NEMA（美国电气制造商协会）PB 1—配电箱 v NEMA（美国电气制造商协会）PB-1.1—《额定电压为 600 伏特或者 600 伏特以下之配电箱的安全安装、运行以及维护说明书》
国标/欧标（本土化后的主题乐园 Master SPEC 标准）（国际电工委员会（IEC）标准，欧盟 EN50160 标准，IEC 和 EN50160 几乎等同）	i GB 14048—2：低压开关设备和控制设备低压断路器 ii GB 50054—95：低压配电设计规范 iii GB 50303—2002：建筑电气工程施工质量验收规范 iv GB 7251：低压成套开关设备和控制设备 v GB/T 14598：电器继电器

国标和美国标准存在很大的差异，很难一一对应，考虑到如果项目是在中国境内，标准中有冲突（或是强制性国标）的应按照国标，如为性能指标的高低（或是特殊要求）的可按照较高要求的美国标准。

3) 国内外认证差异

(1) 主题乐园的选址是在中国境内，所以很多低压电气设备都必须满足中国的强制性安全认证（如"China Compulsory Certification"认证，CCC），但有些境外品牌的主题乐园项目具有一定的特殊性，对于某些产品有一些特殊的要求，必须不选用国外的制造商，从国外进口。主题乐园的 SPEC 中都会标明这些设备需有 CCC 认证，因此这些国外的制造商也必须在中国进行强制性 CCC 认证，以满足中国的安全要求（图 5-7）。

图 5-7 各国安规标志标记

国家	认可标志	国家	认可标志
中国 China		法国 France	
欧洲 Europe		荷兰 Holland	
德国 Germany		瑞士 Switzerland	
美国 USA		奥地利 Austria	
日本 Japan		意大利 Italy	
加拿大 Canada		俄罗斯 Russia	
巴西 Brasil		澳洲 Australia	
挪威 Norway		韩国 Korea	
丹麦 Demark		新加坡 Singapore	
芬兰 Finland		以色列 Israel	
瑞典 Sweden		南非 South Africa	
英国 England		阿根廷 Argentina	
比利时 Belgium			

(2) 主题乐园对产品的质量控制除了需要满足一些标准外，还需要通过认证对其质量进行控制，如风机 AMCA 认证、冷却塔 CTI 认证、消防系统设备 FM 及 UL 认证。

◆ AMCA 认证：AMCA 是一种产品认证，致力于风机、百叶、风阀和其他空气处理设备性能的认证工作。其成员包括目前世界上大多数主流生产厂家。AMCA 能够提供独立于买卖双方之外的第三方检测认证。除此之外，它还制定了行业内很多重要的、基础性的标准。认证通过后，允许在其产品上使用该标签。

◆ CTI 认证：冷却塔性能认证。冷却塔业主、运营方、设计工程师和安装承包商一直对 CTI 认证信赖有加。这是一项根据 CTI（冷却技术学会）标准 STD-201，对冷却塔的热性能进行认证,它在认证设备发货和安装前,提供了具有独立性的保证。它保证冷却塔设备符合制造厂商提供的热性能数据。

◆ FM 认证:FM 向防火器材、电子电器设备、危险场所设施、火场勘测、信号设备、建筑材料等产品的生产商颁发认证证书;FM 全球公司通过其所属的"FM 认可"(FM Approvals)机构向全球的工业及商业产品提供检测及认证服务。"FM 认可"证书在全球范围内被普遍承认,他向消费者表明该产品或服务已经通过美国和国际最高标准的检测。

◆ UL 认证:UL 是美国保险商试验所(Underwriter Laboratories Inc.)的简写。UL 安全试验所是美国最有权威的,也是世界上从事安全试验和鉴定的较大民间机构。它采用科学的测试方法来研究确定各种材料、装置、产品、设备、建筑等对生命、财产有无危害和危害的程度;确定、编写、发行相应的标准和有助于减少及防止造成生命财产受到损失的资料,同时开展实情调研业务。UL 认证在美国属于非强制性认证,主要是产品安全性能方面的检测和认证。其最终目的是为市场得到具有相当安全水准的商品,为人身健康和财产安全得到保证做出贡献。

5.3.2 主题乐园项目技术规格书工作的管理

1. 技术规格书的参与人员

高品质主题乐园在我国设计建造项目时,运用技术规格书作为很多技术信息的有效载体对项目的质量、造价等方面进行控制。一般情况下参与该规格书编制的主要团队是:

(1)施工管理团队,主要负责第 0 部分采购和合同要求、第 01 部分一般要求的编写。

(2)建筑和设施工程团队,主要负责技术部分第 2 部分(Division 2)到第 48 部分(Division 48)的编写,采用与拟建工程最相近地区的该类型乐园项目技术规格书为基础模板进行改进编制。在主题乐园项目中,承担该角色的类似国内的设计工程部;在这个团队中,多方面协调、整合的核心小组是类似国内某些企业的技术中心或标准化中心。同时可根据需要聘用技术规格书属地化工作小组,主要负责规格书中涉及的标准、规范、协会、测试、材料和设备产品等属地化工作。

2. 技术规格书的发布

主题乐园的技术规格书签署发布的人员一般为项目经理(Project Manager)和设计经理(Design Manager),从签署发布人员来看,也反映了技术规格书的核心价值,以设计为主导的项目全过程管理技术文件,从设计出发为项目管理服务。

同时,该文件其他签署的专业技术注册人员主要为:注册建筑师、注册土建工程师、注册结构工程师、注册机械工程师、注册电气工程师,以上注册人员是以该主题乐园企业所在国家或地区的建筑注册制度划分。从其他签署的专业技术人员来看,技术规格书签署类似设计图纸的签署,所以,在技术规格书运用广泛的建筑发达国家地区，技术规格书的重要性基本与设计图纸一致，同样是设计提交的重要成果文件之一。

3. 技术规格书的工作流程

1）主题乐园技术规格书的工作流程

主题乐园技术规格书的工作流程一般分两个独立的部分，但两个部分同时并进工作：一部分，是产品数据的积累，根据主题乐园设计需要输入产品要求，而技术规格书团队根据产品输入跟进输出技术要求，并共享到主题乐园产品数据库（Share Point System）开放给各相关设计人员；另一方面，技术规格书以产品技术要求为核心内容，主要体现在技术规格书第二部分产品上，二者关系相互依存，互为联动。

如果技术规格书有属地化工作，遵循的原则是"国外技术本土化，国内技术弥补化"，由技术规格书团队形成国内、通用的技术要求，最后共同审核材料设备、规范标准、施工安装的要求。其中，值得研究的是产品信息有效交换和交互确认环节，具体流程如下：

（1）技术规格书团队和设计团队提出基于境外成功工程应用环境下的技术规格书要求，同时借鉴参考了最接近本项目所在地的实际应用情况。

（2）本地技术规格书团队提出基于本地工程应用环境下的传统设计技术说明要求。

（3）双方共同审阅有关产品、材料、标准以及施工的要求，并达成一致意见。

从技术规格书整个工作流程上看，如果存在属地化管理，虽说双方同平台协同工作，但是一方如果存在产品标准、技术规范相对落后的实际情况，在具体操作中仍是以先进技术方的技术要求为主，属地化技术规格书团队主要负责本地资源的获取、本地强规的审核、输入要求差异化研究等咨询工作，为最终决策提供必要的技术支撑。

综上所述，优质品牌的主题乐园设计团队的控制力很强、责任心更强，在主题乐园的创造上更愿意承担由技术选择而带来的风险。当然，在设计团队选择、决策呈现主题乐园风格的产品或材料的技术方案前，必须筛选进入主题乐园材料库的产品，并对可选用范围内产品的应用技术进行了解、分析，保证选用决策的正确性。

2）主题乐园技术规格书的产品来源顺位

主题乐园技术规格书是一份以设计为主导的项目全工程管理技术文件，一切从设计出发为主题乐园的设计管理服务。由于传递的产品或者材料的可选资源比较多，可以事先制定产品来源选择优先序列。

（1）第一顺位：该品牌主题乐园数据库中的产品；这类产品是该主题乐园在以往建成的项目中经常采用且已经被各使用方认可的产品；鉴于产品质量的可靠性和适用性，将这些产品信息输入到该主题乐园的基础数据库中，供今后其他项目应用。这些产品部分是类似我国一些大型开发建设企业集团的集采产品，是具有应用量大、通用性强、易于统一采购管理的产品，如防水材料、密封胶、油漆涂料等；另外一部分产品比较特殊，具有很强的主题乐园装饰性效果特性，往往只有该主题乐园的项目会用到，如茅草屋屋顶、装饰缆绳、带有一定特殊图纹理的装饰产品。

（2）第二顺位：由设计团队提供的适用本项目的设计基础产品，并将设计基础产品或同等产品的资料上传至其共享平台，这类产品是本项目的设计师在具体设计过程中拟应用的设计基础产品。这些产品可能是第一次运用在该主题乐园项目中，但是设计人员已经就这些产品如何应用到本项目中做过比较全面的研究，并可能已经落实在具体的图纸设计中。

（3）第三顺位：由属地化规格书团队依据设计团队提供的设计基础产品资料，提供认为符合其要求的产品资料，并做出一定的分析研究，供设计团队决策是否认为这些产品与设计基础产品要求一致并可进行替代。这类产品一部分是由于运输、生产的限制，只能在本地购买施工的产品，如水泥、砌体、砂浆、保温材料等，另外一部分是合资企业在项目所在地或附近批量生产的产品。最终选择决定权仍属于设计团队，在分析比选过程中可能出现以下三种情况：

◆ 情况1：本地市场上有完全一模一样的产品，设计认可后由技术规格书团队将产品资料上传至共享平台，供本主题乐园其他项目设计人员参考。

◆ 情况2：本地市场上有类似产品，属地化规格书团队提交产品资料以及分析报告给设计团队审核，设计团队如果认可产品可行，将产品资料上传至共享平台，供本主题乐园其他项目设计人员参考。

◆ 情况3：本地市场上无产品可应用，由规格书团队以及设计团队共同决策是否采用进口产品或者使用替换材料。

3）设计人员的工程责任

以上整个信息数据流转确认过程中，我们可以看到：

(1) 材料或者产品的选用决定权都是属于具体设计团队和具体设计人员。

(2) 所有材料和产品资料都必须经过设计团队和具体设计人员的审阅。

(3) 属地化规格书团队是根据需求进行产品、标准、技术要求分析工作。

(4) 产品资料的传送都由设计团队完成。

主题乐园的设计团队在材料和产品的审批过程中应强势，应保持更强的责任心，更愿意担当由技术选择带来的风险，这要求设计在决策某种产品或者材料的技术方案前，对该产品应用技术有足够的了解，以保证其做出正确的选用决策。目前，这点在国内可能是由于制度或者其他方面原因很难实施，国内设计人员往往不愿意或者没机会参与这些产品技术选用的决定，扮演较多的是传统的制图人员的角色，但缺少产品的选用设计过程。

4. 各单一产品选用/章节编制的工作流程

由于产品的不同，不同章节的编制可能略有差异，但整体工作流程还是保持一致性。下面以SECTION 09 65 00 RESILIENT FLOORING 弹性地面章节的编制流程为具体实例。

主题乐园室内会大量使用PVC地板，如通常所述PVC地板、橡胶地板属于弹性地板章节。在编辑该章节前，设计师提供了若干块产品小样，可能在其他区域主题乐园设计时使用过此产品。要求技术规格书属地化，即搜寻类似产品的供应商提供技术参数和样品，需确保有三家以上的合格供应商参与本地项目的招标采购工作。

技术规格书团队在已建工程中积累了相当数量的产品供应商信息和产品数据，根据设计师提供的 PVC 地板样品，技术规格书团队提炼、输出国内合格产品关键技术参数，结合设计团队输入的产品关键技术要求，编写技术征询表发送给行业内至少三家相同档次的供应商，并要求受邀供应商按照技术征询表所列项目，填写供应商在本地提供产品实际能达到的数据，并在规定时间内回复技术规格书团队，在条件允许的情况下还要求提供样品，如图 5-8 所示。

图 5-8 PVC 地材技术征询表（样表）

Material	Resilient Flooring			
Material Code	RT-01			
CSI Code				
Location	Flooring			
Installation	Lay down			
Product Standard	GB/T 4085—2005，GB/T 11982.1—2005，Q/3204 CZH001—2011，GB 8624—1997			

	Item	Benchmark	Substitution in China		
Source	Manufacturer	Armstrong USA	Armstrong China	TOU China	Gerflor China
	Brand	Armstrong	Armstrong	TOU	Gerflor
	Style	Safety Zone			
	Producing area	USA			
	Sample				
Appearance	Pattern	As sample RT-01			
	Category	VCT			
	Number	57007 Babbling Brook			
	Size	305 mm×305 mm			
	Thickness	3.2 mm			
Key Performance	From	Tile			
	Fire Rating	Critical Radiant Flux: Class I (ASTME648)			
		Smoke Density ≤ 450 (ASTME 662)			
	Light Reflect	45%～49%			
	Static Load Limit	8.79 kg/cm^2			
Warranty					
Cost	Materials				
	Installation				
Remark: 1. The domestic factory have not production line to make this texture, that such as the sample.					

PVC地材征询表，主要包括以下内容：

(1) 国内外的产品、检测、施工标准及规范。

(2) 提供样品的来源品牌及型号（作为行业内理解、对比同行产品实质的依据）。

(3) PVC地材关键的产品性能参数。

(4) 由能提供样品及备注说明栏。

技术征询表回复一般和样品送样同时进行。要求每位供应商提供样品时须考虑，实体样品间可直观比较颜色的差异，主题乐园一般对于视觉感官的要求相当高；另一方面，实体样品间可以触摸感受样品的质感，由于不同的PVC地材供应商各家独有专利配方（PVC地材采用聚氯乙烯材料及其共聚树脂为主要原料，加入填料、增塑剂、稳定剂、着色剂等辅料，在片状连续基材上，经涂敷工艺或经压延、挤出或挤压工艺生产而成，PVC地材以规格和工艺不同分为片材和卷材），不同配方可形成不同性能和质感。虽然性能可以通过检测报告给出详细的数据，如耐磨性、耐污性等，一目了然，但质感的接受用裸眼观察或触碰更为直观；最重要的方面，设计方提供PVC地材的样品，通过仔细看会发觉其不是纯平面而是凹凸面，根据技术规格书团队专业工程师对PVC地材生产业界的深度了解，可知PVC地材表面凹凸质感纹的关键是特殊加工工艺和特别制造设备，就此为衡量设计师提供的PVC地材样品初步勾勒出主要技术条件。

技术规格书团队根据样品信息编制PVC地材技术征询表，并将该征询表传给样品提供方行业内同档次潜在供应商，邀请受征询供应商按能提供的产品如实填写PVC地材技术征询表，并限时提交反馈表，反馈结果比预料中更为惨烈，在本地市场暂时无法提供样品同等要求的PVC地板，结论为设计师提供PVC地板样品具有唯一性。

出现产品唯一的原因主要有两个：第一，设备和工艺的原因，富有凹凸质感的PVC地板限定了只有特定设备和特殊工艺才能实现生产；第二，样品规格为305 mm×305 mm，非国内常规尺寸，且每家供应商特殊图样系列会申请相关专利，对仿制相似效果产生很大的难度（后续其他产品同遇此类状况，因色彩与图案具有专利权，出现了仅一家独有的现象），故设计师提供样品的供应商具有独家生产能力；同时中国大陆工厂皆受到特定设备的限制，即使拥有相同配方和掌握特殊的工艺同样无法实现制造等同样品的具有凹凸质感纹的PVC地材。

如果设计团队要求替代供应商的主要条件之一，是该PVC地材必须在国内生产的，为保证后续征询工作的成本和必要性，技术规格书团队应立即与设计团队沟通，在与设计团队确认后，调整新的征询要求，PVC地材暂不限制是否是进口、国产产品，也不仅限提供表面富有凹凸质感的PVC地材样品，还是请受邀供应商以其通常产品提供色彩及规格相似的产品及技术参与比较。

第二次技术征询表并发函给几家受邀供应商（图5-9），表示"鉴于国内市场无法满足生产富有凹凸质感的PVC地板，现视同平面材质考虑。故，以下关于PVC

图 5-9　第二次回函 PVC 地材技术征询表

Material		Resilient Flooring			
Material Code		RF-01			
CSI Code					
Location		Flooring			
Installation		Lay down			
Product Standard		GB/T 4085—2005，GB/T 11982.1—2005，Q/3204 CZH 001—2011，GB 8624—1997			
Item		Benchmark	Substitution in China		
Source	Manufacturer	Armstrong USA	Armstrong USA	Tarkett	Polyflor Ltd. UK
	Brand	Armstrong	Armstrong	Tarkett	Polyflor
	Style	Safety Zone	Safety Zone	Granit Safe. T	Standard XL
	Producing area	USA	USA	SWEDEN	UK
Appearance	Pattern	As sample RF-01	As sample RF-01	As sample Granit Safe. T	As sample Polyflor Flooring
	Category	VCT	VCT	Homogeneous	Homogeneous
	Number	57010 RIVER ROCK	57010 RIVER ROCK	Reference sample	Reference sample
	Size	305 mm × 305 mm	305 mm × 305 mm	2 m × 25 m	2 m × 20 m（can also supply 300 mm × 300 mm）
	Thickness	3.2 mm	3.2 mm	2.0 mm	2.0 mm（16 colors）/ 2.5 mm（7 colors）/ 3.0 mm（7 colors）
Key Performance	From	Tile	Tile	Sheet	Sheet
	Fire Rating	Critical Radiant Flux: Class I（ASTME648）	Class I（ASTME 648）	Class B_1s1（EN 13501-1）	Class I（ASTME 648）
		Smoke Density≤450（ASTME 662）	Smoke Density≤450（ASTME 662）		Class Bfl-S1（EN 13501-1）
	Light Reflect	45%～49%	45%～49%	≥level 6 EN ISO 105-B02	
	Static Load Limit	8.79 kg/cm²	8.79 kg/cm²	Commercial: 34 EN 685 Approx, 0.03 mm EN 433 Suitable NE 425	2 430 g/m²（2.0 mm）
Warranty			15 years	10 years	2.0 mm, 10 years; 2.5 mm, 15 years
Cost	Materials		125 元/m²	280 元/m²	85 元/m²（2.0 mm）
			40 元/m²	40 元/m²	35 元/m²

地板的信息请您提供（颜色要求、规格要求、产地、价格、保质期、是否可以提供样品）。若，贵司产品尚未有同一规格，请提供相关产品，并请简单说明理由"。

技术征询在编辑技术规格书中是一个重要环节，征询对象提供的技术参数是技术规格书第二部分产品的参数依据，也是招标采购过程中的核心。

从第二次回函 PVC 地材技术征询表可以看出，受邀供应商提供的产品和技术参数各有不同，这也是分析和选择的开始。

表格中出现了卷材和片材两种类型。通常从安装角度来说，片材的接口会比较多，国内市面上最多的是石塑片材，档次比较低；卷材的整体性比较好，但是破损后局部修复效果不佳。

产品检测标准、依据不同标准会出现不同的数值，这需要衡量不同的检测方法以及检测标准对应的是何标准，并制定一条合格的标准线作为最终要求。

5. 供应商与产品信息管理

在主题乐园技术规格书的工作流程中，有一个属于其项目的产品数据库开放业主及相关设计人员，这个数据库平台的产品数据使用基于要素积累。通常，数据库中会有一批根据主题乐园项目设计需要输入的产品要求，但这些产品需求会是大量的碎片化信息，比如只有几张产品目录的截图、一张单页的简单数据介绍，甚至是一张样式图片。而后续技术规格书团队要根据产品数据库（Share Point System）中的产品输入信息来跟进输出产品供应商信息及产品技术要求到技术规格书，因此提供该产品的供应商的信息以及完整的产品技术数据是必不可少的资料。如何通过这些碎片化信息去寻得有效信息源，通过哪些手段及工具有效衡量和管理供应商信息和产品信息是一项比较艰巨的任务。

在主题乐园设计阶段关注外观效果的同时，技术规格书能协同设计师进行不同建筑产品方案的技术比选，通过产品的性能分析，明确满足条件的建筑产品定位，形成一定深度的建筑产品规格标准，指导下一步的设计深化工作。在概算阶段尚无技术规格书，故此阶段的技术规格书对于参与全过程造价管理的 QS 团队在编制工程量清单及标底方面，在短时间内成果文件有非常明确的指导性。以主题乐园技术规格书第二部分产品所列的材料、设备以及明确的技术规格为依据，询价推荐供应商的方式，解决了国内设计图纸或者设计说明中描述不清或者产品选用无指导意义可控的困境。境外品牌的主题乐园设计和建造在国内也会遇到水土不服，比如前期设计的欠缺导致深化的变更，所用产品的时效性、进口代理商的唯一性，会导致造价的飙升。

6. 技术规格书的差异与独特

技术规格书在我国国内的使用程度尚不普及，但它作为国际建设工程设计咨询服务的惯例被大量运用，并伴有相关协会及机构颁布的标准化目录结构和模板。虽说，每个建设项目的技术规格书是一串数字编码以一定的规律组合在一起，但每个数字的背后都有特定的内涵——非几何信息。

仔细对比、分析会发现技术规格书不同的使用地区和颁布机构，存在着差异，且差异具有一定的规律性、对应性。例如，技术规格书第二章的现有体系分析中提到，目前比较常用的是 MasterFormat 格式和 UniFormat 格式，前者站在工程角度描述对建设项目的要求，后者站在设计角度描述对建设项目的要求。通常，其选用格式的原则当然是由于建设项目所在地区决定的，主题乐园技术规格书采用的是前者。

技术规格书所含章节数目的多少，可以很直观地反映出建设项目的技术含量。章节数越多，说明运用的产品技术越多；章节数较少，说明运用到的产品技术相对单一。一般大型主题乐园技术规格书都超过 200 个章节，它的设计独特性和复杂程度也使其分为两部分，"一般技术规格书（Common Specification）"和"特别技术规格书（Special Specification）"。除了"布景 Show"和"Ride 骑乘设施"外，主题乐园所需表达的感官需求促使与常规项目的不同，据统计分析主要集中在室内外装饰工程和安全防护设备上。例如，混凝土和饰面材料这两大类，特别技术规格书在装饰功能、涂布部位、特殊工艺将子目分到 3 级细目，难度不仅仅在章节的细分上，而在于产品及工艺本身，对于部分进口产品在名称统一上的理解，很容易产生在技术规格书上对产品准确的、完整的性能描述。

7. 有关产品其他重要信息的管理

在主题乐园境外设计团队提供的产品资料中，很多材料产品除了常规的产品介绍、检测报告以外，都会包含一份材料安全数据——说明书（Material Safety Data Sheet，简写 MSDS）资料；后期的承包商或者供应商提交采购产品审批资料时，都会附加该份资料说明。这份资料说明在我国的建筑设计选用产品或者采购审批产品中几乎很少见到，仅仅是在一些出口贸易时会被要求提供。

MSDS，化学品安全技术说明书或材料安全数据说明书，国际标准化组织（ISO）11014 采用 SDS 术语。主要包含的内容见表 5-6。

MSDS 作为传递产品安全信息的最基础的技术文件，其主要作用体现在以下几方面：

(1) 提供有关化学品的危害信息，保护化学产品使用者。
(2) 确保安全操作，为制定危险化学品安全操作规程提供技术信息。
(3) 提供有助于紧急救助和事故应急处理的技术信息。
(4) 指导化学品的安全生产、安全流通和安全使用。
(5) 化学品登记管理的重要基础和信息来源。

在国际贸易中，MSDS 的质量是衡量一个公司实力、形象以及管理水平的重要标志，高质量的化学产品配有高质量的 MSDS，势必能增加更多的商机。让具有国

表 5-6 材料安全数据表

Product and Company Identification	产品和公司身份信息包括产品名称，预期用途，制造商名称、地址、网址、电话、传真以及紧急电话
Composition/Information on Ingredients (OSHA)	化学组成信息
Hazard Identifications	危害信息
First Aid Measures	急救措施
Fire Fighting Measures	消防措施
Accidental Release Measures	泄漏应急处理
Handling and Storage	操作与存储
Exposure Controls/Personal Protection	暴露控制/个人防护措施
Physical and Chemical Properties	理化性能
Stability and Reactivity	稳定性和反应活性
Toxicological Information	毒理学信息
Ecological Information	生态学信息
Disposal Considerations	废弃处置
Transport Information	运输信息
Regulatory Information	法规信息
Other Information	其他信息

际水平的专家参与编制，是提供高水准的 MSDS 并促进贸易成功的关键，同时也是企业有效的形象宣传。目前，我国非危险化学品不需要编制 MSDS，但是很多材料在经过多年的使用后才被发现其潜在的影响，而这些影响很有可能是不可逆转的毒性。国外几乎所有的化学品都需要 MSDS，建议我国的企业非危险化学品也做 MSDS，以免将来造成不必要的影响。

可以看出，从对 MSDS 的要求上，发达国家往往比我国做得更为细致和谨慎，处处体现了主题乐园"一切从人的需求出发"的设计原则。

5.4 技术规格书在建设工程信息化管理中的应用

在工程建设项目的整个生命周期中，材料和设备建筑技术规格的定义对项目建设成本和质量控制具有决定性意义，起着非常重要的作用。技术规格书的落实能确保设计的功能意图、业主的品质定位能体现到实际的建筑材料和设备中。技术规格书对应用于建筑工程项目中的材料、设备的文字性描述，反映了工程项目设计、施工过程中对材料或设备装置的组成、质量标准、设计参数和施工要求的详细定义。

最终，建（构）筑物的建筑部件信息（材料与设备）按照专业逻辑编码、标准化格式输入后形成的数据平台，可以为建设项目 BIM 数据平台、FM 管理平台等专业数据结构的创建提供一个系统化、标准化的参照依据，可以提高建设项目工作分解结构创建的效率，并使建筑部件元素的表述语言标准化，有利于项目及项目间的信息沟通，也为信息技术在建筑领域的参数化设计应用提供数据基础。我国进一步规范已有编码体系或者补充建筑信息分类体系，并加强相互间的关联性，将更能促进信息技术在建筑领域的应用。

1. 技术规格书在 BIM 的应用

1) BIM 模型的信息组成

BIM 模型是指基于 BIM 所产生的数字化建筑模型。BIM 模型的信息由几何信息和非几何属性信息两部分组成（图 5-10）。

（1）几何信息是指建筑模型内部和外部空间结构的几何表示。

（2）非几何信息是指除几何信息以外的所有信息的集合。

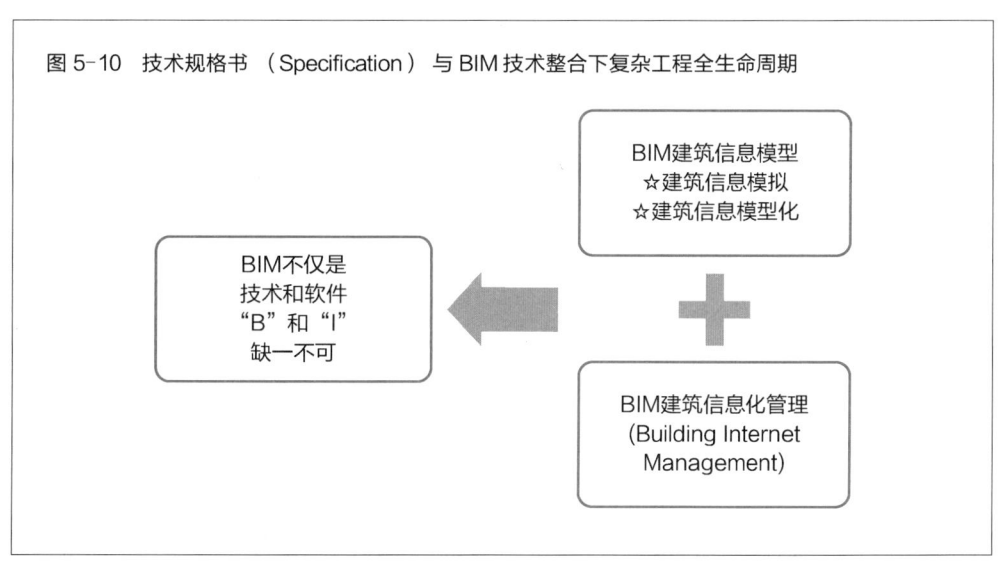

图 5-10 技术规格书（Specification）与 BIM 技术整合下复杂工程全生命周期

BIM 模型中的非几何信息，为设计环节提供了很多比较有价值的应用，不仅可以在各方协作间传递设计信息，在出图时便利化和统一化地表达信息，在设计阶段减少信息重复输入，还能对项目全生命周期管理的方式方法产生影响。设计机构在发现和扩大 BIM 模型的设计应用过程中，不应仅局限于可视化方面的应用，宜借助非几何信息设置和利用，提高 BIM 的应用价值。模型的非几何信息，应以提高各项目参与单位的协同应用为目标，结合标准库的建立方便 BIM 模型的存储、操作以及管理，最终为项目竣工交付和运维提供真实、可靠和可交互的数据和信息。对于影响设计全过程和后续应用的非几何信息，宜尽早添加，并不断更新和维护。对于影响设计过程中或不延续的 BIM 应用的非几何信息，可以在阶段结束或应用结束后，从 BIM 模型中拆离。

2) 设计方的模型非几何信息管理可以遵循以下的原则

(1) 为了更有效地进行管理，模型非几何信息可通过外接数据库的模式（例如 spec）进行管理，规定外接数据库采用使用方便且主流的文件格式编制。

(2) 非几何信息的具体内容并不是要求设计单方或在设计阶段全部完善，但应保留相关非几何信息的条目供后续项目参与方补充，这些非几何信息至少应包含但不受限。

(3) 通则部分，包括：质量规范标准、施工深化图纸要求、样品/样板工程要求、送审资料要求、质量保证要求、可持续性要求、运输/存储/搬运要求、备品备件要求等内容。

(4) 产品部分，包括：设计基础产品型号、设计基础产品生产商、产品主要组成、产品性能参数、替代品要求、产品加工要求、产品配件要求等内容。

(5) 实施部分，包括：施工环境要求、施工前准备工作要求、施工工艺要求、安装容差、成品保护要求、清洁与修补要求等内容。

(6) 宜由设计方在方案/扩初阶段完善，且会影响设计全过程和后续应用的非几何信息，包括：产品主要组成、产品的特殊性能要求和特殊的施工工艺要求。

(7) 宜由设计方在施工图阶段完善，且会影响设计全过程和后续应用的非几何信息包括：施工深化图纸要求、样品/样板工程要求、送审资料要求、可持续性要求、产品主要组成、产品主要性能参数、产品配件要求、特殊的施工工艺要求、特殊的安装容差等。

2. BIM 模型中非几何信息的深度

BIM 模型深度应按不同专业划分，包括建筑、结构、机电专业的 BIM 模型深度。BIM 模型深度应分为几何和非几何两个信息维度，每个维度分为 5 个等级区间（类似于 LOD）。

技术规格书的分类方法属于 MasterFormat 体系，是面向工种/材料分类的，比如，建筑工程分为混凝土工程、砌筑工程、钢结构（金属结构）工程、木作工程和塑料制作工程、保温和防水工程、门窗工程、装饰工程、设备工程、家具工程、特殊建筑（设备）工程、运输设备工程等分部工程。而 Revit® 作为 BIM 设计软件，建筑元素是以工程构成部位为主要划分依据的，属于 Uniformat Ⅱ 体系。因此与 Revit 中墙类型设置不同的是，技术规格书中要完整描述建筑砌体墙时，应包括不同章节内容，如"砌筑工程""保温系统工程""抹灰系统工程"等。因此这种信息的统一归根到底要解决 Uniformat Ⅱ 和 MasterFormat 分类体系的统一，是 BIM 技术进行信息协同的基础。

3. 技术规格书在运营阶段的应用

建筑信息模型集成了从设计、建设施工、运维直至使用周期终结的全生命期内各种相关信息，包含勘察设计信息、规划条件信息、招投标和采购信息、建筑物几何信息、结构尺寸信息和受力信息、管道布置信息、建筑材料和构造等信息。将规划、设计、施工、运维等各个阶段包含项目信息、模型信息和构件参数信息的数据，全部集中于模型数据库中，为某些目前传统使用的运维管理系统提供信息数据，使信息相互独立的各个系统达到资源共享和业务协同。

运维管理建筑信息模型应包含暖通系统、给排水系统、电气系统、动力系统、智能化系统及相关元素；包含梁、柱、墙、楼板、门、窗、天花板、房间、空间、区域、室内装饰、家具、办公设备、家用电器等构件。元素和构件应包含信息交换模板定义的最小属性集。

设计规格书中在设计阶段添加到模型数据库中的某些非几何信息不仅是服务于阶段性的，该信息可以在阶段应用结束后，从模型中拆离，这些非几何信息则是可以贯穿整个项目全过程，并为项目的最终运维提供真实、可靠和可交互的数据和信息，这些非几何信息至少应包含但不限于：样品/样板工程要求、质量保证要求、可持续性要求、运输/存储/搬运要求、备品备件要求、设计基础产品型号、设计基础产品生产商、产品主要组成、产品性能参数、替代品要求、产品配件要求、成品保护要求、清洁与修补要求等内容。

第 6 章　BIM 集成化管理模式

摄影师　邵峰

6.1　主题乐园BIM实施模式的研究与分析

6.2　主题乐园业主方驱动，设计牵头，各工程主体协同工作的BIM实施模式主题乐园类项目对 BIM 技术的应用需求是极其强烈的，从建筑单体看，主题乐园中存在大量异型、仿生造型的建筑和娱乐设施；从建设规模看，主题乐园建设规模之大，项目组成内容之多，与常规公建存在着数量级上的差别，除了主体设计的建筑、结构、机电和常规专项设计分包：例如幕墙、钢结构、景观、室内等，还会涉及厨房工艺、主题餐饮、零售、游乐工艺、艺术品、灌溉、灯光、烟火、图形标识、表演、运维等上百个专项设计内容。

面临如此艰巨的挑战，催生了对设计模式和协作方式创新的需求，BIM 技术不仅突破了二维设计的局限性，而且在信息的协同整合、管理协调等方面有了质的提升。从单纯几何表现转向信息模型；从各工种单独完成转向多工种协同工作；从离散的分步设计转向基于统一对象的全过程集成化设计；从单一设计交付转向建筑全生命周期支持。

目前，勘察设计行业已渐渐从"什么是 BIM""为什么要做 BIM"的讨论，进入了"如何做好 BIM"的新探索。从二维到三维设计，再到协同整合，是 BIM 环境下设计方式变化的三个主要特征。目前 BIM 应用也存在诸多问题，现在大部分项目能做到三维设计，但是真正做到植入上下游流程、直接信息协同的确不易，还存在不少提升的空间。协调整合，最大的价值还是在组织和管理上。随着项目的复杂程度越来越高，项目参与方越来越多，如何有效应用 BIM 进行协调整合成为关键。

在这样一个已然却未然的行业环境下，迫切需要探索一套切实合理的实施方案以适应各种复杂多变的情况。BIM 带来的不仅是技术，将是新的工作方式、思路、流程、模式以及新的行业规则。

本章以大型主题乐园类示范工程为支撑，对比分析在不同工程主体驱动主导下的 BIM 实施模式之间的差异，总结经验教训，探索一系列可推广的、复制性、实施性强的、完整的 BIM 三维实施导则、流程、标准及指南，进一步推进 BIM 技术的应用及普及，充分发挥示范工程的导向作用。

6.1　主题乐园 BIM 实施模式的研究与分析

BIM 作为建筑行业的新生事物，其价值已被广泛认知，目前几乎所有的建设方对 BIM 寄予的厚望均在于能将信息贯穿项目的整个生命周期，尤其是主题乐园大型工程，对项目的前期设计、过程建造以及后期运营要求都非常高，BIM 正是在大型主题乐园项目中进行综合集成化、动态协同化管理，实现对项目进度、质量、成本全方位提升的关键所在。

当然，国内在 BIM 实际运用上依然存在诸多不成熟和不尽人意的地方，与国外相比，最主要体现在我国现有的建筑行业体制，设计、招标、施工割裂。目前国内缺乏对BIM认知的共识，业界也没有BIM适合的法律法规，因此导致建筑行业推广BIM时应用需求不明确，盲目跟风。

在主题乐园类型项目运作中，由于项目的规模庞大，涉及的设计、顾问、施工、供应商、监理等单位众多，不同地域、不同阶段、不同参与方对BIM运用的理解程度不同，使得BIM操作模式也呈现多样化。传统的长期分段式设计建造模式使BIM在整合这个概念上迟迟难以落地，由谁负责技术实施和由谁管理协调BIM，确保BIM投入产出最大化也演变成BIM实施的焦点问题。

设计、施工以及业主作为项目最主要也是最重要的参与方均对BIM实施有着不同的侧重点，进而演化出第三方咨询顾问/业主自主实施/项目各主体分自主实施这三种常见的模式。

6.1.1 业主采购第三方BIM咨询顾问服务的模式在主题乐园中应用对策

第三方服务（顾问）模式是项目管理中最常见的一种模式，是业主发现自身管控能力不足时会采用的最直接的方式。BIM咨询顾问看上去像是一个专业，但实际上其工作方式是通过与各个参与方有效沟通发挥出的实际价值。这种模式要求BIM核心成员要对工程和设计有充分的理解，有足够的工程设计经验，甚至要有丰富的施工现场经验以及匹配的知识体系和理论支持。

大型主题乐园具有独特的项目特性，项目数量少，可借鉴的案例和经验少。行业里具备大型主题乐园项目设计和施工技术力量和经验的单位不多，具备同等能力的第三方BIM顾问几乎没有。有利于设计、施工以外的第三方BIM咨询顾问若无法将所有参与方连成一条纽带贯穿整个项目设计施工运营始终，会造成与各参建方的沟通障碍，最后增加BIM工作成本而无法发挥其价值。

1. 业主采购第三方BIM咨询顾问服务模式的起因

早期BIM软件商作为推手将BIM概念引入行业，在各方对BIM无从下手的阶段，软件供应商承担了一部分第三方BIM顾问角色，在软件销售的同时提供BIM实施的服务。

这种BIM实施的切入点较为后置。很长一个时间阶段，大量设计项目上马，项目的进度重要性远远超过质量的重要性。由此，BIM在项目往往是可以后行的，这为第三方BIM顾问工作方式的兴起创造了机会。

业主在不够了解BIM状态下，出于稳妥和试水来了解BIM，另外考虑甲方和乙方利益博弈关系，不便于将任何一个工程实施主体同时作为BIM实施主体，因此需要一个看似相对公平的第三方通过BIM模式告知业主相关信息。

2. 业主采购第三方BIM咨询顾问服务模式的特点

服务主体——独立于项目实施主体，直接对业主负责。

业务开展——与设计主要工作呈两条平行路径开展工作。

主要目的——检测各方提供图纸的准确性,并对相关问题进行追溯。

3. 业主采购第三方 BIM 咨询顾问服务模式的基本架构

基本架构如图 6-1 所示。

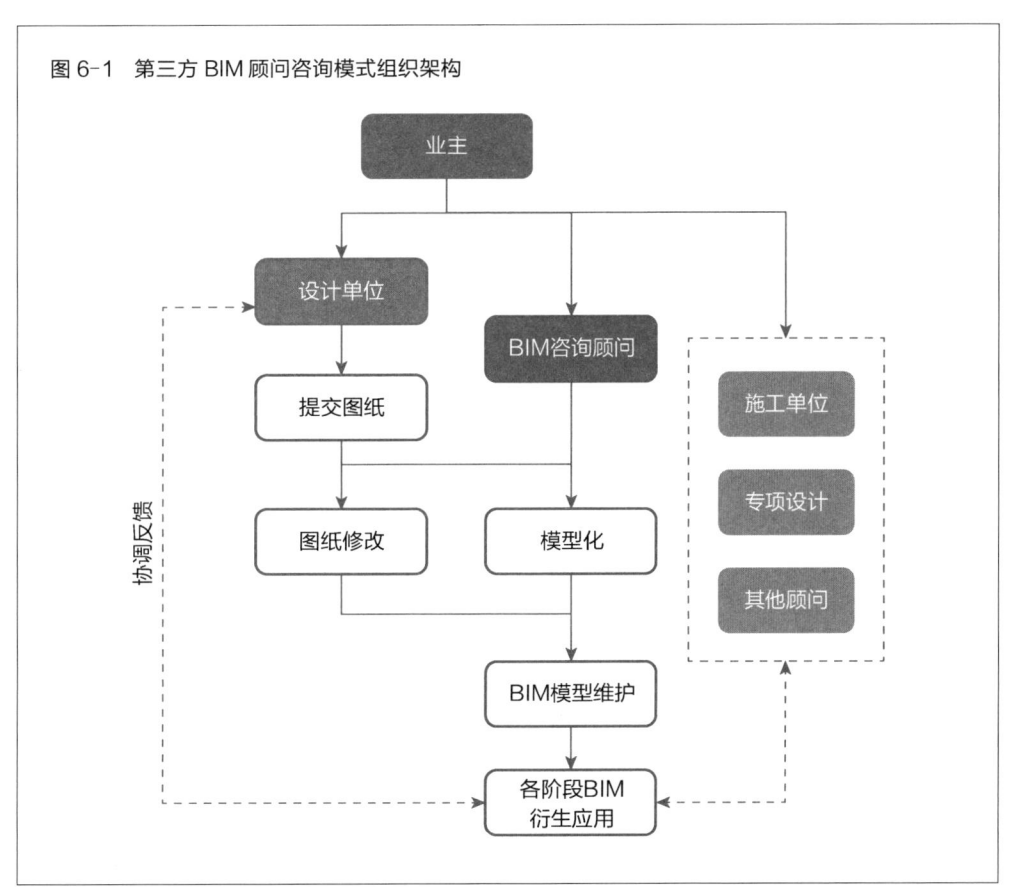

图 6-1 第三方 BIM 顾问咨询模式组织架构

4. 第三方 BIM 咨询顾问模式在主题乐园项目中的应用优势和风险

1) 主题乐园项目中第三方 BIM 咨询顾问模式的应用优势

(1) 由于主题乐园类型参与方众多,未必每个参与方都具备 BIM 设计深化的能力,该模式下对各参与方 BIM 能力的要求不高,可以按照原有工作方式进行自身的工作。

(2) 由 BIM 顾问团队全程贯彻负责 BIM 策划、管理、协调、BIM 的执行实施和应用过程,业主可以直接了解到项目出现的相关问题。

(3) 第三方咨询顾问在对外宣传交流、培训及二次开发等方面具备一定的优势。

2) 主题乐园项目中第三方 BIM 咨询顾问模式的应用风险

(1) 行业里具备足够与大型主题乐园相关工程设计施工能力和经验匹配的第三方 BIM 咨询顾问几乎没有。在此类项目中,对 BIM 顾问的专业能力要求非常高。

(2) 由于主题乐园项目工程复杂，规模一般都比较大，工程工艺的质量要求很高，对 BIM 顾问的协调管理能力要求非常高。目前行业里第三方 BIM 顾问的技术能力参差不齐，从业人员背景多元化，市场比较混乱，业主较难选择有足够专业背景的服务方。

(3) 由于第三方 BIM 咨询顾问比较孤立，不在项目设计、深化、施工等任何紧扣项目进度的部门之中，BIM 工作范围、深度和效果与项目实际需求未必一致，容易产生与实际脱节，出现信息断层和孤岛的可能性比较大。

(4) 会增加独立的 BIM 管理条线，沟通环节多，业主与顾问、设计方与顾问之间协调成本高。

6.1.2　业主自主实施 BIM 模式在主题乐园中应用对策

为保证项目在实施期间更好更直接地反映 BIM 价值，通过对 BIM 知识积累，将这项技术与企业未来发展紧密结合，同时也作为对项目其他各参建方有效的管控方式，很多类似的大型的主题乐园项目的业主会将 BIM 直接纳入自己的组织架构和管理体系中。

1. 业主自主实施 BIM 模式的起因

(1) 业主的实际需求：业主对项目全过程负责，因此其对项目的考虑是全局的，考虑的问题会更深入并随着市场及政策的调整会立刻做出相应的反应，其他各方往往无法清晰理解这些变化，反而可能变成项目实施的掣肘。

(2) 服务范围的不确定性：BIM 的服务范围划定界限往往不是很清晰，因此经常因为不在其服务范围内而被拖延甚至搁置，或者被过度实施，从而给项目带来损失。

(3) 业主需要新的利益增长点：在竞争激烈的房产市场，成本日益提高，为保证足够的利润增长点创造更大的项目价值，业主需要对 BIM 全面认知并有效降低各方面成本。

2. 业主自主实施 BIM 模式的特点

(1) 服务主体——项目业主本身，对内部关系密切，对外指令快捷清晰。

(2) 业务开展——与设计主业同时开展，互相促进。

(3) 主要目的——项目全生命周期的管理的做法，力争在每个阶段都能利用 BIM 技术创造价值。

3. 业主自主实施 BIM 模式的架构

组织架构图如图 6-2 所示。

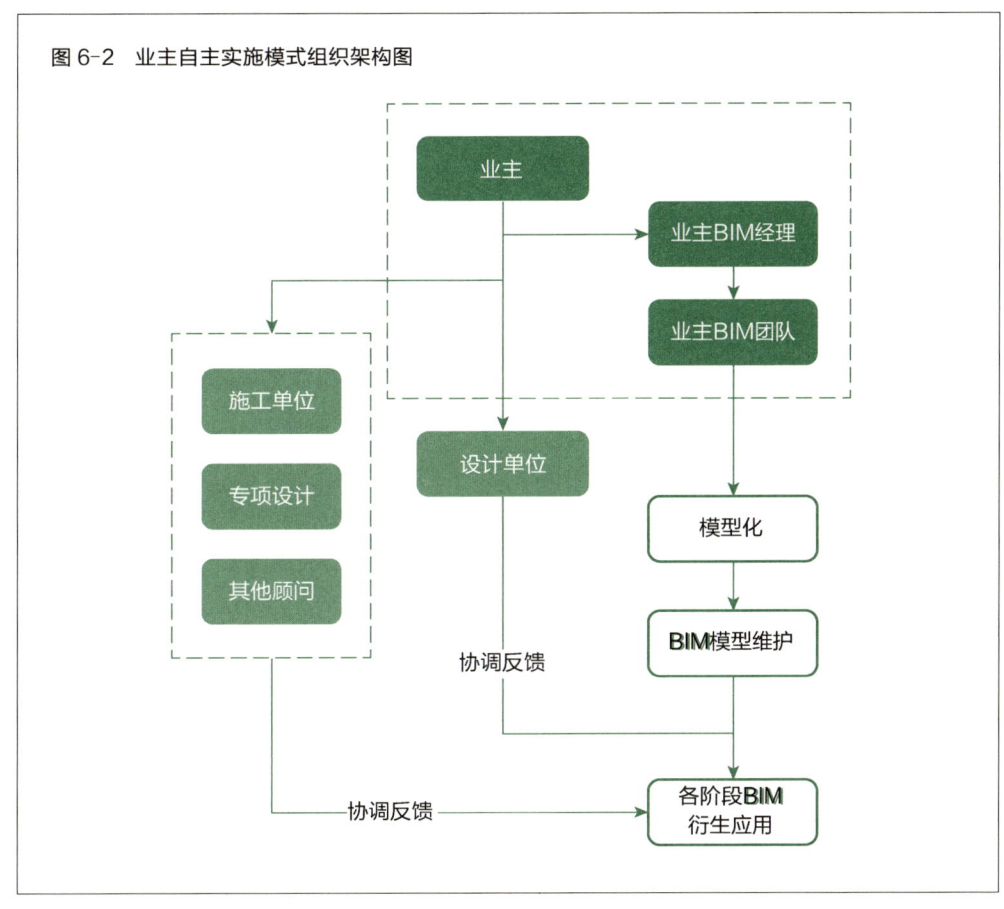

图 6-2 业主自主实施模式组织架构图

4. 业主自主实施 BIM 模式在主题乐园项目中的应用优势和风险

1) 主题乐园项目中业主自主实施 BIM 模式的应用优势

(1) 主题乐园的项目设计管理不同于一般国内项目,其建造完成后需经过几十年的经营。在业主自主实施模式下的 BIM 应用需求源于自身管理决策的需要,最大限度地支持业主管理和决策。

(2) BIM 应用多层次,不再局限于设计施工等技术方面,灵活性高、针对性强,业主能够以最直观、最有效的方式提前"评估"和"预知"潜在风险,投资方获得最大的 BIM 价值效益。

(3) 强化了 BIM 数据在设计协调管理方面的作用,有利于整合工程进程中各项资源。

2) 主题乐园项目中业主自主实施 BIM 模式的应用风险

(1) 由于此模式下业主对 BIM 的角色定位是全局控制,例如专项的 BIM 具体技术应用可能不被重视。从组织架构来看,这种模式好比业主自己实施的第三方 BIM 顾问模式,同样有 BIM 游离于设计施工以外的问题,同时受到业主自身 BIM 团队能力的限制,一些重要的专业性强的 BIM 应用便无法实现。

(2) 容易趋向功利性而导致项目安全性受到影响。

(3) 组建团队的成本很高,团队培养的不确定性较大。

6.1.3　工程各主体实施的 BIM 模式在主题乐园中应用对策

　　BIM 作为支撑大型主题乐园项目的新技术，涉及不同应用方、不同专业、不同项目阶段的应用，单一的 BIM 实施方，无论是第三方还是业主方，最终还是存在相关技术、经验各方面的短板，甚至是技术空白，这种情况下即便实施主体再努力也还是会造成时间和经济上的浪费。此时有各个主体自我完善自身的 BIM 模型及信息数据相对而言比较便利。同时 BIM 模型、施工图和现场施工的一致性是 BIM 实施成功的基本要素。施工图目前仍然是国内有法律效力的设计信息的载体，BIM 模型要成为施工依据或对设计和施工有指导就要保证信息的及时性和有效性。乐园的工程各主体自主实施 BIM，能够优化整合自身设计流程，BIM 建模和设计同步进行，从而保证 BIM 模型和其他项目设计资料的一致性。在此基础上，BIM 模型包含的信息准确可靠，才有可能用于指导主题乐园的施工。因此，在主题乐园项目中，BIM 技术实施成功的关键就是保证 BIM 信息及时、准确、有效。否则会额外增加各参与各方的工作量，工程管控混乱，责权不清，各方推诿，进而造成业主决策的失误。因此这种各司其责的 BIM 实施方式能够降低沟通成本，提高沟通效率。

1. 工程各主体牵头的 BIM 模式的起因

　　设计方和施工方、运营方均是工程信息的源头之一，而且两两间信息很难前置处理，项目的复杂程度导致配合的专业单位非常多，仅由一家来完成所有的 BIM 实施难度较大，周期较长，反复较大，也不现实。而且长久以来建设方式以各阶段进行划分，衔接环节原本就比较薄弱。

2. 工程各主体牵头的 BIM 模式的特点

（1）服务主体——项目实施主体各方各自完成相关 BIM 内容。
（2）业务开展——与各自在项目的工作任务同时开展，配合度和完成度较高。
（3）主要目的——项目的时效性比较高，每个阶段能较快地完成自己擅长的部分，再整合在一起复核。

3. 工程各主体牵头的 BIM 模式的架构

　　在此模式下，BIM 与各自主业基本融为一体，各自阶段的主体对自身的 BIM 策划、执行和协调负责（图 6-3）。

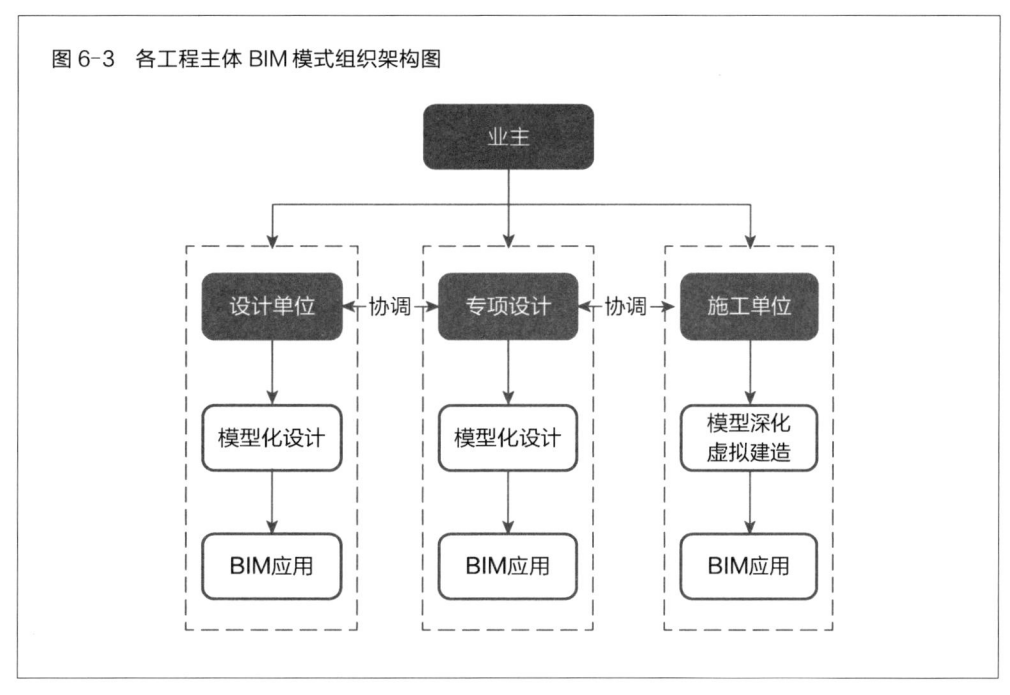

图 6-3 各工程主体 BIM 模式组织架构图

4. 工程各主体牵头的 BIM 模式在主题乐园项目中的应用优势和风险

1) 主题乐园项目中工程各主体的应用优势

(1) BIM 的工作范围、深度、交付物与各自工作任务的内容和要求基本一致。

(2) 主题乐园工程主体繁多，在此模式下，各责任主体 BIM 应用各自负责，没有新的参与方和管理条线，不产生额外的交流成本。

(3) 乐园工程设计单位主体把控设计阶段的 BIM 应用，对设计问题、方案论证均能发挥最大价值。

(4) 由于乐园项目复杂，任务多但是设计周期短，随着项目快速推进，变更的情况也会频频出现，此模式下 BIM 应用对项目变更的管控较为有利，责任分界认识较为清晰。

(5) 基于 BIM 的扁平化组织结构正好适应大型主题乐园建设项目管理环境日益复杂多变趋势，优势在于应用 BIM 技术使建设项目管理层次减少和管理幅度扩大，扁平化组织结构与 BIM 技术的结合能够互相促进项目的推进。

2) 主题乐园项目中工程各主体的应用风险

(1) 在主题乐园项目建造过程中，由于项目的规模庞大，涉及的设计、顾问、施工等单位工程主体较多，要求各主要参建单位都具有较高的 BIM 技术水平很难。

(2) 对各阶段各个主体之间 BIM 模型传递交底有一定要求，需要约定较为完善的 BIM 操作方法和技术规格。

(3) 目前缺少较为完善的相互检查的机制，施工过程中变更后修改周期可能较长。

6.1.4 各种 BIM 实施模式的综合评估

上述三种 BIM 实施模式在主题乐园的工程项目中互有利弊，很难快速决断哪种有很大的优势。首先因为 BIM 整合了多方面的数据，这些数据之间的关系是复杂联动的，其次每个乐园项目，甚至每个单体的 BIM 需求都不一样，因而如何开展 BIM，选择何种实施模式也是前期 BIM 策划的一部分。横向评估三种模式的特征更明显，更便于对症下药（表 6-1）。

表 6-1 三种 BIM 实施模式综合评估表

列项	业主自主实施	乙方自主实施	第三方咨询服务
团队 BIM 能力	一般	高	参差不齐
实施周期	较长	一般	较长
权责范围	明确	较明确	模糊
需求响应	较即时	即时	滞后
与主业契合度	较高	高	低
实施深度	需求主导	明确且较高	参差不齐
涉及单位	多边	双边	多边
指令链	多点	线性	多点
实施流程	平行反复	线性	平行反复
应用价值	较高	较高	一般
技术规格	较统一	不统一	统一
合同管理	简单	较简单	复杂

基于 BIM 项目管理模式，任何一种 BIM 管理操作模式都有自身的优势和局限性，即便都是主题乐园项目，不同项目的需求和管理方对 BIM 技术理解程度决定了每个项目采用的项目管理模式也不尽相同。在选择 BIM 模式时，要结合项目自身的特点（需求、周期限制、投入）及各参与方的特点综合考虑，充分考虑 BIM 技术实现的成熟度和实施风险。

不管哪一种模式，BIM 团队与主题乐园的主体设计、施工单位均要有良好的沟通，并行推进，互相支持，互为补充。通过合适的审核机制控制模型、图纸、协调现场情况。BIM 过程控制不好，会使 BIM 与设计、施工、管理等脱节，一旦成为脱离工程之外的 BIM，BIM 的真正价值将消失殆尽。过程控制是 BIM 实施成败的关键，也是 BIM 实施的最大风险。俗话说立法易，执法难。BIM 在项目推行也是如此。BIM 因项目特点有不同的实施策略，在具体工程实施中，BIM 工作会遇到很多具体问题，主要还是依靠各方的密切配合有足够的响应度，建立适宜的审批流程和沟通渠道，关注过程控制，真正体现 BIM 技术应用的优势，并发挥最大价值。

BIM 技术与项目管理组织的结合必将更加深入，这是实现大型主题乐园建设项目建设过程中优化设计,合理制定计划,精确掌握施工进程的必然选择。

6.2 主题乐园业主方驱动,设计牵头,各工程主体协同工作的 BIM 实施模式

此模式是"工程各主体自主实施 BIM"模式的升级,最显著的区别在于设计阶段业主委托设计管理(总协调)或设计总包单位负责设计阶段 BIM 的实施和协调管理,以设计总包单位为主导与专项设计(设计分包)、专业顾问等参与方进行沟通协作,并为设计模型提供更新和维护,保证项目 BIM 应用和交付成果满足既定目标。施工阶段,BIM 实施责任主体转为施工总包单位。图 6-4 为此模式的组织架构图。

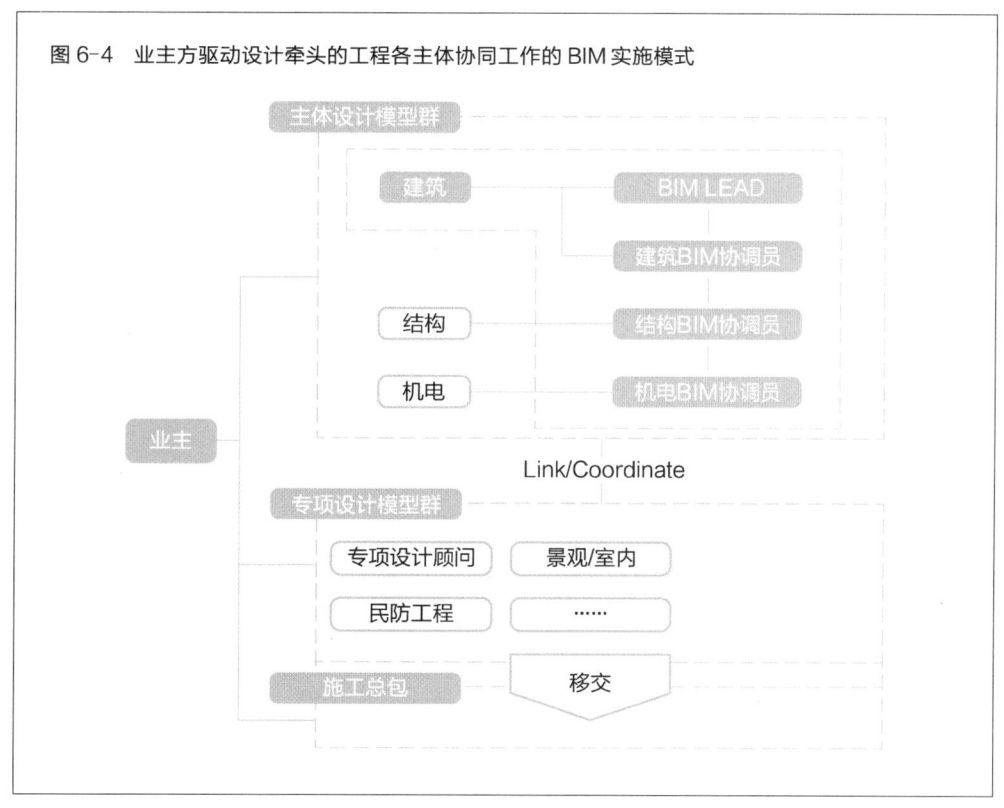

图 6-4 业主方驱动设计牵头的工程各主体协同工作的 BIM 实施模式

6.2.1 模式特征

1. 业主驱动

业主是推动项目实施的驱动者,在工程建设管理中占主导地位,是联系所有工程建设参与单位的中心,是所有角色的总调度,对项目的控制应该是主动、全面、统一的。从项目建设全周期的角度看,通过实施 BIM,业主可以更有效地把控项目,更有利于项目目标的实现,受益明显高于设计、施工等其他参与方。业主对于 BIM 需求所带来的驱动力,不仅促进了设计企业设计思维方法的转型,更激励了服务意识及品质的提升,也促使施工企业加快信息化步伐,从而向精细化管理和精益

化建造的转型升级。因此，业主是 BIM 实施的最大受益者和核心驱动力。

2. 设计总包牵头

目前大型主题乐园项目多采用设计管理（总协调）的方式，在部分招标手续繁琐的特大型主题乐园项目中，通常会采用设计总包方式。设计管理（总协调）是指主体设计单位对项目的所有设计单位的设计过程和结果进行把控和管理，设计管理单位负责自身主体设计任务的同时，承担对其他专项设计单位（设计分包）的管理和协调工作。而设计总包是指业主将主题乐园项目所有设计合同交给承接单位，由承接单位负责设计成果。二者最大的区别在于设计管理（总协调）不承担其他专项设计（设计分包）的筛选和商务谈判，在项目管理和协调方面二者职责一致。由于其在组织架构层面高度整合的能力，因此无论是设计总包或设计管理作为 BIM 工作的牵头者，都能在技术、协调和实施等方面将 BIM 理念贯彻其中，从而在整个项目设计周期内更好地发挥 BIM 高度集成、协调管理的特性。

3. 建筑专业主导

在民用建筑领域，从项目流程的角度看，建筑专业是整个设计的源头；从成果内容看，建筑功能和需求会反应在各专业成果中，同时各专业之间的协调成果也会集中反映在建筑图纸中。因而在大型主题乐园项目中，建筑专业除了完成本身的设计任务以外，还必须领导、组织和管理设计团队，交付给建设单位一个符合设计任务需求、满足规划条件、体现设计理念的作品。如果设计是 BIM 的源头，那么建筑设计是 BIM 数据源头的源头，也是把控 BIM 成果完成度的重要角色。基于 BIM 的设计和协同均为实现上述目标提供了切实可行的解决方案。

4. 责任主体回归

项目在设计阶段自始至终由各设计团队自主实施 BIM。采用 BIM 设计工具、BIM 理念和 BIM 三维协同机制进行绝大部分专业全过程的项目设计，并基于 BIM 设计模型进行分析计算、设计协调、优化调整和数据信息的维护，交付集成了图纸和模型数据的 BIM 成果。在施工阶段，施工总包作为该阶段项目实施的责任主体，同时也是 BIM 实施的责任主体，在前端模型的基础上开展施工准备、二次深化等应用。

5. 专项设计 BIM 责任明确

众所周知，设计专项化已成为行业发展的趋势。由专业团队在项目周期内负责各自领域的工作可大幅提升项目品质已形成行业共识。因此不同于以往项目中 BIM 实施全由第三方顾问或设计总包单位包揽的情况，BIM 回归项目责任主体后，可对 BIM 设计任务内容进行二次分解。在此模式下专项设计（设计分包）是其专项内容 BIM 的责任主体，在项目 BIM 执行计划的框架下，承担其对应工作范围的 BIM 实施，并对其 BIM 交付成果的准确性和有效性负责。设计管理（总协调）或设计总包负责自身主体设计内容对应的 BIM 工作，并履行各方 BIM 成果集成和协调管理的职责。

6. BIM 工作范围、深度、交付成果清晰

由于 BIM 回归项目责任主体，因而项目各组成部分 BIM 工作的实施范围、深度、交付成果的标准与其传统合同约定的工作内容基本一致，同时满足规范要求。加之前期有编制合理的 BIM 执行计划，从而最大限度地降低实施风险，及时发现潜在问题。

7. 经过 BIM 协调的交付成果

"第三方 BIM 顾问"和"业主自主 BIM 实施模式"在传统二维 CAD 图纸的基础上进行模型化论证检查，2D 设计与 3D 模型分离，导致应用价值有限。本模式由于责任主体的回归，凭借 BIM 高度集成化、数据源唯一的特性，在 BIM 环境下有些设计成果直接由模型衍生，有些 BIM 协调成果直接消化在传统设计成果中。

8. 进度与协调成本无额外影响

第三方和业主自主 BIM 模式是当下过渡阶段折中解决办法，其实施效果参差不齐，项目参与单位 BIM 受益有限。其中一个重要原因是平行于项目管理架构以外，又额外增加了一条 BIM 管理线路，通常由于在初期缺乏准确的 BIM 策划和目标定位，造成 BIM 在项目实施过度理想化，而没有达到增进沟通协调的效果。在这种 BIM 实施模式中，通过 BIM 应用反映的设计施工问题已融入相关专业的协调管理中，仅在某些特定节点，例如专项设计启动、设计与施工交底等环节还单独保留 BIM 的专项技术协调，因此对整个项目管理协调效率而言是显著提高的。而且由于各参与单位职责明确，项目实施与 BIM 应用一体化，所以 BIM 应用与项目推进之间不存在较大的时间差，对于项目进度没有额外影响。

总之，在大型主题乐园项目中，这种 BIM 实施模式下合同关系比较简单且易于管理，由于工作范围和深度与工作合同约定的条款内容相呼应，还有 BIM 执行计划约定，不易出现工作范围重叠和真空的情况，进而降低因扯皮推诿而产生的隐性协调成本的风险。这种 BIM 实施模式的初始难度相对较低，但在前期设计招标略有难度，因为对设计单位的三维协同设计能力和 BIM 技术要求较高，供业主筛选的设计企业范围缩小。换个角度思考，在设计能力与经验相近的情况下，具有 BIM 三维协同设计能力的设计企业显然更能胜任大型复杂项目的设计任务，项目的完成度和协调管理水平更有保障。

6.2.2 主题乐园 BIM 实施体系

BIM 的实施框架体系共包含四个层级（图 6-5）。

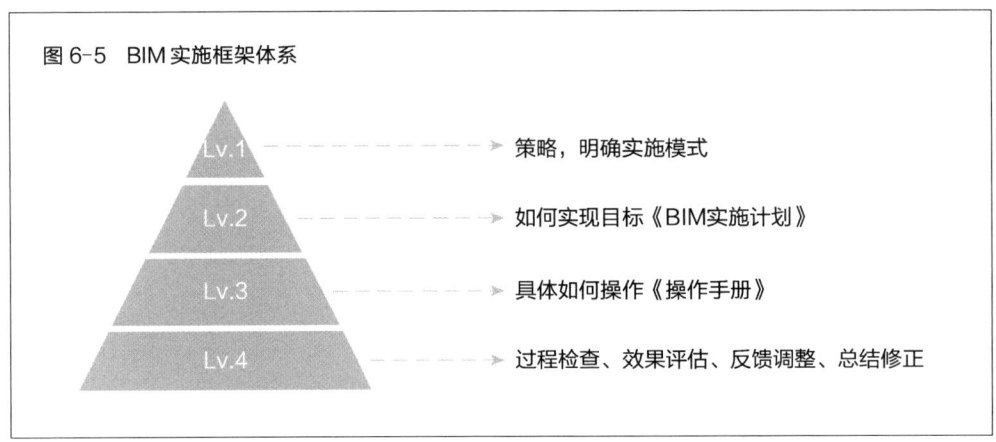

图 6-5 BIM 实施框架体系

(1) 第一级：主题乐园项目 BIM 评估策划及需求分析，分析项目特点和需求。

(2) 第二级：明确主题乐园 BIM 实施目标，编制 BIM 执行计划。计划中应用范围、深度、技术路线、组织计划、权责划分、协作方式、技术规格、控制措施以及交付成果等。作为实施框架体系中最重要的一个环节是 BIM 执行计划。

(3) 第三级：操作手册，规范和指导具体如何实施操作。

(4) 第四级：过程检查和记录，实施效果评估，过程追溯、反馈调整及总结。

6.2.3 主题乐园项目 BIM 执行计划

主题乐园 BIM 执行计划是指导 BIM 实施的纲领性文件，是指导各参与方在各环节如何实现 BIM 目标的基础。为了使项目在后续各阶段顺利高效开展，需在项目初期制定具体可行的 BIM 执行计划，其基本内容包括实施目标、技术规格、组织计划、控制措施以及交付成果等。

1. BIM 实施目标

在主题乐园项目周期的各重要阶段（设计、招标、建造、运营），通过协调统一的 BIM 模型所传递的信息，促进各参与方的流程管控与协调，对项目的设计协调、造价咨询、施工管理、运营维护提供优化的决策参考，从而最大限度协助项目管理和提升项目价值。BIM 首要的工作是对设计及管理的辅助协调和促进，相关问题均需要专业人员在模型上浏览、检查、解决和复核。具体实施目标可以包括以下几个方面。

(1) 促进沟通：进行可视化审阅，增进沟通理解，减少交流障碍。

(2) 设计协调：提供实时或当前版本设计资料的"冲突检测"报告，降低因"错漏碰缺"造成的施工返工，缩减施工周期。

(3) 造价咨询：提供与当前版本设计资料对应的数量明细表，为工程量计算提供补充参考依据。

(4) 进度计划：为进度管理团队提供用于编制 4D 进度计划的源模型。

(5) 提升品质：通过 BIM 的协作，将项目各方整合到同一个平台，让各方发挥最大优势对项目做出贡献，并且获取最大收益。

2. 技术规格

1) 工具平台

BIM 软件从功能上可分为设计建模、分析计算、审阅浏览，深化加工等类型，从数据结构上可以分为支持 Nurbs 与仅支持 Mesh。在选择上需要根据项目的具体情况，遵循实用性原则，兼顾功能性、经济性和上下游兼容性。术业有专攻同样适用于软件工具的选择，一款大而全的工具必定缺乏专业性，任何一个项目都无法仅靠某一软件完成，必然是由多种软件工具结合工作流程而形成的技术路线。需要注意的是应明确和统一一款 BIM 软件作为项目主要设计管理平台。

2) 模型范围与深度

BIM 模型的详细程度应在符合项目实际需求的前提下达到与计算机运行性能之间最大的平衡，如果过度模型化不仅会使模型运行速度和稳定性下降，而且会耗费大量的人力、精力和时间，但收效甚微。因而要从项目特点和需求出发，分析评估各组成部分工作的内容、造价、进度和质量等因素，并按 BIM 实施优先级进行分级排序，定义如下。

(1) 优先级 1：对项目整体设计品质和管理控制影响因素最大，专业工作之间互相依赖关系最大，协调最紧密的，以三维设计协调审阅为主。

(2) 优先级 2：对项目整体影响大但非要因的，专业之间依赖关系不是非常大，协调难度较低的，二维＋三维混合模式设计协调。

(3) 优先级 3：对项目整体影响因素较小，以二维设计协调为主。

在项目开始之初，建立书面形式的各组成部分 BIM 实施优先级权重表，用于确定 BIM 实施的范围。另外再对每个优先级中具体内容的实施深度进行规定。目前被广泛参考采用的模型深度标准是美国建筑师协会（AIA）制定的 LOD 标准。

3. 组织计划

BIM 组织计划由组织形式、相关方职责、工作界面等方面组成。根据 BIM 应用目标，明确设计、施工、咨询等相关各方的责任，确定工作要求。其中，BIM 协调人负责指导、执行和协调所有 BIM 相关工作，包括项目目标、工作流程、实际进度、资源调配以及技术应用等，协调和管理 BIM 团队中各参与方工作，保障项目中 BIM 高效实施。

各项目参与方的权责分工如下所述。

1) 主题乐园项目建设单位

(1) 建设单位必须指定人员与各参与方 BIM 团队接洽，负责 BIM 工作的开展与推进。

（2）管理项目所有 BIM 参建方。

（3）建立或委托建立 BIM 应用标准、定义招标文件 BIM 要求、审核投标方 BIM 能力。

（4）审核本项目的 BIM 实施规划和各阶段的 BIM 实时计划，审定 BIM 应用工作流程。

（5）审核发布本项目的 BIM 技术标准和工作程序，监督 BIM 各参与方按要求执行。

（6）提出 BIM 技术应用过程中衍生的需求。

（7）将审阅模型过程中发现的问题反馈给相关责任主体。

（8）组织并主持各阶段的 BIM 启动会和过程协调会。

2）主题乐园项目设计总包

（1）根据项目应用需求，策划或构建相应专业的建筑信息模型并进行模型审核、整合与分析。

（2）维护建筑信息模型并根据模型修改意见及时协调，解决建筑信息模型相关问题。

（3）完成不同阶段和专业 BIM 应用实施，保证建筑信息模型及其应用成果的质量。

（4）配合 BIM 咨询工作，制定设计阶段 BIM 实施细则，如文件夹结构、权限级别等。

（5）参加与 BIM 相关的会议及培训，与项目各参与方进行 BIM 设计交底。

（6）对于施工阶段的模型方案修改，进行设计变更和模型调整。

3）主题乐园项目施工总包

（1）按照 BIM 实施导则和 BIM 技术标准，组织内部 BIM 实施体系，配备 BIM 专业人员。

（2）接收设计单位提供的设计阶段 BIM 模型，对自身合同范围内的设计阶段 BIM 模型进行必要校核和调整。

（3）根据项目实际施工进展程度，基于设计 BIM 模型，完善深化施工阶段 BIM 模型，并在施工过程中及时更新，保持适用性，最终形成竣工模型。

（4）施工总承包应统筹管理好各分包单位施工阶段的 BIM 模型。

（5）保证 BIM 模型与施工现场相结合，并配合 BIM 咨询单位完成施工阶段 BIM 应用，对所有参与 BIM 应用的分包进行管理和协调。

（6）在 BIM 模型基础上，采用 Navisworks 等软件进行施工模拟。

（7）按项目管理单位要求参与必要的 BIM 培训。

4）主题乐园项目各专业分包

（1）接收自身合同范围内的施工图设计模型，进行必要的校核和调整，完善成为施工深化模型，并负责合同范围内的 BIM 模型更新和维护工作。

（2）利用 BIM 解决可能存在的设计问题，优化施工关键工艺，配合总承包单位的 BIM 工作，提供相应更新的 BIM 应用成果。

4. 控制措施

控制措施包括沟通协调机制、质量控制措施、技术协同机制。沟通协调机制主要是保障项目在推进过程中，一旦有问题需要多方协调处理的情况，各方建立的沟通、追溯管理机制。质量控制措施是对传统设计三校两审和设计协调的补充，利用BIM三维可视化综合审阅、预设规则的碰撞检查、数据检查等手段严格控制项目品质。技术协同机制是为了实现真正意义上协调高效的工作，使各方设计数据能通过共享的数据库或交换协议、以整个项目团队认可的方式交互，是项目协作在技术层面的另一道保障。

5. 设计交付成果

作为BIM实施源头的设计单位，除合同约定的其他情况，BIM交付成果宜包含以下内容：设计图纸资料，BIM审阅模型文件，BIM模型说明，模型建立和协调过程中的问题记录等。

1）模型文件（图6-6）

图6-6 主题乐园项目各专业BIM模型文件示意

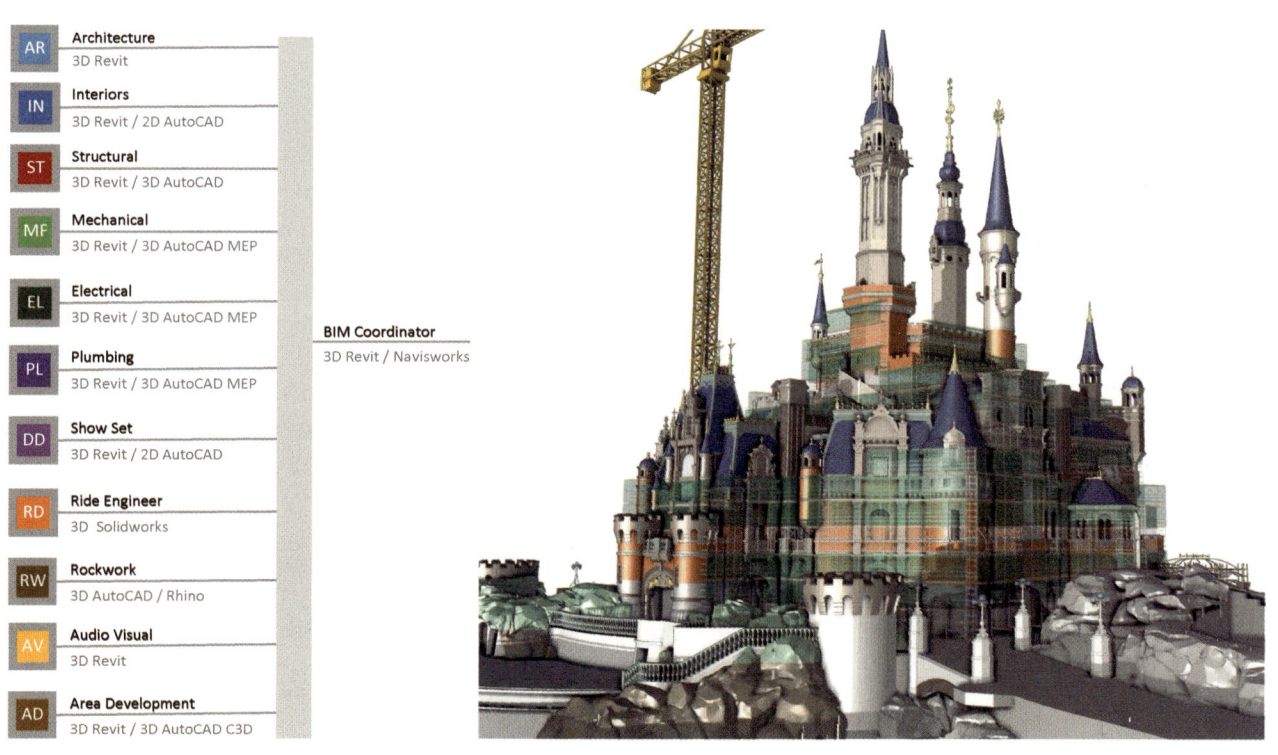

2）模型交付说明

现阶段BIM实施还没有统一的模型交付标准，而且由于每个项目的特点、需求各不相同，每个参建单位的工作习惯和技术体系也不相同，所以也不可能有一套所谓统一的交付标准能覆盖所有项目和所有参建单位。因此在解决共性约定和个性差异之间矛盾时需要有创新的思维。更合理的做法是编制BIM说明文件，在模型传递时需进行交底。一个完整、清晰、明确的交付说明文件能够让各参与方更快、更好地了解上游传递来的BIM模型，辨识其中的信息（图6-7）。

Document Title:	BIM 说明文件	Date:	输入日期
Project Name:	单击此处输入项目名称	Project Code:	项目编号

Content

General Information 概况

1. 软件版本: 主设计平台 Revit 2016
2. 单位制: 除景观场地模型使用 m 米制以外，无特殊说明默认 1 Unit = 1mm
3. 公差精度: <0.01mm
4. 坐标系: 各分子模型项目坐标系和绝对坐标系统一，详见建筑模型的"Project Orient"和"Project Elevation"视图
5. 模型化依据:
   1) 本项目设计图纸
   2) 合作单位初步设计图纸和模型
   3) 工程设计合同中 BIM 相关要求和条款
   4) 本项目 BIM 实施计划
   5) 与业主和相关单位协调会的会议纪要
   6) BIM Issue Logs 设计协调问题记录反馈意见
   7) 国家/地方 BIM 标准/规范文件，仅参照执行
6. 成果文件
   1) BIM 说明文件
   2) 轻量化审阅模型 Navisworks / DesignReview
   3) BIM Issue Logs 模型化过程中分析发现的设计协调问题追溯记录
   4) 其他约定的成果，详见 BIM Delivery Log
7. BIM 使用要求及声明
   1) 务必使用对应版本的软件打开模型
   2) 链接管理采用相对路径，使用单位参照移交的文件夹结构自行配置工作环境，包括文件夹、中心文件、工作副本等
   3) 确保模型使用时的工作集状态正确
   4) 本项目 BIM 模型及其说明只用以明确我院设计范围（即建筑、结构、给排水、暖通、电气专业）或其他约定的我院实施的专项设计内容对应的 BIM 模型及其交付成果的使用方法、注意事项。
   5) 除合同约定、委托内容以外，例如钢结构、幕墙、机电深化、厨房、工艺等业主委托有相应专业资质的公司进行二次专项深化设计、施工的，专项设计单位是其专项设计内容 BIM 的责任主体，负责所设计内容的 BIM 实施，并对其 BIM 交付成果的准确性、有效性负责。钢结构、幕墙、机电深化在主体设计模型中保留控制模型。
   6) 当模型使用单位发现设计内容有未尽之处、相关专业图纸有矛盾、施工现场无法实施等情况，应及时与我院相关专业设计团队联系，并将问题集中记录在对应的 BIM Issue Log 中，以便汇同业主、设计和相关单位共同解决。
   7) 模型使用单位应事先熟悉相关图纸，全面了解工程设计内容并掌握本说明内容，经我院向施工单位进行 BIM 技术交底并完成模型移交手续后方能深化施工模型。
   8) 设计院是设计阶段 BIM 工作的责任主体，一旦 BIM 移交完成，施工单位是施工阶段 BIM 工作的责任主体，负责本项目 BIM 的维护更新。
   9) 模型未尽之处或发现模型与设计图纸有出入时，模型使用单位应及时与模型创建方及时沟通，通常情况下以正式的设计图纸表达的信息为准。
   10) 异型幕墙、钢结构等无法用施工图描述设计信息唯一性的构件元素，且图纸已无法指导加工、施工和算量等需求的，Revit 模型不完全支持 Nurbs 格式，不可直接用作深化、加工和算量。
   11) Nurbs 数据格式的图元构件，由专业软件创建后导入（链接到）Revit 模型
   12) BIM 仅负责如实反映当前阶段的设计现状和问题，解决问题的责任主体是设计、施工、专项顾问等项目实施主体本身。
   13) 以下几种情况，对项目造成质量、造价、进度影响的，BIM 团队不承担责任

(a)

图 6-7 设计模型说明示意

(b)

3）模型化过程设计协调问题记录

将项目过程中以 BIM 为平台进行的设计、协调、整合问题进行全面的记录，追踪落实情况（图 6-8）。

图 6-8　基于模型的问题追溯记录示意

问题位置区域　问题描述　协调结果　落实情况

Updated on 20150113

Remark：机电分析净高指机电完成净高，不包括管线吊支架尺寸和吊顶构造厚度等，实际使用净高比分析值略低

MEP Clear Height means the clear height of MEP finish, not including the thickness of ceiling and pipe supports. So the actual clear height may be a little lower.

ID ID	位置区域 Location	楼层 Level	轴线 Grid	NBBJ 要求净高 NBBJ Clear Height	机电分析净高 MEP Clear Height	原因分析 Reason	解决办法 Solution	优先级 Priority	状态 Status	Responsible Responsible
1	走廊	B1F	4.9轴&C.1轴	2 700	2 400	管线密集	土建与机电协调解决	Low	Open	SIADR
2	锅炉房	B1F	3.1轴&A.7轴	2 200	1 800	锅炉房处结构降板，机房排布困难	土建与机电协调解决	Low	Open	SIADR
3	污物通道	B1F	9轴&A轴	3 500	3 300	管井边梁	土建与机电协调解决	high	Open	SIADR
4	货车通道	B1F	1.1轴&D. 2轴	3 500	3 300	结构梁变大	土建与机电协调解决	high	Open	SIADR
5	直线加速器	B1F	A.4轴&17轴	3 000	2 600	土建净高3 150	土建与机电协调解决	high	Open	SIADR
6	车位	B2F	9轴&C.1轴	2 200	2 000	机电管线集中敷设	待尝试调整机电敷设路经	low	Open	SIADR
7	洗衣房	B2F	14.3轴&A.6轴	2 700	2 300	结构降板，净高要求高	土建与机电协调解决	high	Open	SIADR
8	车位	B2F	18轴&D轴	2 200	2 200	上方为电梯基坑，梁底2 200，有风管 2 400*630	土建调整	low	close	SIADR
9	车位	B2F	17轴&C轴	2 200	2 000	给排水管道与风管交叉	机电调整	high	Open	SIADR
10	接待	3F	13.4轴&M轴	3 100	2 700	净高要求高	机电调整	low	Open	SIADR
11	机房	3F				碰撞较多，需调整并保证检修通道净高	机电调整	high	Open	SIADR
12	走廊，等候区	4F	L轴 &12轴至17轴	3 300/2 700/2 500	2 500-2 700	吊顶需做成倾斜，机电管线较多，无法排布。	待结构调整梁尺寸后校核	Low	Open	SIADR

6.2.4　应用详述

1. 方案阶段 BIM 应用

方案设计阶段，主要考虑建筑效果、经济技术指标、模拟与分析等。借助 BIM 的可视化、数据联动与分析功能快速、直观地对不同方案进行对比，得到最优的结果。

1）形体推敲

方案阶段可以借助 BIM 提供方便的、直观的不同建筑形体供设计师进行选择，通过数据对比和模拟分析，找出不同形体方案的优缺点，帮助设计师迅速评估建筑方案的优劣（图 6-9）。

2）功能分析

利用 BIM 的实时数据，在方案设计阶段即可对项目内部各功能区域比例进行初步分析与对比，将建筑效果与建筑功能相结合，达到美观和功能俱佳的设计方案。

3）可持续设计分析

方案设计阶段除了方案的效果，还需考虑其他内容，如日照、场地、抗震减灾、防火防水等。方案阶段的 BIM 模型可输出并进行常规的各类模拟计算。

图 6-9 参数化设计异型建筑造型

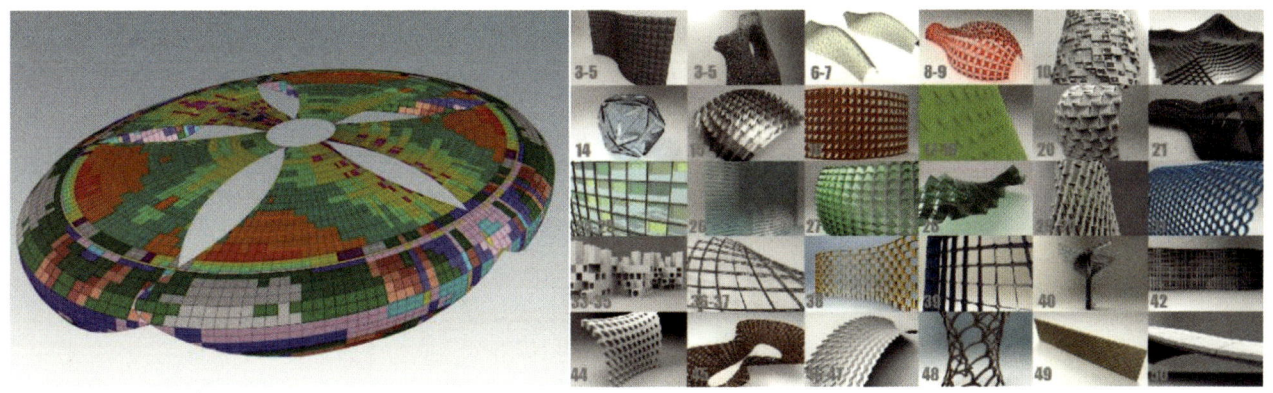

2. 扩初/施工图设计阶段 BIM 应用

设计阶段 BIM 应用的主要目的是提高设计质量和效率,从而减少后续施工期间的洽商和返工。对于项目设计来说,能够起到设计优化、方案对比、满足设计与需求共存的作用。

1) 方案比选

设计阶段考虑的内容更加具体。例如局部效果的对比、如何满足使用要求与设计规范等。三维可视化能够更直观地表达方案效果。

2) 三维设计

三维可视化相对二维图纸来说,能更好地表达设计意图。对于参与项目的非专业人士来说,也能方便直观地理解设计内容(图 6-10)。

图 6-10 设计可视化审阅

3) 分析推敲

设计阶段需要进行大量分析与模拟。与方案阶段不同,设计阶段的分析更加具体与专项。例如主题乐园中演艺场馆的视点模拟等（图 6-11）。

图 6-11 视点分析

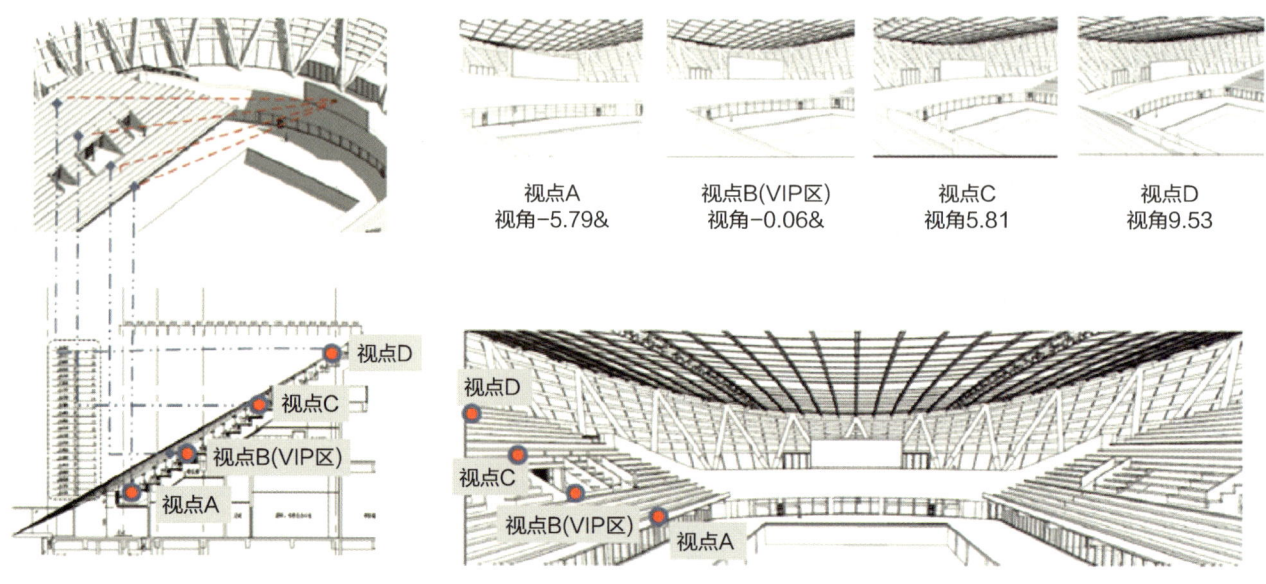

4）净高分析

通过 BIM 模型将各机电专业设计进行整合，结合项目需求复核室内净高，将施工后期才暴露的净高问题提前至设计阶段解决（图 6-12）。

图 6-12 机电综合净高分析

5）管线综合

通过BIM模型，设计师能够在虚拟的三维环境下方便地发现设计中的碰撞冲突，并快速地将修改方案进行对比，从而大大提高了管线综合的设计能力和工作效率（图6-13）。

图6-13 机电三维轴测图

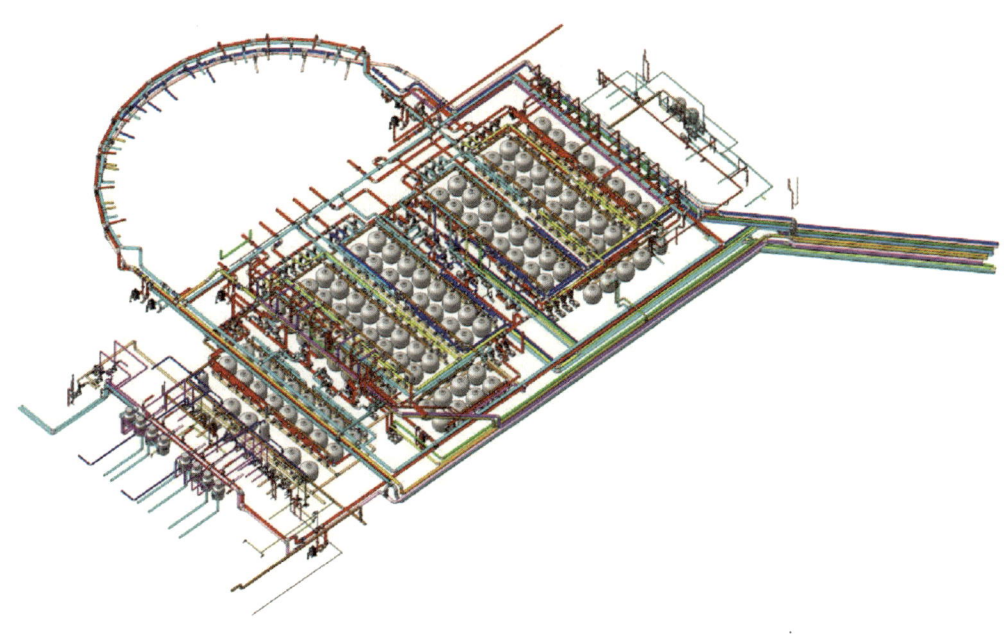

6）数据追踪

BIM中包含的数据能够使各参建方精准了解不同设计阶段的方案变化（图6-14）。

图6-14 设计各阶段数据追溯维护

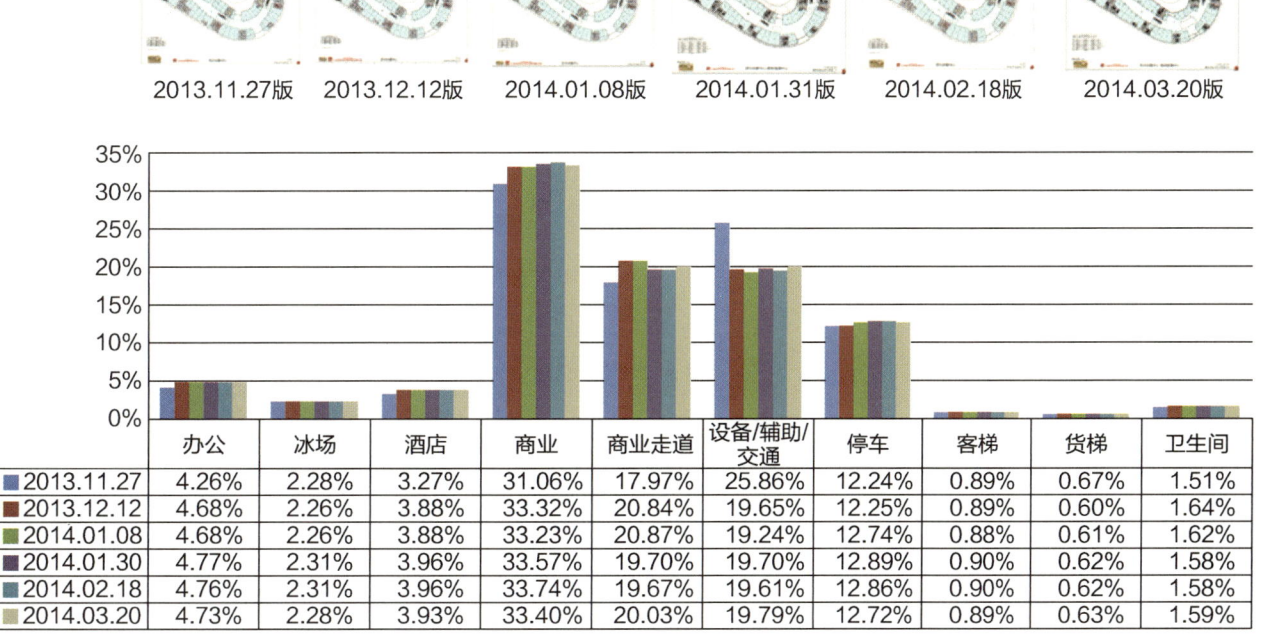

	办公	冰场	酒店	商业	商业走道	设备/辅助/交通	停车	客梯	货梯	卫生间
2013.11.27	4.26%	2.28%	3.27%	31.06%	17.97%	25.86%	12.24%	0.89%	0.67%	1.51%
2013.12.12	4.68%	2.26%	3.88%	33.32%	20.84%	19.65%	12.25%	0.89%	0.60%	1.64%
2014.01.08	4.68%	2.26%	3.88%	33.23%	20.87%	19.24%	12.74%	0.88%	0.61%	1.62%
2014.01.30	4.77%	2.31%	3.96%	33.57%	19.70%	19.70%	12.89%	0.90%	0.62%	1.58%
2014.02.18	4.76%	2.31%	3.96%	33.74%	19.67%	19.61%	12.86%	0.90%	0.62%	1.58%
2014.03.20	4.73%	2.28%	3.93%	33.40%	20.03%	19.79%	12.72%	0.89%	0.63%	1.59%

7) 复杂区域分析

对于传统设计模式,各专业设计间的矛盾冲突极易出现且难以解决。而 BIM 可以对其进行协调、消除冲突,大大缩短设计时间且减少设计错误和漏洞(图6-15)。

图 6-15 地下空间复杂部位设计推敲分析

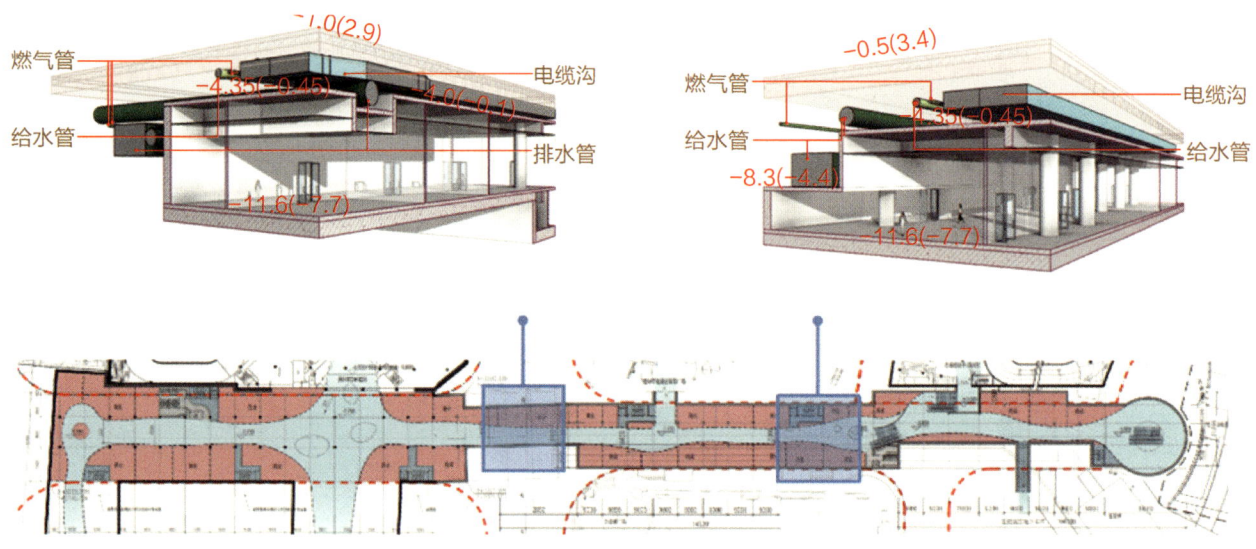

8) BIM 图纸输出

通过 BIM 软件生成部分施工图纸。特别是复杂区域的剖面图,由模型直接高效生成且与设计相符(图 6-16)。

图 6-16 模型输出图纸

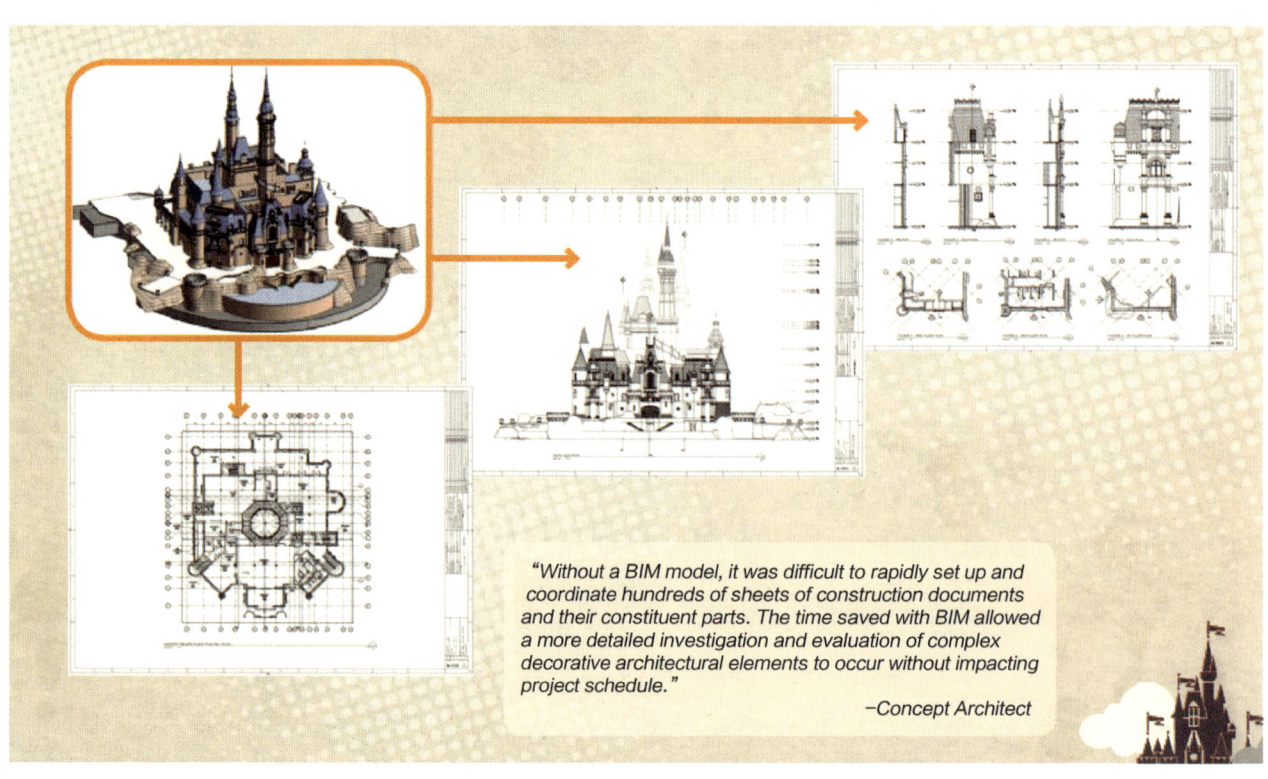

"Without a BIM model, it was difficult to rapidly set up and coordinate hundreds of sheets of construction documents and their constituent parts. The time saved with BIM allowed a more detailed investigation and evaluation of complex decorative architectural elements to occur without impacting project schedule."
—Concept Architect

3. 招投标阶段 BIM 应用

招投标阶段通过 BIM 的技术特点能在工程成本快速测算、加快施工进度、提高工程质量、确保施工安全等多个方面发挥巨大作用。

工程量统计：BIM 模型能够导出一系列相关数据，可以在招投标阶段给项目各参与方提供决策参考。

4. 施工阶段 BIM 应用

1) 4D 进度模拟

将项目施工进度与 BIM 模型连接起来，以动态的三维模式模拟整个施工过程与施工现场，能及时发现潜在问题和优化施工方案，为节约成本、缩短工期提供帮助（图 6-17）。

图 6-17　4D 进度模拟示意图

2) 专项深化

利用 BIM 模型在加工前对具体构件、节点的构造方式、工艺做法和工序安排进行优化调整，指导制造厂工人进行合理有效的工艺加工，提高施工质量和效率，降低施工难度和风险（图 6-18）。

3) 可视化交底

得益于 BIM 模型的可视化特性，项目设计、建造、运营过程中的沟通、讨论、决策都在更直观的状态下进行（图 6-19）。

图 6-18　BIM 钢结构幕墙专项设计应用

图 6-19　BIM 模型现场施工交底和协调

6.2.5　小结

通过分析大型主题乐园项目中的 BIM 实施过程和成果，不但总结出了一套切实可行的实施模式，也积累了 BIM 在大型复杂项目中应用的经验，还发现了 BIM 发展的一些主要困难。

1. 经验总结

以 BIM 为核心的项目运作方式，不但要求项目信息的共享，更要求各参建方的理念转变，强调重视协同工作，相互尊重，尽早开始合作，以实现项目整体利益最大化为目标。这与未来工程项目一体化交付（IPD）的理念是完全契合的。

BIM 在技术方面的应用应该以配套的流程、人员部署以及制度策略为依托，单一技术层面的应用可能导致 BIM 从先进的工作管理方式变为纯粹的绘图工具，从而丧失根本的优势。

BIM 标准的建立和正确实施，能够在技术和流程层面对 BIM 应用加以规范，有效促进项目过程中的信息分享，并且在企业内部建立工作常态，保证效率和成果的一致性。

业主对于 BIM 的理解和接受程度对于项目中 BIM 的推广应用至关重要。这要求 BIM 实施单位在项目初期与业主就 BIM 应用目标和范围达成一致，明确供求内容，并在项目过程中积极反馈和交流以及建立有效的交付机制。

BIM 对项目以及行业的改变，更多的是以技术为驱动带来的环境和思维的转变。成功实施的项目，应注重总结分享和推广经验，不仅是技术层面的，更是项目和企业管理层面的，从而在行业内形成良性循环和带动机制。

2. BIM 应用推出

国内大型复杂项目应用 BIM 的主要难题包括以下几个方面。

(1) 法务、合同以及保险层面对于 BIM 内容的缺失。在我国现有建筑行业的组织和业务模式下，BIM 相关的行业规程及法律责任界限不明，阻碍了 BIM 的应用步伐。

(2) 对于 BIM 技术的期望与项目实际情况不一致。追求 BIM 应用的大而全，导致企业或项目目标不能达成，投入回报不理想。低估 BIM 应用的困难，导致 BIM 实施的程度和效率大大低于预期。

(3) BIM 是信息技术、建筑工程技术以及项目管理相结合的产物，发展 BIM 无疑需要工程管理和信息技术的复合型人才，与精通专业软件的 BIM 人才相比，项目级和企业级 BIM 人才更为稀缺。

第 7 章　主题乐园的未来与展望

7.1　从主题乐园到主题度假区

7.2　主题乐园的集群化发展

7.3　主题乐园的文化品牌支撑

7.4　主题乐园的全感官体验升级

迪士尼作为世界范围内最负声誉的主题乐园品牌，在60年的时间内打造了6个主题乐园，凭着这些主题乐园在全球独树一帜，收获颇丰，长盛不衰。其发展模式的奥秘在何处？其对于我国主题乐园下一阶段发展又有何启示？

通过对6个迪士尼乐园的研究，总结出其在发展模式方面的如下经验。

7.1 从主题乐园到主题度假区

迪士尼将"乐园"的内涵从孩子们的游乐场所扩展至"全家人"都可享用的度假区。由此，主题乐园的功能从单一的游乐走向集吃、住、游、娱于一体的多元化、多层次的功能集合。这个转变也经历了一个过程：最初建于美国加州洛杉矶的迪士尼（1955年）是主题乐园模式的代表，由2个主题乐园、3个酒店和1个迪士尼市中心组成，占地面积仅为1.74 km²，乐园区占有绝对配比优势，配套的酒店和商业设施所占比例较少（图7-1）；而1983年的东京迪士尼初步实现了由"乐园"向"度假区"的升级：除了2个主题乐园外，还有体量相当大的3个迪士尼主题酒店、6个度假区饭店以及2个集购物、娱乐、餐饮于一体的大型购物娱乐中心（图7-2）；巴黎迪士尼则实现了由"乐园"向"度假区"的真正升级：由迪士尼主题乐园、迪士尼影城、度假酒店、迪士尼高尔夫和迪士尼小镇组成，为占地面积20 km²的主题度假区，其中，主题乐园不超过主题度假区总占地面积的1/10（图7-3）。

图 7-1 洛杉矶迪士尼主题乐园功能布局图

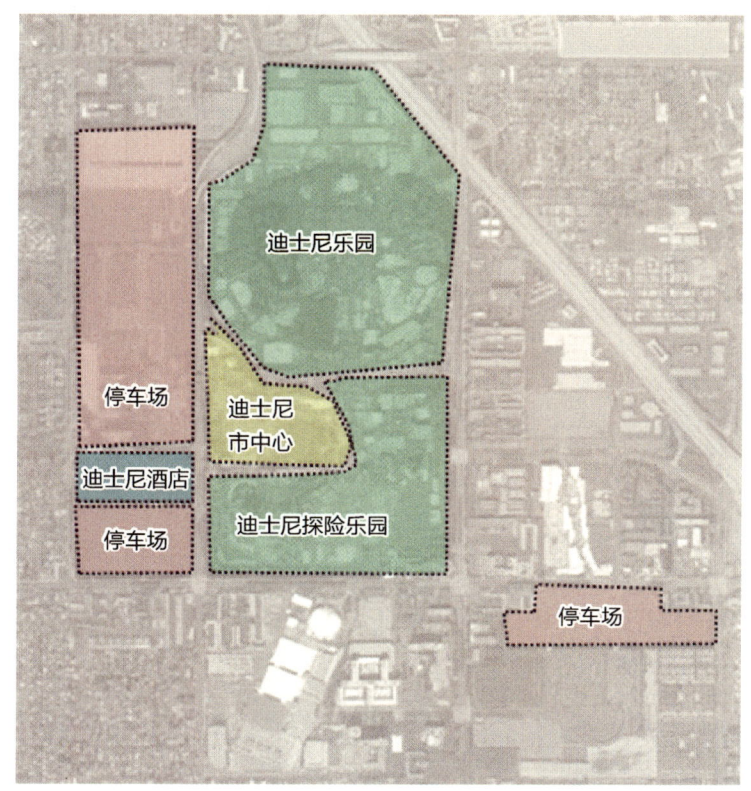

图 7-2 东京迪士尼主题度假区功能布局图

图 7-3 巴黎迪士尼主题度假区功能布局图

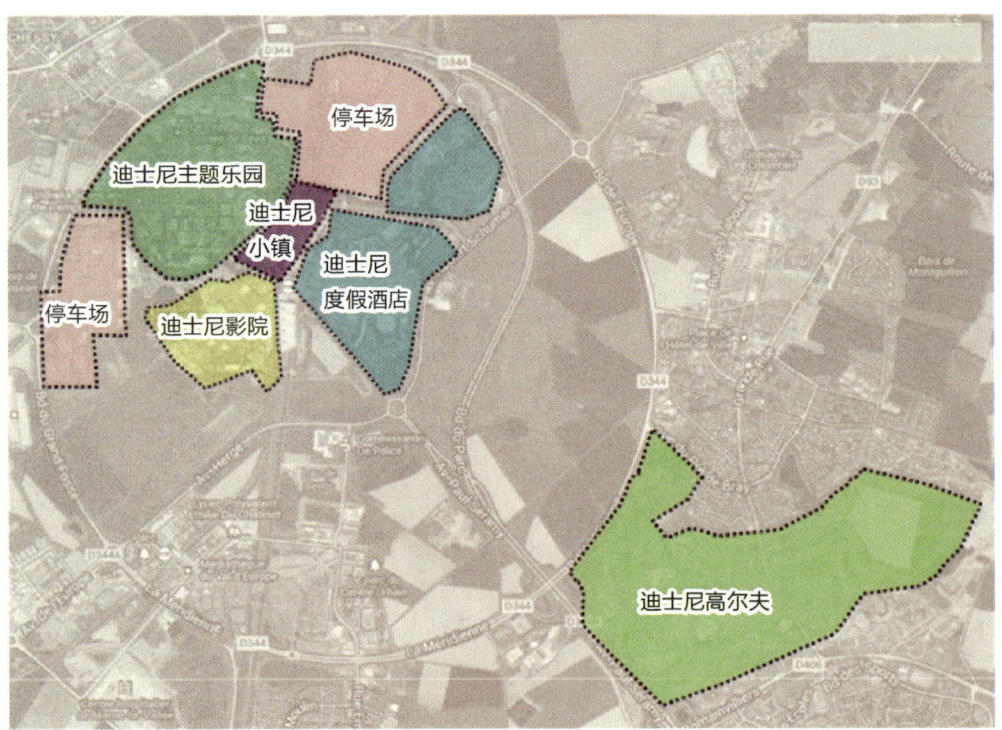

7.2　主题乐园的集群化发展

　　主题乐园集群化发展也是迪士尼乐园明显的规划趋势之一。产业的集群化发展有利于形成规模效应，提升区域的旅游吸引力和竞争力。其中，最典型的是奥兰多迪士尼乐园，其位于奥兰多主题乐园度假区内。经过 40 多年的不断发展，目前奥兰多主题乐园度假区的面积已达 170 km²，除了迪士尼之外，其还集合了环球影城、冒险岛和海洋世界等 7 个主要的大型主题乐园。在 2014 年全球主题乐园报告中，该度假区内的主题乐园全部入选全球排名前 25 位；其中，迪士尼的 4 个主题乐园还在全世界年人流量过千万的 8 个主题乐园中占有一半的席位，并且"神奇王国乐园"始终位于榜首，2014 年客流量达 2 000 多万人。由此可见，奥兰多主题乐园度假区取得了非常有效的集群效应。另外，上海迪士尼乐园也体现了集群化发展的规划意象。其位于上海国际旅游度假区，整个度假区以迪士尼乐园为核心，外围的协调发展区总占地面积达 107.1 km²，为未来的集群化发展留出了充裕的空间。

7.3　主题乐园的文化品牌支撑

　　迪士尼乐园具有"迪士尼"这个品牌的强有力支撑,加上迪士尼公司坚守文化阵地并不断向相关领域延伸,形成了自己独特的文化产业链条,其品牌效应得到不断强化。"迪士尼"从一个简单的卡通形象发展壮大,时至今日已经形成横跨多个行业的文化产业巨头,拥有影视娱乐、乐园与主题度假区、消费产品和网络媒体四大支撑产品（2017年第二季度,迪士尼公司133.36亿美元的营收中,主题公园及度假区业务仅占总营收的32.3%,对迪士尼公司收益贡献最大的是媒体网络,占总营收的44.6%,影视娱乐占15.3%,互动媒体和消费品占7.9%）。从主题乐园的角度来说,品牌文化是其发展的核心竞争力和动力源泉。正是植根于文化沃土,不断珍视和培养文化资产,才使得这股发展动力不竭。也是基于此,迪士尼乐园才得以长盛不衰,成为有别于其他主题乐园的耀眼之星,这也是国内主题乐园难以望其项背的重要原因。

7.4 主题乐园的全感官体验升级

2017年5月27日奥兰多迪士尼乐园开放了全球首个阿凡达主题乐园——"潘多拉星球：《阿凡达》的世界"，园区以实景和3D全息影像结合的方式，打造最逼真的潘多拉美景，游客可以通过VR技术体验骑在斑溪兽上飞行，LED感应式地毯收到游客走动的重力感应而变换颜色，浮空群山还原真实的悬浮山场景；园区不仅在硬件的体验上做足文章，其中名为"Satu'li Canteen"的主题餐厅，不仅在装潢上使用了大量的娜美星元素，还提供品类丰富的"外星美食"，同时商店里会出售各种《阿凡达》周边产品和玩具；园区还设置了向导，专业的"本土向导"将会自然地体验关于这里的故事和有趣的一切，并会教导你关于潘多拉星球的生态、动植物知识，让人真切地感受到身处的当下就是潘多拉的事实。从主体乐园的体验角度，最吸引人的地方，就是游客可以从现实生活中脱离，进入到一个奇异的新世界去探索，这也是主题乐园沉浸式娱乐的目标。

结合迪士尼的发展经验及我国主题乐园发展现状，我国主题乐园下一阶段的主要发展趋势应该是：①主题乐园集群化；②主题乐园品牌化；③主题乐园场景化。这里将主题乐园的这种发展模式通称为跨界发展模式，沿用前文的划分方式，这一阶段的主题乐园可称为第六代主题乐园。这几年来迪士尼、环球影城及六旗等国际大牌相继宣布进入中国市场，对我国主题乐园的发展起着重要作用，集群化方向、自主文化品牌的建设和沉浸式体验的升级已开始萌芽（图7-4）。

图7-4 我国主题乐园发展阶段与时代示意图

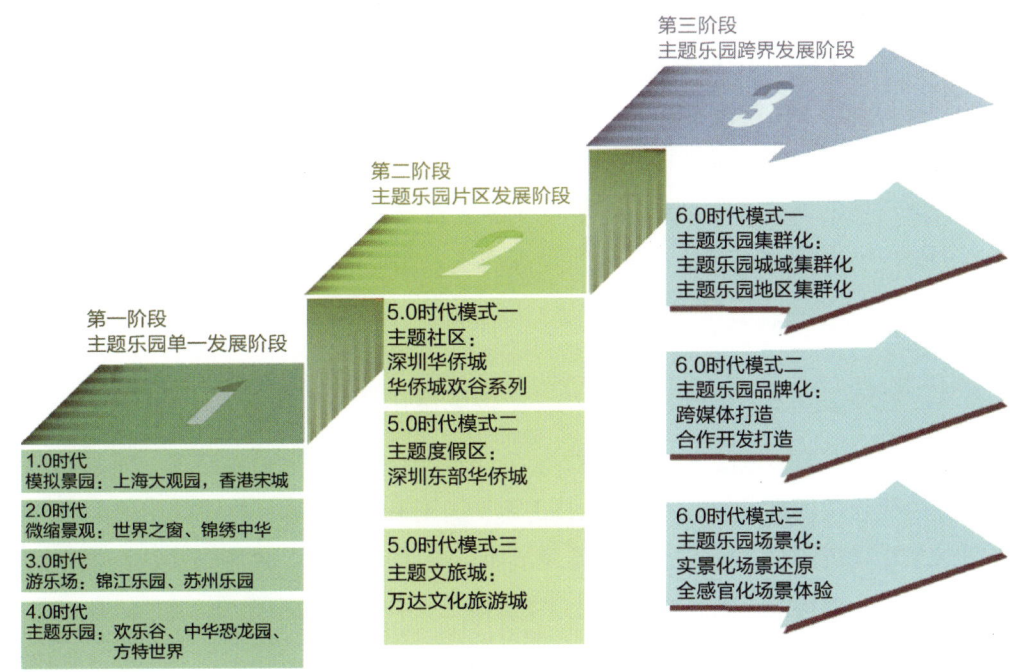

7.4.1 主题乐园6.0时代模式一——主题乐园集群化

未来的主题乐园的发展将上升到区域旅游乃至国家旅游发展的高度，区域联动、品牌塑造、体验创新将引领未来主题乐园发展迈向新阶段。

（1）主题乐园城域集群化：如同奥兰多的主题乐园集群化发展一样，常州、广州在主题乐园的发展规划上已经初步凸显出集群化的特点：常州聚集了中华恐龙园、淹城春秋乐园和环球动漫嬉戏谷等；广州集聚了香江野生动物世界、长隆夜间动物世界、长隆欢乐世界、长隆水上世界、广州鳄鱼公园和长隆国际大马戏等。

（2）主题乐园地区集群化：中国特色的集群化正在突破奥兰多模式，试图联动多城市间的主题乐园形成跨城市的发展，有向全国五大地区，即长三角地区、珠三角地区、京津冀地区、中部地区（武汉）和西南地区（成都）聚集发展的趋势。以长三角地区为例，其集聚有上海迪士尼、海昌临港极地海洋世界、上海临港冰雪世界、上海欢乐谷、南京欢乐谷、无锡万达文旅城、苏州乐园、南通航母主题乐园、浙江海盐的六旗主题乐园以及上述的常州主题乐园群等。

7.4.2 主题乐园6.0时代模式二——主题乐园品牌化

拥有自己的文化品牌、自主的IP，并延伸到主题乐园、网络媒体和影视娱乐等领域，使之联动，产生更大的经济效益，是主题乐园产业链经久不衰的制胜法宝。时下，我国的主题乐园已经认识到自主的IP和媒体化的重要性，各大集团都在这一方面尝试突破和发展。

（1）跨媒体打造自有品牌IP：常州中华恐龙园与电视、电影等媒体合作，成功打造自己的卡通动漫品牌明星"恐龙宝贝"，还力推相关衍生商品的开发，如主题乐园形象大使、网游、手机动漫等；长隆与电视合作推出了《中国好声音》《爸爸去哪儿》《奇妙的朋友》和《奔跑吧，兄弟》等节目，极大地提升了长隆的品牌影响力。

（2）购买成熟IP合作开发：更多的开发商愿意去购买现有成熟IP进行主题乐园的合作开发，如郑州建业华谊兄弟电影小镇，就是本土房地产企业出资结合华谊兄弟电影的《太极》电影品牌进行合作开发。作为主题乐园发展的最具价值的供血系统，IP消费的发展将大大强化优秀IP及其主题乐园的优势。通过游客的消费需求，强化IP的影响力，增强主题乐园品牌竞争力，带动主题乐园品牌消费的更多可能性。

7.4.3 主题乐园6.0时代模式三——主题场景化

结合未来科技与虚拟技术，打造逼真的穿越时空与限制的虚拟场景，同时在游园的全阶段强化场景的真实体验，将是主题乐园未来发展最核心的品牌影响力。

实景化场景还原：从3D技术到全息成像，再到VR技术，越来越多的科技作为主题乐园全元素情境化整合的催化剂，逐渐消除了体验的时空障碍，如果3D技术让人实现了真正的"身临其境",要获得超越 3D 技术的真实体验,唯有将观众带入一个超级逼真的重现实景——也就是主题乐园的实景化场景。一切从场景的角度出发,情境化展开体验的过程,不管是游玩、休憩或者是吃饭和用洗手间,全阶段的场景以无边界地衔接呈现"真实",从场景情境应有的:或许是违背重力,或许是超乎认知,或许是突然出现的场景体验,只有这些"真实"的场景,才能让游客体验到超越"身临其境",进入到一个奇异的新世界。

全感官化场景体验:优秀的场景体验,建立在多种感官互动方式的基础上,未来的主题乐园所诠释在品牌上的影响力,也必将通过感官互动的方式进行传播,看到的、听到的、触摸到的、闻到的、尝到的、认识到的必将深刻留在游客游览体验的历程中。碎片化的记忆片段,会对游客评价主题乐园起到一定的参考价值,单一或较少的感官刺激,不会形成映象深刻的记忆片段,不管是在体验的瞬间还是游览后回忆时,只有多重感官的联动,才能强化出一段段美好的游览片段。视、听、触、嗅、味、知六觉作为主题乐园游览体验中的基本方式,将通过联动和更多的可能性强化主题乐园的品牌影响力。

参考文献

[1] 哈罗德·科兹纳. 项目管理：计划、进度和控制的系统方法[M]. 11版. 北京：电子工业出版社，2014.

[2] 辛西娅·斯塔克波尔·斯奈德. 活用PMBOK指南：项目管理实战工具[M]. 2版. 北京：电子工业出版社，2014.

[3] 项目管理协会. 项目管理知识体系指南[M]. 许江林，译. 5版. 北京：电子工业出版社，2013.

[4] Hephaestus Books. Articles on Construction Documents, Including：Masterformat, 50 Divisions, Uniclass, Verify in Field, Schedule of Values, Punch List, Submittals(Construction), Shop Drawing, Builder's Risk Insurance, Brief(Architecture)[M]. Hephaestus Books，2011.

[5] R S Means. Square Foot and UNIFORMAT Assemblies Estimating[M]. RSMeans，2001(3).

[6] 比尔·卡波达戈利. 迪士尼的魔法：迪士尼4大制胜秘诀[M]. 北京：中国人民大学出版社，2011.

[7] SAS Publishing SYSTEM 2000(R) V2 Basic, Multi-User(TM), QueX(TM), and Interface to CICS：Installation Guide[M]. SAS Publishing，2007.

[8] 冯锦凯. 解读中国主题乐园平装[M]. 北京：中国水利水电出版社，2013.

[9] Steve Alcorn. Theme Park Design：Behind the Scenes With an Engineer [M]. Createspace Independent Pub，2010.

[10] 董士波. 建设项目全生命周期成本管理[M]. 北京：中国电力出版社，2009.

[11] 臧国全. 基于项目生命周期的信息资源数字化建设研究[M]. 武汉：武汉大学出版社，2014.

[12] Scott A Lukas. Theme Park[M]. Reaktion Books；Original，2008.

[13] Chuck Eastman, Paul Teicholz, Rafae Sacks 1. BIM Handbook：A Guide to Building Information Modeling for Owners, Managers, Designers, Engineers and Contractors[M]. Wiley，2011.

[14] 清华大学BIM课题组. 中国建筑信息模型标准框架研究[M]. 北京：中国建筑工

业出版社,2011.

[15] 清华大学BIM课题组,互联立方(isBIM)公司BIM课题组. 中国BIM丛书:设计企业BIM实施标准指南[M]. 北京:中国建筑工业出版社,2013.

[16] 李久林. 大型施工总承包工程BIM技术研究与应用[M]. 北京:中国建筑工业出版社,2014.

[17] 葛清,何关培. BIM第一维度:项目不同阶段的BIM应用[M]. 北京:中国建筑工业出版社,2013.

[18] Harold J Rosen. Construction Specifications Writing: Principles and Procedures[J]. Wiley, 2014, 146(5):S-375.

[19] David. Wyatt, Hans W. Meier. Construction specifications: principles and applications[M]. Delmar Cengage Learning, 2007.

[20] Weygant Robert S. BIM content development: standards, strategies, and best practices[M]. Wiley, 2011.

[21] 冯锦凯. 解读中国主题乐园[M]. 北京:中国水利水电出版社,2013.

[22] 周静瑜. 国际化项目中Specification(技术规格书)的知识要点及应用[J]. 建筑施工,2014,36(5):609-610.

[23] 朱禄娟. 建设工程项目工作分解结构(WBS)的思考[J]. 全国信息安全等级保护技术大会,2012(3):58-63.

[24] 王平. 我国建设工程项目投标存在问题的解决对策[J]. 北京建筑工程学院学报,2008,24(1):65-68.

[25] 屠彦刚. 中外工程建设项目管理的差异与思考[J]. 科技创新与应用,2014(3):241.

[26] 朱品红. 建设工程项目资料管理工作的思考[J]. 城建档案,2012(8):53-54.

[27] 彭琼芳. 大型建设项目协同管理的研究[J]. 湖北第二师范学院学报,2013,30(2):77-79.

[28] 芦思文. 工程项目施工招投标信用体系研究[J]. 黑龙江科技信息,2013(21):193.

[29] 方飞翔. 境外EPC工程投标阶段电气设计[J]. 现代建筑电气,2012(4):66-71.

[30] 付维. 浅析建筑设计管理中存在的问题及对策[J]. 科技创新与应用,2013(33):27.

[31] 乐云. 大型复杂群体项目系统性控制五大关键技术——项目管理方法的拓展与创新[J]. 项目管理技术,2010(1):19-24.

[32] 黄巍松. 主题公园商业服务设施规划设计要点解析[J]. 城市研究,2014(3):123-128.

[33] 王珏. 大型室内游乐园建筑消防设计策略[J]. 山西建筑,2014(19):23-24.

[34] 金维兴. 建设项目分解结构和编码体系的研究[J]. 土木工程学报,2003,36(9):

7-11.

[35] 周静瑜. 建筑工程单一业主"集群项目"的协同管理模式探索[J]. 建筑施工，2013,35(7):686-689.

[36] 郑健. 工程采购工作的一般过程[J]. 工厂建设与设计,1993(4):6-9.

[37] 上海市城乡建设和管理委员会. 上海市建筑信息模型技术应用指南. 2015.

[38] 张建新. 建筑信息模型在我国工程设计行业中应用障碍研究[J]. 工程管理学报,2010(24).

[39] 刘宏刚. 国外BIM应用的经验与启示[J]. 高速铁路技术,2015(6).

[40] 芦思文. 基于建筑信息分类体系的建设项目工作分解结构研究[D]. 南昌：华东交通大学,2008.

[41] 杨烨玮. 建设项目分解工作及其在项目中的应用[D]. 天津：天津大学,2006.

业出版社,2011.

[15] 清华大学BIM课题组,互联立方(isBIM)公司BIM课题组.中国BIM丛书:设计企业BIM实施标准指南[M].北京:中国建筑工业出版社,2013.

[16] 李久林.大型施工总承包工程BIM技术研究与应用[M].北京:中国建筑工业出版社,2014.

[17] 葛清,何关培.BIM第一维度:项目不同阶段的BIM应用[M].北京:中国建筑工业出版社,2013.

[18] Harold J Rosen. Construction Specifications Writing:Principles and Procedures [J]. Wiley,2014,146(5):S-375.

[19] David. Wyatt, Hans W. Meier. Construction specifications:principles and applications[M]. Delmar Cengage Learning,2007.

[20] Weygant Robert S. BIM content development:standards, strategies, and best practices[M]. Wiley,2011.

[21] 冯锦凯.解读中国主题乐园[M].北京:中国水利水电出版社,2013.

[22] 周静瑜.国际化项目中Specification(技术规格书)的知识要点及应用[J].建筑施工,2014,36(5):609-610.

[23] 朱禄娟.建设工程项目工作分解结构(WBS)的思考[J].全国信息安全等级保护技术大会,2012(3):58-63.

[24] 王平.我国建设工程项目投标存在问题的解决对策[J].北京建筑工程学院学报,2008,24(1):65-68.

[25] 屠彦刚.中外工程建设项目管理的差异与思考[J].科技创新与应用,2014(3):241.

[26] 朱品红.建设工程项目资料管理工作的思考[J].城建档案,2012(8):53-54.

[27] 彭琼芳.大型建设项目协同管理的研究[J].湖北第二师范学院学报,2013,30(2):77-79.

[28] 芦思文.工程项目施工招投标信用体系研究[J].黑龙江科技信息,2013(21):193.

[29] 方飞翔.境外EPC工程投标阶段电气设计[J].现代建筑电气,2012(4):66-71.

[30] 付维.浅析建筑设计管理中存在的问题及对策[J].科技创新与应用,2013(33):27.

[31] 乐云.大型复杂群体项目系统性控制五大关键技术——项目管理方法的拓展与创新[J].项目管理技术,2010(1):19-24.

[32] 黄巍松.主题公园商业服务设施规划设计要点解析[J].城市研究,2014(3):123-128.

[33] 王珏.大型室内游乐园建筑消防设计策略[J].山西建筑,2014(19):23-24.

[34] 金维兴.建设项目分解结构和编码体系的研究[J].土木工程学报,2003,36(9):

7-11.

[35] 周静瑜. 建筑工程单一业主"集群项目"的协同管理模式探索[J]. 建筑施工,2013,35(7):686-689.

[36] 郑健. 工程采购工作的一般过程[J]. 工厂建设与设计,1993(4):6-9.

[37] 上海市城乡建设和管理委员会. 上海市建筑信息模型技术应用指南. 2015.

[38] 张建新. 建筑信息模型在我国工程设计行业中应用障碍研究[J]. 工程管理学报,2010(24).

[39] 刘宏刚. 国外BIM应用的经验与启示[J]. 高速铁路技术,2015(6).

[40] 芦思文. 基于建筑信息分类体系的建设项目工作分解结构研究[D]. 南昌:华东交通大学,2008.

[41] 杨烨玮. 建设项目分解工作及其在项目中的应用[D]. 天津:天津大学,2006.

作者致谢

希望中国能有一套关于主题乐园设计、建设、管理的书,这个心愿发生在八年前。当时,我全身心地投入到上海迪士尼乐园的设计以及管理中,深深遗憾中国缺少主题乐园的相关设计、项目管理的专业书籍以及相关专业规范。五年前,我萌生了自己动笔写一本的想法,冥思苦想写了五页提纲以后,总感觉缺少些什么,于是我选择了辍笔,用实践去沉淀、去厚积。2017年年初,当我坐下来准备重启思考时,那五页提纲早已不知所踪,但是,我还清晰记得开头的章节,憧憬着中国会建造一个又一个充满童话般的梦幻乐园。五年前,我选择逃离书本写作转战实践探索,是我觉得其中涉及很多专业的理论尚未充分实践,而这对成书似乎非常重要。这五年,中国的主题乐园发展如火如荼,我也有幸参与其中,思考并记录着,对于主题乐园的这份热爱,让我收集了近百万字的宝贵资料,积累成了我的一种习惯,无须想起,从未忘记。

本书从确定选题到全书框架的搭建、初稿的形成、终稿的确定,其间无不凝聚着大家的关心与帮助。对于所有一直忍受着我没完没了的思考和研究,并为此付出智慧、时间和精力的朋友们,我致以真挚的感谢。我首先感谢华建集团张桦总裁,感谢您对我的充分信任,让我全权负责上海迪士尼项目,给予我支持,赋予我信心。我要感谢华建集团一起参与上海迪士尼等一系列大型主题乐园的团队成员:王万平、刘雯、侯尚杰、姚政、范家豪、谢书倩、陶婉婉,他们为本书资料的收集做出了很大的贡献;我要感谢我的同事徐若冰,为文稿的统稿、校核付出了辛勤劳动;也要感谢魏敦山院长、邢同和大师、朱盛波前辈和其他业界前辈们、同行们,给我和我们团队持之以恒的技术支持,给予我们认真细致且充满逻辑智慧的专业帮助;感谢在上海迪士尼项目中承担要职的很多朋友,比如设计总监陈敏先生等。还要感谢我的先生王晔新和我的女儿王紫骐,正是他们无私的奉献和默默的鼓励,给予我不断进取的动力,使得我在繁忙工作之余,能够在这个宁静的港湾,沉下心来,完成这项工作。

本书征求了住建部、上海市住建委系统、兄弟单位以及华建集团有关领导和部门的意见，在此表示衷心的感谢！

"时光不语，静待花开"，对大型主题乐园设计与管理的理论与应用的研究、探索，我们还有很长的路要走。我愿与有志于此的同仁们一起，为我们共同的建设事业尽一己绵薄之力。

还有你，我亲爱的读者，谢谢你阅读了这本书。如果你从中得到的启发与乐趣跟我在写作的时候一样，那么对我而言，这真是件美妙而幸运的事！

2018 年，春